2021年版 イチから身につく

宅建士 合格の トリセツ

基本問題集

LEC東京リーガルマインド 編著

はじめに

　『2021年版 宅建士 合格のトリセツ 基本問題集』を手にとっていただき、ありがとうございます。

　本書の姉妹本『宅建士 合格のトリセツ 基本テキスト』は、発売以来、多くの受験生にご利用いただき、「こんな本を待っていた」「見やすくて内容も分かりやすい」「楽しく読み進められる」など、多くの声をお寄せいただいております。

　一方で、「このテキストに準拠した問題集はないのか」というお声も多くいただくようになりました。

　そこで、これまでLEC（東京リーガルマインド）が発刊してきた書籍へ寄せられた、特に初めて法律を勉強したという受験生の皆さまの声などを参考に、「問題集」のどこに不便さを感じているのかを調査することから始めました。
すると、次のような悩みを多くの受験生が抱えていることが分かりました。

A　「参考書はカラーで見やすいものが多いけど、問題集は見づらく感じる…」
B　「解説文が堅苦しくて読みにくい…」
C　「問題ページにヒントが書いてあると、誘導されているだけな気がする…」

　このような意見をもとに、本書『2021年版 宅建士 合格のトリセツ 基本問題集』は作成されました。

A → 問題集もテキストと同じようにカラフルに！　ただし、あまりに色とりどりだと問題が解きにくいので、「カラフルだけど見やすい」工夫を随所に入れました！

B → 『宅建士 合格のトリセツ 基本テキスト』と同様に、分かりやすい文章で書くことを心がけました。また、キャラクターの会話など、読みやすくする工夫も満載です！

C → 左ページは純粋に問題のみを掲載しました。偽りの「できた」という感覚では、合格することが難しい試験。ただの軽めのタッチの本ではなく、あくまで「合格のための実力をつける本」という姿勢には徹底的にこだわっています。そのため、苦手な人のための「解答のポイント」も右の解説ページに載せました！

　本書は、宅建士試験の各分野から計300問を厳選して収録しました。ここに収録されている300問は全て習得していただきたい重要問題ばかりです。宅建士試験は近年、「難化している」と言われます。それは事実だと思います。しかし、本試験合格を目指すためには、必ずしも難問に対応しなければならないというのではなく、基本的な問題を落とさないということこそが大事なのです。

　問題集は1回解いただけでは足りません。何度も繰り返し解くことが大切です。そのための飽きない工夫が本書には数多くあります。分冊で持ち運びも便利なので、ぜひ、『宅建士 合格のトリセツ 基本テキスト』と本書をセットで持ち歩いて、合格を勝ち取ってほしいと思います。

2020年10月吉日

友次　正浩
株式会社　東京リーガルマインド
LEC総合研究所　宅建士試験部

※本書は、2020年9月1日時点で施行されている法令、および同日時点で判明している2021年4月1日施行の法改正を基準に作成しました。法令の改正、または宅建士試験の基準・内容・傾向の大幅な変更が試験実施団体より発表された場合は、インターネットで随時、最新情報を提供いたします。なお、アクセス方法につきましては、15ページの「インターネット情報提供サービス」をご確認ください。

イントロダクション
ゴールへ向かって

立派なペンギンを目指して、
宅建士の勉強を頑張るペン太。
テキスト片手に、宅建士マラソンも順調！…と思いきや、
どうやらちょっぴり悩んでいるようです。

本書の使い方

本書は『宅建士 合格のトリセツ 基本テキスト』に準拠した問題集です。テキストと同様に、図表やイラストで分かりやすく説明することを心がけました。

テキストへのリンク

『基本テキスト』へのリンクを表示しています。間違えた場合は、『基本テキスト』を見直して学習しましょう。

出題年・問題番号

本書は、実際の過去問を使用しています。出題年、問題番号は、ここで確認できます。「改」とあるのは、法改正などにより、表記等を一部改めたものです。

重要度

重要度は3段階で示しています。Aランクの問題はすべての選択肢について復習してほしい問題、BランクやCランクの問題は、難しい選択肢はあるけれど正解までたどりついてほしい問題を表しています。

チェックボックス

学習日を書いたり、もう一度解くべき問題にチェックを入れたり、さまざまな用途に利用できるチェックボックスです。

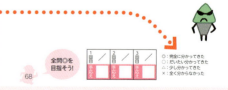

解答のポイント

問題を解く上でのポイントです。なるべく見ないで正解できるようにしてほしいですが、苦手な人はここを見ながら答えを出してみてください。

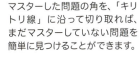

マスターした問題の角を、「キリトリ線」に沿って切り取れば、まだマスターしていない問題を簡単に見つけることができます。

遺言の問題です。選択肢❸と❹は正誤判定できるように！

❶ 誤 自筆証書遺言は遺言者がその全文を自筆で書く必要があります。《遺言》

❷ 誤 代理人によって遺言をすることはできません。疾病によって死亡の危急に迫った者は、証人3人以上を立ち会わせて、そのうちの1人に遺言の趣旨を口頭で述べることにより作成することができます。《遺言》

❸ 正 遺言は満15歳以上であれば、有効にすることができます。《遺言》

❹ 誤 遺言は1通につき1人であり、2人以上の人間が同じ証書で遺言することはできません。《遺言》

解答 ❸

大事な部分を強調

解説文で大事な部分は色字で強調しています。また、《 》内は、その問題を解くのに必要な知識を学ぶ項目です。間違えた問題は、その範囲だけではなく、その章全体の『合格テキスト』をもう1度読み直してください。

覚えよう！

● 遺言の主な種類

	自筆証書遺言	公正証書遺言	秘密証書遺言
作成方法	すべて自筆（ワープロ不可）	本人が口述し、公証人が筆記	本人が署名押印した遺言を封印し、住所氏名を記入
家庭裁判所の検認	必要	不要	必要

覚えよう！

重要項目は「覚えよう！」としてまとめています。頭を整理するのにお役立てください。

過去問プラスアルファ

問 自筆証書による遺言書を保管している者が、相続の開始後、これを家庭裁判所に提出してその検認を経ることを怠り、そのままその遺言が執行された場合、その遺言書の効力は失われる。
(2005-12-2)

答 ×：検認を怠っても遺言書の効力は失われない。

過去問プラスアルファ

その問題と同じ論点の問題を追加しています。こちらも合わせて解くことによって力をつけていきましょう。

図表・イラスト

「問題集は文字ばかりで読みにくい」という多くの受験者の声から、本書では図表やイラストも多く使い、読みやすく、解き進めやすく仕上げました。

ちょこっとよりみちトーク

問題文の読み方や解き方、その論点についての補足知識などについて、キャラクターたちが熱心に（？）会話をしています。

抵当権だけ存在しても仕方ないもんな。

被担保債権が消滅すれば抵当権も消滅するんだね。

コーチの対策メモ

問題を解く際のポイントや攻略法についてアドバイスしています。

選択肢❸は、「日用品の購入」については成年被後見人でも同意不要なのだから、それよりも程度の軽い被保佐人であれば当然同意は必要ない、と考えることもできますね。

キャスター

重要な選択肢や復習のポイントなど、役に立つ情報をまとめています。

選択肢❷は難しいので正誤判定できなかったとしても、正解を出すことは難しくなかったと思います。選択肢❶、❸、❹はしっかり復習をしましょう！

キャラクター紹介

宅建士の資格をもつ、
立派な大人ペンギン

コーチ

立派なペンギンを
夢見るおとこのこ。
少しお調子ものだけど、
素直でがんばり屋

ペン太

お役立ち情報を
伝えてくれる
シロクマ

キャスター

ちょっと意地悪な
ペン太のライバル

ツンツン

がんばるみんなを
応援する、仲良しの
アザラシたち

あざらし団

どこからともなく
あらわれる、
なぞの妖精（？）たち

アクターズ

給水所で水を配る
アルバイトの
ペンギン

キューベー

分野別セパレート本の使い方

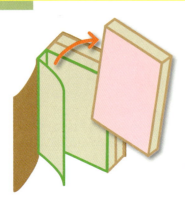

各分冊を取り外して、手軽に持ち運びできます！

①各冊子を区切っている厚紙を残し、色表紙のついた冊子をつまんでください。
②冊子をしっかりとつかんで手前に引っ張ってください。

チェックシートの作り方、活用法

各分冊の問題数と同じ100個のマス目が付いています。日付や○△×を書き入れて、学習の進捗状況を記録しましょう！

①冊子を抜き取った後の厚紙の裏表紙をミシン目に沿って切り取ってください。
②さらに三方をミシン目に沿って切り抜けば「チェックシート」の出来上がりです（分冊ごとに、計3枚付いています）。

チェックシートは、解答・解説を隠しながら学習できるブラインドシートとして使用できるほか、ウラ面のチェック欄に、日付や○△×を書き入れることにより、学習状況を記録することもできます。

【ウラ面】

【オモテ面】

目次

はじめに……2　　イントロダクション……4
本書の使い方……6　　キャラクター紹介……9
分野別セパレート本の使い方／チェックシートの作り方、活用法……10
宅地建物取引士資格試験について……12

第1分冊

第1編・権利関係……1
問題1 ～ 問題100

第2分冊

第2編・宅建業法……1
問題1 ～ 問題100

第3分冊

第3編・法令上の制限……1
問題1 ～ 問題54

第4編・税・その他……113
問題55 ～ 問題100

宅地建物取引士資格試験について

宅建士試験 とは

　「宅地建物取引士資格試験」（宅建士試験）は、2019年度では27万6,019人の申込みがあり、そのうち21万3,993人が受験した非常に人気のある資格です。では、なぜ宅建士試験がこれほど多くの人に受験されているのか、その秘密を探ってみましょう。

1 受験しやすい出題形式

　宅建士試験は、4つある選択肢のなかから正しいもの、あるいは誤っているものなどを1つ選ぶ「4肢択一」式の問題が50問出題されています。記述式の問題や論述式の問題と違って、時間配分さえ注意すれば、後は正解肢を選択することに専念できますので、比較的受験しやすい出題形式といえます。

2 誰でも受験できる

　宅建士試験を受験するにあたっては、学歴や年齢といった制約がありませんので、誰でも受験することができます。たとえば、過去には、最年長で90歳、最年少で12歳の人が合格を勝ち取っています。

3 就職や転職の武器となる

　宅建士試験は、不動産を取引するにあたって必要な基礎知識が身に付いているかどうかを試す試験です。このような知識は不動産会社のみならず、金融機関や建築関係、また、店舗の取得を必要とする企業など、さまざまな業種で必要とされています。このため、就職や転職にあたって宅建士の資格をもっていることは、自分をアピールするための強い武器となります。

4 科目別出題数

権利関係、宅建業法、法令上の制限、税・価格の評定、5問免除対象科目の5科目から、4肢択一形式で50問出題されます。各科目の出題数は下記のとおりです。

科目	出題内訳	出題数
権利関係	民法・借地借家法・建物区分所有法・不動産登記法	14問
宅建業法	宅建業法・住宅瑕疵担保履行法	20問
法令上の制限	都市計画法・建築基準法・国土利用計画法・農地法・土地区画整理法・宅地造成等規制法・その他の法令	8問
税・価格の評定	地方税・所得税・その他の国税：2問 不動産鑑定評価基準・地価公示法：1問	3問
5問免除対象科目	独立行政法人住宅金融支援機構法：1問 不当景品類及び不当表示防止法：1問 統計・不動産の需給：1問 土地：1問 建物：1問	5問

試験情報

1 試験概要

（受験資格）　年齢、性別、学歴等に関係なく、誰でも受験することができる
（願書配布）　7月上旬（予定）
（願書受付）　郵送による申込み：配布日から7月下旬まで（予定）
　　　　　　　インターネットによる申込み：配布日から7月中旬まで（予定）
（受験手数料）　7,000円（予定）
（試験日）　10月第3日曜日　午後1時～3時（予定）
（合格発表）　11月下旬～12月上旬（予定）
（問い合わせ先）　（一財）不動産適正取引推進機構　試験部
　　　　　　　　〒105-0001　東京都港区虎ノ門3-8-21　第33森ビル3階
　　　　　　　　http://www.retio.or.jp

2 出題形式

（出題数）　50問4肢択一
（解答方法）　マークシート方式
（解答時間）　2時間（午後1時～3時）
　　　　　　　ただし登録講習修了者は、午後1時10分～3時
（出題内容）　以下の7つの項目について出題されます
（出題項目）

①土地の形質、地積、地目および種別ならびに建物の形質、構造および種別に関すること（土地・建物）
②土地および建物についての権利および権利の変動に関する法令に関すること 　（民法・借地借家法・建物区分所有法・不動産登記法）
③土地および建物についての法令上の制限に関すること 　（都市計画法・建築基準法・農地法・国土利用計画法・土地区画整理法）
④宅地および建物についての税に関する法令に関すること（固定資産税・不動産取得税・所得税）
⑤宅地および建物の需給に関する法令および実務に関すること 　（統計・需給・独立行政法人住宅金融支援機構法・景品表示法）
⑥宅地および建物の価格の評定に関すること（地価公示法・不動産鑑定評価基準）
⑦宅地建物取引業法および同法の関係法令に関すること（宅建業法・住宅瑕疵担保履行法）

3 受験者数・合格率・合格点

　過去10年間の宅建士試験の状況は下記の表のとおりです。

〔過去10年間の試験状況〕

年度	申込者数（人）	受験者数（人）	合格者数（人）	（受験者数中の）合格率	合格点
'10	228,214	186,542	28,311	15.2%	36点
'11	231,596	188,572	30,391	16.1%	36点
'12	236,350	191,169	32,000	16.7%	33点
'13	234,586	186,304	28,470	15.3%	33点
'14	238,343	192,029	33,670	17.5%	32点
'15	243,199	194,926	30,028	15.4%	31点
'16	245,742	198,463	30,589	15.4%	35点
'17	258,511	209,354	32,644	15.6%	35点
'18	265,444	213,993	33,360	15.6%	37点
'19	276,019	220,797	37,481	17.0%	35点

MEMO

分野別セパレート本の使い方

各分冊を取り外して、手軽に持ち運びできます！

①各冊子を区切っている厚紙を残し、色表紙のついた冊子をつまんでください。
②冊子をしっかりとつかんで手前に引っ張ってください。

チェックシートの作り方、活用法

各分冊の問題数と同じ100個のマス目が付いています。
日付や○△×を書き入れて、学習の進捗状況を記録しましょう！

①冊子を抜き取った後の厚紙の裏表紙をミシン目に沿って切り取ってください。
②さらに三方をミシン目に沿って切り抜けば「チェックシート」の出来上がりです（分冊ごとに、計3枚付いています）。

【ウラ面】　【オモテ面】

チェックシートは、解答・解説を隠しながら学習できるブラインドシートとして使用できるほか、ウラ面のチェック欄に、日付や○△×を書き入れることにより、学習状況を記録することもできます。

第1編
権利関係

2021年版
宅建士
合格のトリセツ
基本問題集
分冊 ①

第1編 権利関係

本試験での出題数：14問　得点目標：9点

難しい問題も多いので、基本的な問題に正解できるようにしておけば大丈夫です。ただし、本書に掲載されている程度の問題は解けるように！

論 点	問題番号
意思表示	問題1〜問題5
制限行為能力者	問題6〜問題9
時効	問題10・問題11
代理	問題12〜問題19
債務不履行・解除	問題20〜問題23
弁済	問題24〜問題25
契約不適合	問題26〜問題28
相続	問題29〜問題36
物権変動	問題37〜問題40
不動産登記法	問題41〜問題44
抵当権	問題45〜問題49
保証・連帯債務	問題50〜問題55
共有	問題56〜問題58
建物区分所有法	問題59〜問題65
賃貸借	問題66・問題67
借地借家法（借家）	問題68〜問題75
借地借家法（借地）	問題76〜問題83
不法行為	問題84〜問題87
相隣関係	問題88
債権譲渡	問題89
請負	問題90
委任	問題91・問題92
民法総合	問題93・問題94
判決文問題	問題95〜問題100

意思表示

問題1 Aが、A所有の土地をBに売却する契約を締結した場合に関する次の記述のうち、民法の規定によれば、誤っているものはどれか。

❶ AのBに対する売却の意思表示がCの詐欺によって行われた場合で、BがそのCによる詐欺の事実を知っていたとき、Aは、売却の意思表示を取り消すことができる。

❷ AのBに対する売却の意思表示がBの強迫によって行われた場合、Aは、売却の意思表示を取り消すことができるが、その取消しをもって、Bからその取消し前に当該土地を買い受けた善意のDには対抗できない。

❸ Aが、自分の真意ではないと認識しながらBに対する売却の意思表示を行った場合で、BがそのAの真意ではないことを知っていたとき、Aは、売却の意思表示の無効を主張できる。

❹ AのBに対する売却の意思表示につき法律行為の目的及び取引上の社会通念に照らして重要な錯誤があった場合、Aは、売却の意思表示を取り消すことができるが、Aに重大な過失があったときは、取り消すことができない。

登場人物が3人以上の場合は、図を描いて状況を把握しよう。

❶ 正　図で示すと、次のようになります。

「BがそのCによる詐欺の事実を知っていた」、つまり悪意です。悪意のBと詐欺の被害者であるAでは、Aのほうが勝ちます。よって、Aは取消しができます。
《詐欺》

❷ 誤　図で示すと、次のようになります。

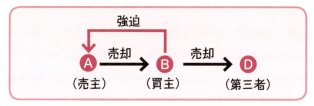

Dは善意ですが、**強迫の被害者は第三者が善意でも悪意でも対抗できます**。よって、AはDに対抗することができます。
《強迫》

❸ 正　**心裡留保は相手方が悪意の場合には無効**となります。　《心裡留保》

❹ 正　目的及び取引上の社会通念に照らして重要な錯誤があっても、**重過失がある場合には取消し主張できません**。
《錯誤》

解答 ❷

全部の選択肢が重要です。正誤を判別できるようにしてください。

意思表示

問題 2　Aが、その所有地について、債権者Bの差押えを免れるため、Cと通謀して、登記名義をCに移転したところ、Cは、その土地をDに譲渡した。この場合、民法の規定及び判例によれば、次の記述のうち正しいものはどれか。

❶　AC間の契約は無効であるから、Aは、Dが善意であっても、Dに対し所有権を主張することができる。

❷　Dが善意であっても、Bが善意であれば、Bは、Dに対して売買契約の無効を主張することができる。

❸　Dが善意であっても、Dが所有権移転の登記をしていないときは、Aは、Dに対し所有権を主張することができる。

❹　Dがその土地をEに譲渡した場合、Eは、Dの善意悪意にかかわらず、Eが善意であれば、Aに対し所有権を主張することができる。

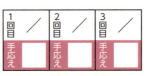

虚偽表示からの出題。善意の第三者を守ることがポイント。

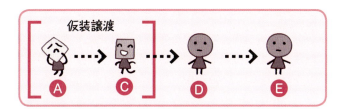

❶ 誤　虚偽表示は無効ですが、**善意の第三者に対抗できません。** 《虚偽表示》

❷ 誤　善意の第三者は保護されます。**Bが善意であるか悪意であるかは関係ありません。** 《虚偽表示》

❸ 誤　善意の第三者であれば保護されます。登記の有無は関係ありません。 《虚偽表示》

❹ 正　転得者Eが善意であれば保護されます。 《虚偽表示》

解答 ❹

選択肢❷は難しいので正誤判定できなかったとしても、正解を出すことは難しくなかったと思います。選択肢❶、❸、❹はしっかり復習をしましょう！

意思表示

問題3 A所有の土地につき、AとBとの間で売買契約を締結し、Bが当該土地につき第三者との間で売買契約を締結していない場合に関する次の記述のうち、民法の規定によれば、正しいものはどれか。

❶ Aの売渡し申込みの意思は真意ではなく、BもAの意思が真意ではないことを知っていた場合、AとBとの意思は合致しているので、売買契約は有効である。

❷ Aが、強制執行を逃れるために、実際には売り渡す意思はないのにBと通謀して売買契約の締結をしたかのように装った場合、売買契約は無効である。

❸ Aが、Cの詐欺によってBとの間で売買契約を締結した場合、Cの詐欺をBが知っているか否かにかかわらず、Aは売買契約を取り消すことはできない。

❹ Aが、Cの強迫によってBとの間で売買契約を締結した場合、Cの強迫をBが知らなければ、Aは売買契約を取り消すことができない。

 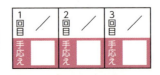

有効か無効か、よく考えて判断しよう！

❶ 誤　心裡留保による意思表示は、相手方が**悪意の場合は無効**となります。《心裡留保》

❷ 正　**虚偽表示による意思表示は無効**となります。　　　　　《虚偽表示》

❸ 誤　第三者の詐欺による意思表示は、相手方が**悪意や善意有過失の場合には**取り消すことができます。　　　　　　　　　　　　　　　《詐欺》

❹ 誤　第三者の強迫による意思表示は、相手方の**善意悪意にかかわらず**取り消すことができます。　　　　　　　　　　　　　　　　《強迫》

解答　❷

覚えよう！

● 意思表示のまとめ〈取消し or 無効〉

詐欺	取消し
強迫	取消し
虚偽表示	無効
錯誤	取消し

心裡留保	原則：有効（例外：無効）
公序良俗違反	無効

意思表示

2009年 問1 改

問題 4 民法第95条第1項柱書は、錯誤に基づくものは取り消すことができると定めている。これに関する次の記述のうち、民法の規定及び判例によれば、誤っているものはどれか。

❶ 意思表示をなすに当たり、表意者に重大な過失があったときは、表意者は、自らその取消しを主張することができない。

❷ 表意者自身において、その意思表示に瑕疵を認めず、民法第95条第1項に基づく意思表示の取消しを主張する意思がない場合は、第三者がその意思表示の取消しを主張することはできない。

❸ 意思表示をなすについての動機は、表意者が当該意思表示の内容とし、かつ、その旨を相手方に明示的に表示した場合は、取り消すことができる。

❹ 意思表示をなすについての動機は、表意者が当該意思表示の内容としたが、その旨を相手方に黙示的に表示したにとどまる場合は、取り消すことができない。

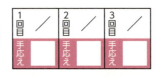

重過失がある場合は取消し不可!

❶ 正 表意者に**重過失がある場合**には錯誤による取消しはできません。 《錯誤》

❷ 正 錯誤による取消しは基本的に**表意者のみ**が主張できます。例外的に、表意者が錯誤を認めている場合には第三者が主張できる場合もありますが、今回は表意者が主張する意思がないため、第三者からの主張はできません。 《錯誤》

❸ 正 動機の錯誤もその事情が法律行為の基礎とされていることが**表示されていたとき**に取り消すことができます。 《錯誤》

❹ 誤 動機の錯誤もその事情が法律行為の基礎とされていることが**表示されていたとき**に取り消すことができます。その際、その表示は黙示的であっても構いません。 《錯誤》

解答 ❹

ちょこっと よりみちトーク

「明示的」「黙示的」って何が違うの?

簡単に言うと、明示的は、はっきりと言うこと、黙示的は、直接言ってはいないけど、そうであるとわかるように振る舞っているということだよ。

意思表示

問題 5

Aが、Bに住宅用地を売却した場合の錯誤に関する次の記述のうち、民法の規定及び判例によれば、誤っているものはどれか。

❶ Bが、Aや媒介業者の説明をよく聞き、自分でもよく調べて、これなら住宅が建てられると信じて買ったが、地下に予見できない空洞（古い防空壕）があり、建築するためには著しく巨額の費用が必要であることが判明した場合、Bは、売買契約の錯誤による取消しを主張できる。

❷ 売買契約に法律行為の目的及び取引上の社会通念に照らして重要な錯誤があった場合は、Bに代金を貸し付けたCは、Bがその錯誤を認めず、取消しを主張する意思がないときでも、Aに対し、Bに代位して、取消しを主張することができる。

❸ Aが、今なら課税されないと信じていたが、これをBに話さないで売却した場合、後に課税されたとしても、Aは、この売買契約が錯誤によって取消しできるとはいえない。

❹ Bは、代金をローンで支払うと定めて契約したが、Bの重大な過失によりローン融資を受けることができない場合、Bは、錯誤による売買契約の取消しを主張することはできない。

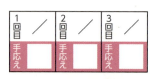

錯誤による取消しを主張できるケースは？

❶ 正 住宅用地として購入したけれど建築できない状況（＝錯誤）で、なおかつ、媒介業者の説明をよく聞いて自分でもよく調べた（＝重過失なし）のだから、錯誤による取消しを主張できます。 《錯誤》

❷ 誤 錯誤による取消しは基本的に**表意者のみ**が主張できます。例外的に、表意者が錯誤を認めている場合には第三者が主張できる場合もありますが、今回は表意者が取消しを主張する意思がないため、第三者からの主張はできません。 《錯誤》

❸ 正 課税されないと信じて売った、というのは動機の錯誤となります。そして、今回はそのことを話していない（＝表示していない）のだから、錯誤による取消しを主張できません。 《錯誤》

❹ 正 **重過失がある場合**には、錯誤による取消しを主張できません。 《錯誤》

解答 ❷

選択肢❶は具体的な例で出題されています。選択肢の難易度は高めですが、よく確認をしておいてください！

制限行為能力者

 行為能力に関する次の記述のうち、民法の規定によれば、正しいものはどれか。

❶ 成年被後見人が行った法律行為は、事理を弁識する能力がある状態で行われたものであっても、取り消すことができる。ただし、日用品の購入その他日常生活に関する行為については、この限りではない。

❷ 未成年者は、婚姻をしているときであっても、その法定代理人の同意を得ずに行った法律行為は、取り消すことができる。ただし、単に権利を得、又は義務を免れる法律行為については、この限りではない。

❸ 精神上の障害により事理を弁識する能力が不十分である者につき、4親等内の親族から補助開始の審判の請求があった場合、家庭裁判所はその事実が認められるときは、本人の同意がないときであっても同審判をすることができる。

❹ 被保佐人が、保佐人の同意又はこれに代わる家庭裁判所の許可を得ないでした土地の売却は、被保佐人が行為能力者であることを相手方に信じさせるため詐術を用いたときであっても、取り消すことができる。

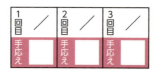

制限行為能力者でも取消しできないのは？

❶ 正　制限行為能力者が行った行為は取消しができます。成年被後見人と認められれば、その契約の時に事理弁識能力があったかどうかは問われません。もっとも、成年被後見人であろうと、**日用品の購入その他日常生活に関する行為については取消しができません。**
《制限行為能力者とは》

❷ 誤　20歳未満の者であっても、**婚姻すると未成年者としては扱いません。**大人扱いされますので、取消しはできません。
《制限行為能力者の種類》

❸ 誤　後見開始や保佐開始の審判をするときには本人の同意は必要ありませんが、補助開始の審判をする場合には、本人の同意が必要となります。
《制限行為能力者の種類》

❹ 誤　制限行為能力者であっても、**詐術を用いた場合には取消しできません。**
《制限行為能力者とは》

　❶

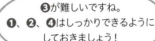

制限行為能力者

問題7 制限行為能力者に関する次の記述のうち、民法の規定によれば、正しいものはどれか。

❶ 土地を売却すると、土地の管理義務を免れることになるので、婚姻していない未成年者が土地を売却するに当たっては、その法定代理人の同意は必要ない。

❷ 成年後見人が、成年被後見人に代わって、成年被後見人が居住している建物を売却するためには、家庭裁判所の許可が必要である。

❸ 被保佐人については、不動産を売却する場合だけではなく、日用品を購入する場合も、保佐人の同意が必要である。

❹ 被補助人が法律行為を行うためには、常に補助人の同意が必要である。

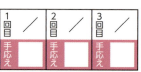

「常に」などの言葉がある場合には、よく注意しよう！

❶ 誤　未成年者が土地の売買契約をする場合、法定代理人の同意が必要です。
《制限行為能力者とは》

❷ 正　成年被後見人が居住している建物を売却したり賃貸したりする場合、家庭裁判所の許可が必要となります。
《制限行為能力者の種類》

❸ 誤　保佐人の同意が必要なものは、**不動産の売買や不動産の賃貸など、いくつかの重要な行為のみ**です。日用品を購入する場合には、保佐人の同意は不要です。
《制限行為能力者の種類》

❹ 誤　常に必要となるわけではありません。被補助人が補助人の同意を必要とするものは、被保佐人が保佐人の同意を必要とする事項のうちの一部のみです。
《制限行為能力者の種類》

制限行為能力者

 ❷

選択肢❸は、「日用品の購入」については成年被後見人でも同意不要なのだから、それよりも程度の軽い被保佐人であれば当然同意は必要ない、と考えることもできますね。

15

制限行為能力者

問題 8 意思無能力者又は制限行為能力者に関する次の記述のうち、民法の規定及び判例によれば、正しいものはどれか。

❶ 意思能力を欠いている者が土地を売却する意思表示を行った場合、その親族が当該意思表示を取り消せば、取消しの時点から将来に向かって無効となる。

❷ 未成年者が土地を売却する意思表示を行った場合、その未成年者が婚姻をしていても、親権者が当該意思表示を取り消せば、意思表示の時点に遡って無効となる。

❸ 成年被後見人が成年後見人の事前の同意を得て土地を売却する意思表示を行った場合、成年後見人は、当該意思表示を取り消すことができる。

❹ 被保佐人が保佐人の事前の同意を得て土地を売却する意思表示を行った場合、保佐人は、当該意思表示を取り消すことができる。

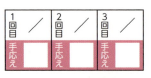

> 無効は最初から無効。取消しはできない。

❶ 誤 　**意思無能力者の意思表示は無効**です。無効なので当然取消しはできません。取り消せば無効なのではなく、最初から無効です。　　《制限行為能力者とは》

❷ 誤 　20歳未満の者であっても、**婚姻すると未成年者としては扱いません**。大人扱いされますので、取消しはできません。　　《制限行為能力者の種類》

❸ 正 　**成年後見人には同意権がありません**。よって、成年後見人は、成年被後見人が、成年後見人の同意を得た行為であっても取り消すことができます。
　　《制限行為能力者の種類》

❹ 誤 　保佐人には同意権がありますので、同意を得た行為については取消しをすることができません。　　《制限行為能力者の種類》

解答 ❸

覚えよう！

- 意思無能力者と制限行為能力者
- ・意思無能力者　　→　　無効
- ・制限行為能力者　→　　取消し可

制限行為能力者

問題 9 制限行為能力者に関する次の記述のうち、民法の規定及び判例によれば、正しいものはどれか。

❶ 古着の仕入販売に関する営業を許された未成年者は、成年者と同一の行為能力を有するので、法定代理人の同意を得ないで、自己が居住するために建物を第三者から購入したとしても、その法定代理人は当該売買契約を取り消すことができない。

❷ 被保佐人が、不動産を売却する場合には、保佐人の同意が必要であるが、贈与の申し出を拒絶する場合には、保佐人の同意は不要である。

❸ 成年後見人が、成年被後見人に代わって、成年被後見人が居住している建物を売却する際、後見監督人がいる場合には、後見監督人の許可があれば足り、家庭裁判所の許可は不要である。

❹ 被補助人が、補助人の同意を得なければならない行為について、同意を得ていないにもかかわらず、詐術を用いて相手方に補助人の同意を得たと信じさせていたときは、被補助人は当該行為を取り消すことができない。

制限行為能力者で取消しできる場合、できない場合を確認！

❶ 誤　未成年者は、営業を許可された場合、**その営業に関する行為については**取消しができません。今回は古着の仕入販売の許可をもらっています。建物購入は古着の仕入販売とは関係がないので取り消すことができます。

《制限行為能力者の種類》

❷ 誤　前半部分は正しいですが、後半部分が誤りです。贈与の申し出を拒絶する場合にも保佐人の同意が必要となります。　《制限行為能力者の種類》

❸ 誤　成年被後見人が居住している建物を売却したり賃貸したりする場合、後見監督人の同意とともに家庭裁判所の許可が必要となります。

《制限行為能力者の種類》

❹ 正　制限行為能力者であっても、**詐術を用いた場合には取消しできません。**

《制限行為能力者とは》

解答　❹

❷が難しいのですが、❶、❸、❹は正誤判定できるようにしておきましょう。

時効

問題 10 AがBの所有地を長期間占有している場合の時効取得に関する次の記述のうち、民法の規定及び判例によれば、誤っているものはどれか。

❶ Aが善意無過失で占有を開始し、所有の意思をもって、平穏かつ公然に7年間占有を続けた後、Cに3年間賃貸した場合、Aは、その土地の所有権を時効取得することはできない。

❷ Aが善意無過失で占有を開始し、所有の意思をもって、平穏かつ公然に7年間占有を続けた後、その土地がB所有のものであることを知った場合、Aは、その後3年間占有を続ければ、その土地の所有権を時効取得することができる。

❸ Aが善意無過失で占有を開始し、所有の意思をもって、平穏かつ公然に7年間占有を続けた後、BがDにその土地を売却し、所有権移転登記を完了しても、Aは、その後3年間占有を続ければ、その土地の所有権を時効取得し、Dに対抗することができる。

❹ Aが20年間平穏かつ公然に占有を続けた場合においても、その占有が賃借権に基づくもので所有の意思がないときは、Bが賃料を請求せず、Aが支払っていないとしても、Aは、その土地の所有権を時効取得することができない。

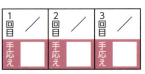

所有の意思をもって占有していたかを判断しよう。

❶ **誤** 善意無過失で占有開始した場合には、10年経過すれば土地を時効取得できます。**人に貸している間も占有しているとみなされます**。ですので、時効取得することができます。 《時効制度》

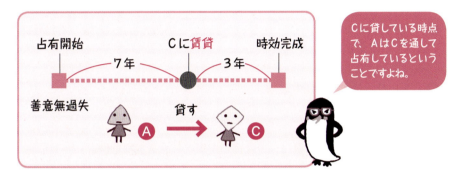

Cに貸している時点で、AはCを通して占有しているということですよね。

❷ **正** 占有開始時に善意無過失であれば10年間で時効取得できます。**途中で悪意になっても変わりません**。 《時効制度》

❸ **正** 占有している土地が売却されても、Aがそのまま占有を続ければ時効取得できます。Aは時効完成前の第三者Dに登記なしで対抗することができます。 《第三者への対抗》

❹ **正** 所有の意思がない場合、所有権を時効取得することはできません。《時効制度》

解答 ❶

❸は第9コース「物権変動」からの出題ですので、未習の場合はできなくても問題ありません。しかし、試験当日までには全選択肢の正誤判断をできるようにしておきましょう。

時効

21

時効

問題11 AがBに対して有する100万円の貸金債権の消滅時効に関する次の記述のうち、民法の規定及び判例によれば、正しいものはどれか。

❶ Aが弁済期を定めないで貸し付けた場合、Aの債権は、いつまでも時効によって消滅することはない。

❷ AB間に裁判上の和解が成立し、Bが1年後に100万円を支払うことになった場合、Aの債権の消滅時効期間は、和解成立の時から10年となる。

❸ Cが自己所有の不動産にAの債権の担保として抵当権を設定（物上保証）している場合、Cは、Aの債権の消滅時効を援用してAに抵当権の抹消を求めることができる。

❹ AがBの不動産に抵当権を有している場合に、Dがこの不動産に対して強制執行の手続を行ったときは、Aがその手続に債権の届出をしただけで、Aの債権の時効は更新する。

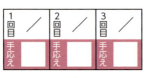

起算点（開始時期）に注意しよう。

❶ 誤　弁済期の定めがない場合、相当の期間を定めて「返してくれ」と催告できるので、相当の期間を経過した時から消滅時効は進行します。つまり、いつまでも時効によって消滅することはない、というわけではありません。　《時効制度》

❷ 誤　和解成立した１年後に払うという約束をしたのであれば、和解成立した１年後から消滅時効は進行します。　《時効制度》

❸ 正　時効の援用ができる人は、**時効によって直接利益が生じる人のみ**とされています。物上保証人は時効によって直接利益が生じるので援用することができます。　《時効の援用・放棄》

❹ 誤　債権の届出をしただけでは時効は更新しません。《時効の更新・時効の完成猶予》

　❸

覚えよう！

● 消滅時効の起算点

		消滅時効の開始時期
確定期限付の債務	（例）2019年４月１日に引き渡す	期限が到来した時
不確定期限付の債務	（例）Aの父親が死んだら引き渡す	期限が到来した時
停止条件付の債務	（例）Aが試験に合格したら引き渡す	条件が成就した時
期限の定めのない債務	―	直ちに進行

少し難しい問題ですね。
❶は、弁済期を定めないからと言って時効消滅しないということはありえないかな、という予想はつくでしょう。
❷、❸は正誤判定できてほしいです。

問題12 Aの所有する不動産について、BがAの委任状を作成して、Aの代理人と称して、善意無過失の第三者Cに売却し、所有権移転登記を終えた。この場合、民法の規定によれば、次の記述のうち正しいものはどれか。

❶ Cが善意無過失であるから、AC間の契約は、有効である。

❷ AC間の契約は有効であるが、Bが無断で行った契約であるから、Aは、取り消すことができる。

❸ Cは、AC間の契約を、Aが追認するまでは、取り消すことができる。

❹ AC間の契約は無効であるが、Aが追認をすれば、新たにAC間の契約がなされたものとみなされる。

表見代理が成立するには？

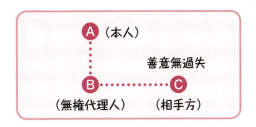

❶ 誤　Bの行為は無権代理行為ですから有効とはなりません。Cの善意無過失だけでは表見代理は成立しません。　《無権代理》

❷ 誤　ＡＣ間の契約は無効となります。取消権はありますが、それは相手方Ｃが善意のときに、Ｃが取消しできるのであり、Ａに取消権はありません。《無権代理》

❸ 正　無権代理行為は相手方Ｃが**善意のときに取消しができます**。しかし、Ａが追認したら取消しはできなくなります。　《無権代理》

❹ 誤　ＡＣ間の契約は無効ですが、本人Ａが追認すれば有効となります。しかし、その場合、**契約の時にさかのぼって有効**となるのであり、追認時に新しい契約となるのではありません。　《無権代理》

解答　❸

代 理

問題 13 Aの子Bが代理権なくAの代理人として、Aの所有地についてCと売買契約を締結した場合に関する次の記述のうち、民法の規定及び判例によれば、正しいものはどれか。

❶ Aが売買契約を追認するまでの間は、Cは、Bの無権代理について悪意であっても、当該契約を取り消すことができる。

❷ Aが売買契約を追認しないときは、Cは、Bの無権代理について善意であれば、過失の有無に関係なく、Bに対し履行の請求をすることができる。

❸ Cは、Bの無権代理について善意無過失であれば、Aが売買契約を追認しても、当該契約を取り消すことができる。

❹ Aが死亡してBがAを単独で相続した場合、Bは、Aが売買契約を追認していなくても、Cに対して当該土地を引き渡さなければならない。

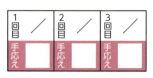

無権代理人の相手方の保護の条件は？

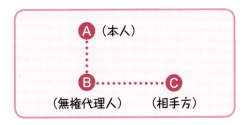

❶ 誤　相手方Cが**善意**の場合は取消しができます。今回は悪意のため、取消しをすることはできません。　　　　　　　　　　　　　　　　　《無権代理》

❷ 誤　履行請求ができるのは、Bが悪意でない限り、Cが**善意無過失**の場合のみです。
　　　　　　　　　　　　　　　　　　　　　　　　　　　　《無権代理》

❸ 誤　取消しは**本人Aの追認があるまでの間**に限られます。Aの追認とCの取消しは早いもの勝ちです。　　　　　　　　　　　　　　　　　《無権代理》

❹ 正　本人Aが死亡して、無権代理人Bが本人Aを単独で相続した場合、無権代理行為は当然に有効となり、**追認拒絶はできません**。だから、土地をCに引き渡さなければなりません。　　　　　　　　　　　　　　　　　《無権代理》

解答 ❹

覚えよう！

● 無権代理人の相手方の保護

催告権	悪意でも可	履行請求 損害賠償請求	善意無過失
取消権	善意のみ		

代理

代理

問題 14 Aが、Bの代理人として、Cとの間でB所有の土地の売買契約を締結した場合に関する次の記述のうち、民法の規定及び判例によれば、誤っているものはどれか。

❶ AがBから土地売買の代理権を与えられていた場合で、所有権移転登記の申請についてCの同意があったとき、Aは、B及びC双方の代理人として登記の申請をすることができる。

❷ AがBから抵当権設定の代理権を与えられ、土地の登記識別情報、実印、印鑑証明書の交付を受けていた場合で、CがBC間の売買契約についてAに代理権ありと過失なく信じたとき、Cは、Bに対して土地の引渡しを求めることができる。

❸ Aが、Bから土地売買の代理権を与えられ、CをだましてBC間の売買契約を締結した場合は、Bが詐欺の事実を知っていたと否とにかかわらず、Cは、Bに対して売買契約を取り消すことができる。

❹ Aが、Bから土地売買の委任状を受領した後、破産手続開始の決定を受けたのに、Cに当該委任状を示して売買契約を締結した場合、Cは、Aが破産手続開始の決定を受けたことを知っていたときでも、Bに対して土地の引渡しを求めることができる。

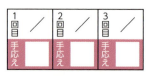

代理の知識を幅広く聞いている問題。

❶ 正　双方代理は原則として禁止ですが、登記の申請をするための双方代理は有効となります。　《無権代理》

❷ 正　抵当権設定の代理権しか与えられていないＡが、土地の売買契約をしてしまい（＝権限外）、相手方が過失なく信じた（＝善意無過失）ので、表見代理が成立し、土地の引渡しを求めることができます。　《無権代理》

❸ 正　代理人が詐欺や強迫を行った場合、本人の善意悪意にかかわらず、相手方は取消しができます。　《代理制度とは》

❹ 誤　破産手続開始の決定を受けたので代理権は消滅します。それなのに代理人として売買契約を成立させてしまった（＝消滅後）けれど、表見代理が成立するには相手方は善意無過失でなければなりません。今回、相手方が知っていた（＝悪意）ので、表見代理は成立しません。　《無権代理》

解答　❹

代理

問題 15 Aが、B所有の建物の売却（それに伴う保存行為を含む。）についてBから代理権を授与されている場合に関する次の記述のうち、民法の規定及び判例によれば、正しいものはどれか。

❶ Aが、Bの名を示さずCと売買契約を締結した場合には、Cが、売主はBであることを知っていても、売買契約はAC間で成立する。

❷ Aが、買主Dから虚偽の事実を告げられて売買契約をした場合でも、Bがその事情を知りつつAに対してDとの契約を委託したものであるときには、BからDに対する詐欺による取消しはできない。

❸ Aが、買主を探索中、台風によって破損した建物の一部を、Bに無断で第三者に修繕させた場合、Bには、修繕代金を負担する義務はない。

❹ Aは、急病のためやむを得ない事情があってもBの承諾がなければ、さらにEを代理人として選任しBの代理をさせることはできない。

> 修繕するのは保存行為。そして保存行為の代理権ももっている。

❶ **誤** 顕名をしなかった場合、売買契約は代理人と相手方との間で成立します。ただし、相手方が**悪意**もしくは**善意有過失**であった場合、通常通り代理行為が成立しますので、BC間の契約となります。 《代理制度とは》

❷ **正** 代理人が詐欺や強迫にあった場合、本人は取消しができます。しかし、今回は本人がすべて知ったうえでの契約の委託であるので、取消しはできません。 《代理制度とは》

❸ **誤** 修繕は保存行為にあたります。**代理人の行為は本人に帰属します**ので、本人が修繕したこととなります。つまり、本人は修繕費用を負担する必要があります。 《代理制度とは》

❹ **誤** 任意代理の場合、復代理人の選任には、本人の許諾**または**やむを得ない事由が必要となります。今回はやむを得ない事情があるので復代理人の選任は可能です。 《復代理》

解答 ❷

代理

---

❷について。本人が詐欺や強迫を知っていて指示を出している以上、本人はかわいそうではありません。だったら取消しもできないだろう、と考えられるかどうかがポイントです。❸も難しかったですが、なんとか答えを出せるようにトレーニングしておきましょう！

代理

2005年 問3

問題16 買主Aが、Bの代理人Cとの間でB所有の甲地の売買契約を締結する場合に関する次の記述のうち、民法の規定によれば、正しいものはいくつあるか。

ア CがBの代理人であることをAに告げていなくても、Aがその旨を知っていれば、当該売買契約によりAは甲地を取得することができる。

イ Bが従前Cに与えていた代理権が消滅した後であっても、Aが代理権の消滅について善意無過失であれば、当該売買契約によりAは甲地を取得することができる。

ウ CがBから何らの代理権を与えられていない場合であっても、当該売買契約の締結後に、Bが当該売買契約をAに対して追認すれば、Aは甲地を取得することができる。

❶ 一つ
❷ 二つ
❸ 三つ
❹ なし

1つ1つの選択肢は難しくないが、個数問題なので難しいかも。

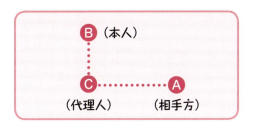

ア 正 顕名をしなかった場合、売買契約は代理人と相手方との間で成立します。ただし、相手方が悪意もしくは善意有過失であった場合、通常通り代理が成立しますので、売買契約は本人と相手方との間で成立します。　　《代理制度とは》

イ 正 代理権が消滅した後の契約でも、相手方が善意無過失であれば、表見代理となります。　　《無権代理》

ウ 正 無権代理は基本的には効力を生じませんが、本人が追認すれば有効となります。

《無権代理》

以上のことから、すべての選択肢が正しいので、❸が正解となります。

解答 ❸

代理

代理

2008年 問3

問題 17 AがBの代理人としてB所有の甲土地について売買契約を締結した場合に関する次の記述のうち、民法の規定及び判例によれば、正しいものはどれか。

❶ Aが甲土地の売却を代理する権限をBから書面で与えられている場合、A自らが買主となって売買契約を締結したときは、Aは甲土地の所有権を当然に取得する。

❷ Aが甲土地の売却を代理する権限をBから書面で与えられている場合、AがCの代理人となってBC間の売買契約を締結したときは、Cは甲土地の所有権を当然に取得する。

❸ Aが無権代理人であってDとの間で売買契約を締結した後に、Bの死亡によりAが単独でBを相続した場合、Dは甲土地の所有権を当然に取得する。

❹ Aが無権代理人であってEとの間で売買契約を締結した後に、Aの死亡によりBが単独でAを相続した場合、Eは甲土地の所有権を当然に取得する。

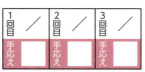

無権代理の問題。❸、❹は無権代理と相続の話。

❶ 誤　**自己契約は原則禁止**されています。もし行った場合は無権代理として扱うので、基本的には効力を生じません。　《無権代理》

❷ 誤　**双方代理は原則禁止**されています。もし行った場合は無権代理として扱うので、基本的には効力を生じません。　《無権代理》

❸ 正　無権代理人が単独で本人を相続した場合には、その契約は有効となります。**追認拒絶はできません。**　《無権代理》

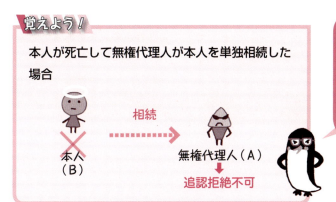

覚えよう！
本人が死亡して無権代理人が本人を単独相続した場合

本人（B）──相続──▶ 無権代理人（A）
　　　　　　　　　　　　↓
　　　　　　　　　　追認拒絶不可

悪い人が生きていますよね。ですから自分がやった責任はとらないといけません。だから、無権代理人は追認を拒絶できません。

❹ 誤　本人が単独で無権代理人を相続した場合には、**追認拒絶をすることができます。**よって、Eは当然には取得できません。　《無権代理》

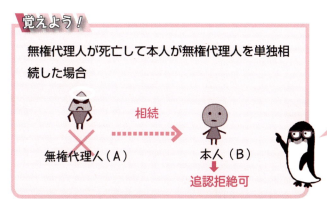

覚えよう！
無権代理人が死亡して本人が無権代理人を単独相続した場合

無権代理人（A）──相続──▶ 本人（B）
　　　　　　　　　　　　　　↓
　　　　　　　　　　　　追認拒絶可

悪くない人のほうが生きていますよね。ですから、本人は追認を拒絶できます。しかし、相手方（E）が善意無過失の場合、本人は相手方に対して無権代理人としての責任を免れることはできません。

解答　❸

重要度 A 代理

2009年 問2

問題 18 AがA所有の土地の売却に関する代理権をBに与えた場合における次の記述のうち、民法の規定によれば、正しいものはどれか。

❶ Bが自らを「売主Aの代理人B」ではなく、「売主B」と表示して、買主Cとの間で売買契約を締結した場合には、Bは売主Aの代理人として契約しているとCが知っていても、売買契約はBC間に成立する。

❷ Bが自らを「売主Aの代理人B」と表示して買主Dとの間で締結した売買契約について、Bが未成年であったとしても、AはBが未成年であることを理由に取り消すことはできない。

❸ Bは、自らが選任及び監督するのであれば、Aの意向にかかわらず、いつでもEを復代理人として選任して売買契約を締結させることができる。

❹ Bは、Aに損失が発生しないのであれば、Aの意向にかかわらず、買主Fの代理人にもなって、売買契約を締結することができる。

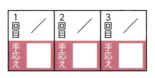

代理の総合問題。ぜひ正解しておこう！

❶ **誤** 顕名をしなかった場合、売買契約は代理人と相手方との間で成立します。ただし、相手方が**悪意**もしくは**善意有過失**であった場合、通常通り代理が成立しますので、売買契約は AC 間となります。　　　　　　　　　《代理制度とは》

❷ **正** **制限行為能力者でも代理人になれます**。そして、制限行為能力者であることを理由に取り消すことはできません。　　　　　　　　　《代理制度とは》

❸ **誤** 任意代理人による復代理人の選任には、本人の許諾**または**やむを得ない事由が必要となります。

《復代理》

❹ **誤** 双方代理は原則禁止されています。有効とするためには A と F の双方の許諾が必要です。したがって、「A の意向にかかわらず」行うことはできません。

《無権代理》

  ❷

過去問プラスアルファ

問 B所有の土地をAがBの代理人として、Cとの間で売買契約を締結した。Aが無権代理人である場合、CはBに対して相当の期間を定めて、その期間内に追認するか否かを催告することができ、Bが期間内に確答をしない場合には、追認とみなされ本件売買契約は有効となる。(2004-2-2)

答 ×：確答がない場合、追認拒絶とみなされる。

代理

問題 19 Aが、所有する甲土地の売却に関する代理権をBに授与し、BがCとの間で、Aを売主、Cを買主とする甲土地の売買契約（以下この問において「本件契約」という。）を締結した場合における次の記述のうち、民法の規定及び判例によれば、正しいものはどれか。

❶ Bが売買代金を着服する意図で本件契約を締結し、Cが本件契約の締結時点でこのことを知っていた場合であっても、本件契約の効果はAに帰属する。

❷ AがBに代理権を授与するより前にBが補助開始の審判を受けていた場合、Bは有効に代理権を取得することができない。

❸ BがCの代理人にもなって本件契約を成立させた場合、Aの許諾の有無にかかわらず、本件契約は無効となる。

❹ AがBに代理権を授与した後にBが後見開始の審判を受け、その後に本件契約が締結された場合、Bによる本件契約の締結は無権代理行為となる。

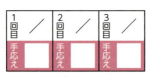

制限行為能力者を代理人に選ぶのは可能です。

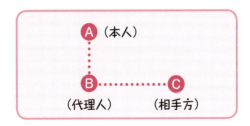

❶ 誤　相手方が代理人の意図を知っていますので、効果は生じません。

❷ 誤　**代理人は制限行為能力者でも構いません。**　　　　　　《代理制度とは》

❸ 誤　双方代理は禁止ですが、**本人の許諾があれば有効**となります。この場合、ＡとＣの双方の許諾が必要です。　　　　　　　　　　　　　　　　《無権代理》

❹ 正　代理人が後見開始の審判を受けた場合、**代理権は消滅**します。したがって、代理権消滅後の代理行為は、無権代理行為となります。　　　　《無権代理》

解答　❹

代理

❶が難しいですね。
❷と❹の違いは理解しておきましょう。
❷は制限行為能力者と知って代理権を
授与しています。それに対して、
❹は代理権授与した後に制限行為能力者
になっています。

債務不履行・解除

問題 20 買主Aと売主Bとの間で建物の売買契約を締結し、AはBに手付を交付したが、その手付は解約手付である旨約定した。この場合、民法の規定及び判例によれば、次の記述のうち正しいものはどれか。

❶ 手付の額が売買代金の額に比べて僅少である場合には、本件約定は、効力を有しない。

❷ Aが、売買代金の一部を支払う等売買契約の履行に着手した場合は、Bが履行に着手していないときでも、Aは、本件約定に基づき手付を放棄して売買契約を解除することができない。

❸ Aが本件約定に基づき売買契約を解除した場合で、Aに債務不履行はなかったが、Bが手付の額を超える額の損害を受けたことを立証できるとき、Bは、その損害全部の賠償を請求することができる。

❹ Bが本件約定に基づき売買契約を解除する場合は、Bは、Aに対して、単に口頭で手付の額の倍額を償還することを告げて受領を催告するだけでは足りず、これを現実に提供しなければならない。

手付解除で損害賠償請求はできない。

❶ 誤　手付金の金額についての制限はありません。　《損害賠償請求と解除》

❷ 誤　**相手方が履行に着手するまで**は手付解除ができます。今回は相手方であるBがまだ履行に着手していないので解除可能です。　《損害賠償請求と解除》

❸ 誤　**手付解除では損害賠償請求はできません。**　《損害賠償請求と解除》

❹ 正　売主（B）が手付解除をするには、口頭で催告するだけでは足りず、**現実の提供が必要**となります。　《損害賠償請求と解除》

解答　❹

債務不履行・解除

問題 21 Aは、Bから土地建物を購入する契約（代金5,000万円、手付300万円、違約金1,000万円）を、Bと締結し、手付を支払ったが、その後資金計画に支障を来し、残代金を支払うことができなくなった。この場合、民法の規定及び判例によれば、次の記述のうち誤っているものはどれか。

❶ 「Aのローンが某日までに成立しないとき、契約は解除される」旨の条項がその契約にあり、ローンがその日までに成立しない場合は、Aが解除の意思表示をしなくても、契約は効力を失う。

❷ Aは、Bが履行に着手する前であれば、中間金を支払っていても、手付を放棄して契約を解除し、中間金の返還を求めることができる。

❸ Aの債務不履行を理由に契約が解除された場合、Aは、Bに対し違約金を支払わなければならないが、手付の返還を求めることはできる。

❹ Aの債務不履行を理由に契約が解除された場合、Aは、実際の損害額が違約金よりも少なければ、これを立証して、違約金の減額を求めることができる。

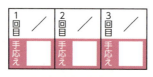

損害賠償請求と解除についての知識の確認。

❶ 正　特約があるので、その特約に従います。ローンが成立しないのであれば、特に何の意思表示をしなくても契約は解除されます。　《損害賠償請求と解除》

❷ 正　**相手方が履行に着手する前であれば**手付解除できます。自分が履行に着手しているかどうかは無関係です。解除による原状回復として中間金は返還されます。　《損害賠償請求と解除》

❸ 正　**債務不履行解除と手付解除は別物**です。債務不履行による解除をしたのだから原状回復として手付を返還する必要があります。別途損害賠償請求されることはありますが、当然のことながら、それは手付金とは別物です。
　《損害賠償請求と解除》

❹ 誤　**違約金は損害賠償額の予定と推定されます**。そして、損害賠償額を予定した場合、原則としてその額を増減することはできません。　《損害賠償請求と解除》

解答　❹

選択肢❸について。違約金は損害賠償額の予定と推定されるので、AはBに支払わなければなりませんが、債務不履行を理由に解除された場合は、原状回復義務があるので、手付金の返還を求めることはできます。

債務不履行・解除

問題 22 売主Aは、買主Bとの間で甲土地の売買契約を締結し、代金の3分の2の支払と引換えに所有権移転登記手続と引渡しを行った。その後、Bが残代金を支払わないので、Aは適法に甲土地の売買契約を解除した。この場合に関する次の記述のうち、民法の規定及び判例によれば、正しいものはどれか。

❶ Aの解除前に、BがCに甲土地を売却し、BからCに対する所有権移転登記がなされているときは、BのAに対する代金債務につき不履行があることをCが知っていた場合においても、Aは解除に基づく甲土地の所有権をCに対して主張できない。

❷ Bは、甲土地を現状有姿の状態でAに返還し、かつ、移転登記を抹消すれば、引渡しを受けていた間に甲土地を貸駐車場として収益を上げていたときでも、Aに対してその利益を償還すべき義務はない。

❸ Bは、自らの債務不履行で解除されたので、Bの原状回復義務を先に履行しなければならず、Aの受領済み代金返還義務との同時履行の抗弁権を主張することはできない。

❹ Aは、Bが契約解除後遅滞なく原状回復義務を履行すれば、契約締結後原状回復義務履行時までの間に甲土地の価格が下落して損害を被った場合でも、Bに対して損害賠償を請求することはできない。

原状回復は契約をなかったことにします。

❶ 正 解除前の第三者との関係は**登記**で決めます。今回は、Cは移転登記を得ていますから、Cの勝となります。　《物権変動》

❷ 誤 解除の結果、契約はなかったことになります。したがって、**原状回復をする**こととなります。収益を上げていた場合、その利益も返さなければなりません。　《解除》

❸ 誤 解除による原状回復義務と代金返還義務は**同時履行の関係**にあります。したがって、どちらが先ということはありません。相手が履行しない場合には、同時履行の抗弁権を主張することができます。　《解除》

❹ 誤 **解除権を行使しても、損害賠償請求は可能です。**　《債務不履行》

  ❶

債務不履行・解除

問題 23

債務不履行に基づく損害賠償請求権に関する次の記述のうち、民法の規定及び判例によれば、誤っているものはどれか。

❶ AがBと契約を締結する前に、信義則上の説明義務に違反して契約締結の判断に重要な影響を与える情報をBに提供しなかった場合、Bが契約を締結したことにより被った損害につき、Aは、不法行為による賠償責任を負うことはあっても、債務不履行による賠償責任を負うことはない。

❷ AB間の利息付金銭消費貸借契約において、利率に関する定めがない場合、借主Bが債務不履行に陥ったことによりAがBに対して請求することができる遅延損害金は、年3パーセントの利率により算出する。

❸ AB間でB所有の甲不動産の売買契約を締結した後、Bが甲不動産をCに二重譲渡してCが登記を具備した場合、AはBに対して債務不履行に基づく損害賠償請求をすることができる。

❹ AB間の金銭消費貸借契約において、借主Bは当該契約に基づく金銭の返済をCからBに支払われる売掛代金で予定していたが、その入金がなかった（Bの責めに帰すべき事由はない。）ため、返済期限が経過してしまった場合、Bは債務不履行には陥らず、Aに対して遅延損害金の支払義務を負わない。

契約していないのに債務不履行にはならない。

❶ 正　債務不履行は簡単に言えば、契約違反です。契約をしていないのであれば、契約違反もありません。　《債務不履行》

❷ 正　金銭債務において利率に関する定めがない場合、債権者は**年3パーセント**の利率で遅延損害金を請求できます。　《金銭債務》

❸ 正　二重譲渡は**登記**で勝負をつけます。今回はＣの勝ちとなり、土地はＣのものとなります。Ａは、土地を手に入れることができなくなったのだから、履行不能として、Ｂに対して損害賠償請求ができます。　《物権変動》

❹ 誤　**金銭債務は不可抗力をもって抗弁とすることができません。**　《金銭債務》

　❹

選択肢❸は物権変動の知識も要求されています。まだ学習していないのであれば、この選択肢は後回しにして他の選択肢をしっかり学習しましょう。

重要度 B 弁済

問題24 共に宅地建物取引業者であるＡＢ間でＡ所有の土地について、平成30年9月1日に売買代金3,000万円（うち、手付金200万円は同年9月1日に、残代金は同年10月31日に支払う。）とする売買契約を締結した場合に関する次の記述のうち、民法の規定及び判例によれば、正しいものはどれか。

❶ 本件売買契約に利害関係を有しないＣは、同年10月31日を経過すれば、Ｂの意思に反しても残代金をＡに対して支払うことができる。

❷ 同年10月31日までにＡが契約の履行に着手した場合には、手付が解約手付の性格を有していても、Ｂが履行に着手したかどうかにかかわらず、Ａは、売買契約を解除できなくなる。

❸ Ｂの債務不履行によりＡが売買契約を解除する場合、手付金相当額を損害賠償の予定とする旨を売買契約で定めていた場合には、特約がない限り、Ａの損害が200万円を超えていても、Ａは手付金相当額以上に損害賠償請求はできない。

❹ Ａが残代金の受領を拒絶することを明確にしている場合であっても、Ｂは同年10月31日には2,800万円をＡに対して現実に提供しなければ、Ｂも履行遅滞の責任を負わなければならない。

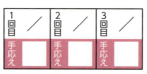

> 問題文が長いけれど、何が問われているのか確認しながら解く。

❶ 誤　弁済をするについて正当な利益を有する者でない第三者は、債務者の意思に反して弁済することはできません。　　　　　　　　　　《弁済》

❷ 誤　Bが履行に着手するまでは、Aは手付解除ができます。《損害賠償請求と解除》

❸ 正　損害賠償額をあらかじめ決めていた場合、原則としてその金額を増減することはできません。　　　　　　　　　　　　　　　《損害賠償請求と解除》

❹ 誤　債権者が受領を拒んでいるので、Bは現実の提供をしなくても履行遅滞とはなりません。　　　　　　　　　　　　　　　　　　　　《債務不履行》

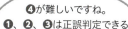 ❸

❹が難しいですね。
❶、❷、❸は正誤判定できるようにしましょう。

過去問プラスアルファ

問　債務の履行が債務者の責めに帰すべき事由によって不能となったときは、債権者は直ちに契約を解除することができる。
(1985-4-2)

答　○：履行不能の場合、直ちに契約解除が可能。

弁済

問題 25 Aは、土地所有者Bから土地を賃借し、その土地上に建物を所有してCに賃貸している。AのBに対する借賃の支払債務に関する次の記述のうち、民法の規定及び判例によれば、正しいものはどれか。

❶ Cは、借賃の支払債務に関して正当な利益を有しないので、Aの意思に反して、債務を弁済することはできない。

❷ Aが、Bの代理人と称して借賃の請求をしてきた無権限者に対し債務を弁済した場合、その者に弁済受領権限があるかのような外観があり、Aがその権限があることについて善意、かつ、無過失であるときは、その弁済は有効である。

❸ Aが、当該借賃を額面とするA振出しに係る小切手（銀行振出しではないもの）をBに提供した場合、債務の本旨に従った適法な弁済の提供となる。

❹ Aは、特段の理由がなくても、借賃の支払債務の弁済に代えて、Bのために弁済の目的物を供託し、その債務を免れることができる。

弁済の問題。落ち着いて考えよう！

❶ 誤　**弁済をするについて正当な利益を有する者である第三者は債務者の意思に反しても弁済をすることができます**。借地上の建物の賃借人は、Ａが土地の借賃を払わないと追い出される可能性があるので、弁済をするについて正当な利益を有する者である第三者といえます。　《弁済》

❷ 正　**受領権者としての外観を有する者に善意無過失でした弁済は有効**となります。　《弁済》

❸ 誤　銀行振出しでない小切手（＝自己振出しの小切手）の持参は、弁済の提供として扱いません。　《弁済》

> 自己振出しの小切手＝履行の提供とならない
> 銀行振出しの小切手＝履行の提供となる

❹ 誤　弁済の目的物を供託するためには、債権者が受領を拒んだり、債権者の行方がわからないときなど、一定の理由が必要です。それがない場合には供託することはできません。　《弁済》

解答　❷

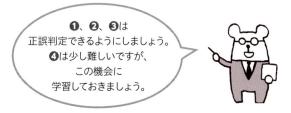

❶、❷、❸は
正誤判定できるようにしましょう。
❹は少し難しいですが、
この機会に
学習しておきましょう。

弁済

契約不適合

問題26 Aが1,000㎡の土地について数量を指示してBに売却する契約をBと締結した場合の、売主Aの契約不適合責任に関する次の記述のうち、民法の規定によれば、誤っているものはどれか。

❶ その土地を実測したところ700㎡しかなかった場合、Bは、善意悪意に関係なく、代金の減額を請求することができない。

❷ その土地のうち300㎡がCの所有地で、AがBに移転することができなかった場合、Bは、善意悪意に関係なく、代金の減額を請求することができる。

❸ その土地のすべてがDの所有地で、AがBに移転することができなかった場合、Bは、善意悪意に関係なく、契約を解除することができる。

❹ その土地にEが登記済みの地上権を有していて、Bが利用目的を達成することができなかった場合、Bは、契約を解除することができる。

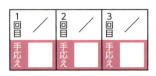

法改正で大きく変わりました。

❶ **誤** 引き渡された目的物が数量に関して契約の内容に適合しない場合、買主は売主に対して不足分の引渡しによる履行の追完請求をすることができます。買主が**相当の期間を定めて履行の追完を催告し、その期間内に履行の追完がないとき**は、不適合の程度に応じて代金の減額を請求できます。　　　《契約不適合》

❷ **正** 引き渡された目的物が権利に関して契約の内容に適合しない場合、買主は売主に対して不足分の引渡しによる履行の追完請求をすることができます。買主が**相当の期間を定めて履行の追完を催告し、その期間内に履行の追完がないとき**は、不適合の程度に応じて代金の減額を請求できます。　　　《契約不適合》

❸ **正** 全部他人物売買では、権利の全部が履行不能の場合、**債務不履行**により善意・悪意関係なく契約の解除をすることができます。　　　《契約不適合》

❹ **正** 地上権等の制限がある場合、売主が移転した権利が契約内容に適合しないため契約を解除することができます。　　　《契約不適合》

契約不適合

問題 27 売買契約の解除に関する次の記述のうち、民法の規定及び判例によれば、正しいものはどれか。

❶ 買主が、売主以外の第三者の所有物であることを知りつつ売買契約を締結し、売主が売却した当該目的物の所有権を取得して買主に移転することができない場合には、買主は売買契約の解除はできる。

❷ 売主が、買主の代金不払を理由として売買契約を解除した場合には、売買契約はさかのぼって消滅するので、売主は買主に対して損害賠償請求はできない。

❸ 買主が、抵当権が存在していることを知りつつ不動産の売買契約を締結し、当該抵当権の行使によって買主が所有権を失った場合には、買主は、売買契約の解除はできない。

❹ 買主が、売主に対して手付金を支払っていた場合には、売主は、自らが売買契約の履行に着手するまでは、買主が履行に着手していても、手付金の倍額を買主に支払うことによって、売買契約を解除することができる。

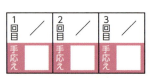

債務不履行や手付の分野も選択肢に入っています。

❶ 正　全部他人物売買で権利の全部を移転できない場合、**履行不能となる**ため、買主が悪意の場合であっても解除ができます。
《契約不適合》

❷ 誤　債務不履行解除の場合、別途損害賠償請求をすることも可能です。
《損害賠償請求と解除》

❸ 誤　**買主の善意悪意にかかわらず**、抵当権が実行されて所有権を失った場合には、債務不履行として契約の解除とともに損害賠償請求ができます。《契約不適合》

❹ 誤　手付解除ができるのは**相手方が履行に着手するまで**です。売主は、相手方（＝買主）が履行に着手してしまったので、もう手付による解除はできません。
《損害賠償請求と解除》

解答　❶

選択肢❷と❹は、第5コース第3ポイントの復習です。正誤判定できなかった人は「債務不履行・弁済」の復習をしっかりとしましょう！

契約不適合

問題 28 Aは、中古自動車を売却するため、Bに売買の媒介を依頼し、報酬として売買代金の3％を支払うことを約した。Bの媒介によりAは当該自動車をCに100万円で売却した。この場合に関する次の記述のうち、民法の規定及び判例によれば、正しいものはどれか。

❶ Bが報酬を得て売買の媒介を行っているので、CはAから当該自動車の引渡しを受ける前に、100万円をAに支払わなければならない。

❷ 当該自動車が契約の内容に適合しない場合には、CはAに対しても、Bに対しても、契約不適合責任を追及することができる。

❸ 売買契約が締結された際に、Cが解約手付として手付金10万円をAに支払っている場合には、Aはいつでも20万円を現実に提供して売買契約を解除することができる。

❹ 売買契約締結時には当該自動車がAの所有物ではなく、Aの父親の所有物であったとしても、AC間の売買契約は有効に成立する。

> 債務不履行の内容も入っています。

❶ 誤　代金の支払いと目的物の引渡しは**同時履行が原則**です。　　《債務不履行》

❷ 誤　Bは売主ではない、媒介者なので、契約不適合責任は負いません。
《契約不適合》

❸ 誤　手付解除は**相手方が履行に着手するまで**です。Cが履行に着手した後はAは手付解除はできません。したがって、いつでも解除ができるわけではありません。
《損害賠償請求と解除》

❹ 正　**他人物売買も有効です。**　　《契約不適合》

  ❹

選択肢❶と❸は、
第5コースの復習です。
正誤判定できなかった人は
「債務不履行・弁済」の
復習をしっかりとしましょう！

契約不適合

問題29 Aが、5,000万円相当の土地と5,500万円の負債を残して死亡した。Aには、弟B、母C、配偶者D及びDとの間の子E・F・G並びにEの子Hがいる。この場合、民法の規定によれば、次の記述のうち正しいものはどれか。

❶ 限定承認をするときは、D・E・F及びGが、共同してしなければならない。

❷ Eが相続放棄をしたときは、Hが、代襲して相続人となる。

❸ E・F及びGが相続放棄をしたときは、B及びCが、Dとともに相続人となる。

❹ E・F及びGが相続放棄をしたときは、Cは、相続開始の時から3カ月以内に単純若しくは限定の承認又は放棄をしなければならない。

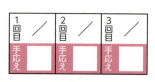

系図を書いて解くことが大切！

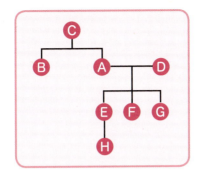

❶ 正　限定承認は相続人全員でしなければなりません。　《相続とは》

❷ 誤　相続放棄の場合、代襲相続はしません。　《相続とは》

❸ 誤　子がいない場合、配偶者と直系尊属が相続人となります。兄弟姉妹であるBは相続人とはなりません。　《相続とは》

❹ 誤　相続開始から3カ月ではなく、相続開始を知った時から3カ月以内です。　《相続とは》

解答　❶

覚えよう！

● 法定相続人
（第一順位）　配偶者＋子
（第二順位）　配偶者＋直系尊属（親）
（第三順位）　配偶者＋兄弟姉妹（けいていしまい）

配偶者は常に相続人です。「配偶者と誰か」が相続人となります。子がいれば子が、子がいなければ直系尊属が、子も直系尊属もいなければ兄弟姉妹が相続人となります。

相続

59

問題30 居住用建物を所有するAが死亡した場合の相続に関する次の記述のうち、民法の規定によれば、正しいものはどれか。

❶ Aに、配偶者B、Bとの婚姻前に縁組した養子C、Bとの間の実子D（Aの死亡より前に死亡）、Dの実子E及びFがいる場合、BとCとEとFが相続人となり、EとFの法定相続分はいずれも1/8となる。

❷ Aに、配偶者B、母G、兄Hがいる場合、Hは相続人とならず、BとGが相続人となり、Gの法定相続分は1/4となる。

❸ Aに法律上の相続人がない場合で、10年以上Aと同居して生計を同じくし、Aの療養看護に努めた内縁の妻Iがいるとき、Iは、承継の意思表示をすれば当該建物を取得する。

❹ Aに、その死亡前1年以内に離婚した元配偶者Jと、Jとの間の未成年の実子Kがいる場合、JとKが相続人となり、JとKの法定相続分はいずれも1/2となる。

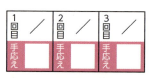

系図を書いて法定相続分を考えよう！

❶ **正** 配偶者であるBと子CとDが相続人となるはずですが、Dはすでに死亡していますので、EとFが代襲相続します。 《相続とは》

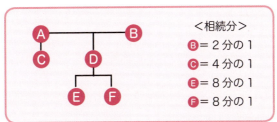

❷ **誤** 配偶者Bと直系尊属Gが相続人となります。Gの法定相続分は1/3です。 《相続とは》

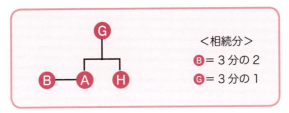

❸ **誤** 内縁の妻は相続人ではありません。例外的に家庭裁判所の審判があれば特別縁故者として財産の分与を受けられますが、承継の意思表示だけで遺産を取得することはできません。 《相続とは》

❹ **誤** 相続開始時に離婚している場合、相続人とはなりません。なので、今回はKがすべて取得します。 《相続とは》

解答 ❶

覚えよう！

● 法定相続分

第一順位	配偶者	1/2	子	1/2
第二順位	配偶者	2/3	直系尊属	1/3
第三順位	配偶者	3/4	兄弟姉妹	1/4

問題 31 相続の承認及び放棄に関する次の記述のうち、民法の規定によれば、誤っているものはどれか。

❶ 相続の放棄をする場合、その旨を家庭裁判所に申述しなければならない。

❷ 相続人が数人あるときは、限定承認は、共同相続人の全員が共同してのみこれをすることができる。

❸ 相続人が、自己のために相続の開始があったことを知った時から3カ月（家庭裁判所が期間の伸長をした場合は当該期間）以内に、限定承認又は放棄をしなかったときは、単純承認をしたものとみなされる。

❹ 被相続人の子が、相続の開始後に相続放棄をした場合、その者の子がこれを代襲して相続人となる。

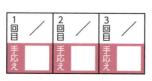

相続放棄の場合、代襲相続はしない。

❶ 正　相続放棄をするときには家庭裁判所に申述しなければなりません。《相続とは》

❷ 正　限定承認は相続人全員でする必要があります。　　　　　　《相続とは》

❸ 正　知った時から３カ月以内に決めなかった場合には単純承認したものとみなされます。　　　　　　　　　　　　　　　　　　　　　　　《相続とは》

❹ 誤　相続放棄の場合、代襲相続はしません。　　　　　　　　　《相続とは》

 　❹

相続

問題32 1億2,000万円の財産を有するAが死亡した。Aには、配偶者はなく、子B、C、Dがおり、Bには子Eが、Cには子Fがいる。Bは相続を放棄した。また、Cは生前のAを強迫して遺言作成を妨害したため、相続人となることができない。この場合における法定相続分に関する次の記述のうち、民法の規定によれば、正しいものはどれか。

❶ Dが4,000万円、Eが4,000万円、Fが4,000万円となる。

❷ Dが1億2,000万円となる。

❸ Dが6,000万円、Fが6,000万円となる。

❹ Dが6,000万円、Eが6,000万円となる。

遺言作成を妨害したらどうなる？

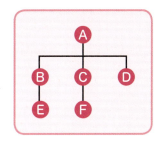

　Bは相続放棄をしているため、最初から相続人とはなりません。また、代襲相続もしませんので、Eも相続人とはなりません。さらに、Cは強迫して遺言作成を妨害した（＝相続欠格）ため、その子Fが代襲相続します。よって、相続人はDとFとなり、相続分は6,000万円ずつとなります。　　　《相続とは》

 ❸

ちょこっと よりみちトーク

　「強迫して遺言作成を妨害した」という文を見て相続欠格と気づいたかな？

　　　　　　　　　　　読み飛ばしていました…。

　そういう部分までしっかり読んで解いていこうね！

問題 33

被相続人Aの相続人の法定相続分に関する次の記述のうち、民法の規定によれば、正しいものはどれか。

❶ AとBが婚姻中に生まれたAの子Cは、AとBの離婚の際、親権者をBと定められたが、Aがその後再婚して、再婚にかかる配偶者がいる状態で死亡したときは、Cは法定相続分はない。

❷ Aに実子がなく、3人の養子がいる場合、法定相続分を有する養子は2人に限られる。

❸ Aが死亡し、配偶者D及びその2人の子供E、Fで遺産分割及びそれに伴う処分を終えた後、認知の訴えの確定により、さらに嫡出でない子Gが1人いることが判明した。Gの法定相続分は1/10である。

❹ Aに子が3人あり、Aの死亡の際、2人は存命であったが、1人は既に死亡していた。その死亡した子には2人の嫡出子H、Iがいた。A死亡の際、配偶者もいなかった場合、Hの法定相続分は1/6である。

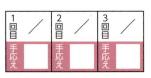

養子の人数に制限はありません。

❶ 誤　Cは子なので相続人となります。親権者が誰であるかに関係なく、子である以上は相続人です。
《相続とは》

❷ 誤　養子の人数に制限はありません。子全員が平等の割合で相続します。
《相続とは》

❸ 誤　配偶者が1/2であり、子EFGが残りの1/2を均等に分けることになるので、Gの法定相続分は1/6となります。嫡出子であろうが非嫡出子であろうが養子であろうが関係ありません。
《相続とは》

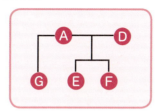

❹ 正　子が3人いるから、1/3ずつとなります。そして、**すでに死亡しているので代襲相続をします**。孫が2人いるので、これをさらに半分にして1/6となります。
《相続とは》

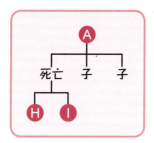

解答 ❹

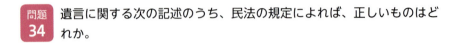

問題34 遺言に関する次の記述のうち、民法の規定によれば、正しいものはどれか。

❶ 自筆証書遺言は、その内容をワープロ等で印字していても、日付と氏名を自書し、押印すれば、有効な遺言となる。

❷ 疾病によって死亡の危急に迫った者が遺言をする場合、代理人が2名以上の証人と一緒に公証人役場に行けば、公正証書遺言を有効に作成することができる。

❸ 未成年であっても、15歳に達した者は、有効に遺言をすることができる。

❹ 夫婦又は血縁関係がある者は、同一の証書で有効に遺言をすることができる。

遺言の問題です。選択肢❸と❹は正誤判定できるように！

❶ 誤　自筆証書遺言は遺言者がその全文を自筆で書く必要があります。　《遺言》

❷ 誤　代理人によって遺言をすることはできません。疾病によって死亡の危急に迫った者は、証人3人以上を立ち会わせて、そのうちの1人に遺言の趣旨を口頭で述べることにより作成することができます。　《遺言》

❸ 正　遺言は満15歳以上であれば、有効にすることができます。　《遺言》

❹ 誤　遺言は1通につき1人であり、2人以上の人間が同じ証書で遺言することはできません。　《遺言》

解答　❸

覚えよう！

● 遺言の主な種類

	自筆証書遺言	公正証書遺言	秘密証書遺言
作成方法	すべて自筆（ワープロ不可）	本人が口述し、公証人が筆記	本人が署名押印した遺言を封印し、住所氏名を記入
家庭裁判所の検認	必要	不要	必要

選択肢❷が難しいですが、❶、❸、❹は正誤判定できるようにしておきましょう。

問題 35 遺言及び遺留分に関する次の記述のうち、民法の規定によれば、正しいものはどれか。

❶ 自筆証書による遺言をする場合、証人二人以上の立会いが必要である。

❷ 自筆証書による遺言書を保管している者が、相続の開始後、これを家庭裁判所に提出してその検認を経ることを怠り、そのままその遺言が執行された場合、その遺言書の効力は失われる。

❸ 適法な遺言をした者が、その後更に適法な遺言をした場合、前の遺言のうち後の遺言と抵触する部分は、後の遺言により撤回したものとみなされる。

❹ 法定相続人が配偶者Aと子Bだけである場合、Aに全財産を相続させるとの適法な遺言がなされた場合、Bは遺留分権利者とならない。

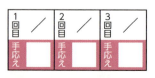

遺言の方式と効力についての問題です。

❶ 誤　自筆証書遺言の作成をするときに、証人は不要です。　　　　《遺言》

❷ 誤　検認を怠っても、遺言は当然には無効となりません。　　　　《遺言》

❸ 正　前の遺言と後の遺言で内容が抵触する場合、後の遺言で前の遺言を撤回したものとみなされます。　　　　《遺言》

❹ 誤　子Bは遺留分権利者です。　　　　《遺留分》

解答　❸

ちょこっと よりみちトーク

「検認」って何？

相続人に遺言の存在や内容を知らせたり、遺言書の偽造などを防止するための手続きのことだよ！

キリッ！

問題 36

遺留分に関する次の記述のうち、民法の規定及び判例によれば、誤っているものはどれか。

❶ 被相続人Aの配偶者BとAの弟Cのみが相続人であり、Aが他人Dに遺産全部を遺贈したとき、Bの遺留分は遺産の３／８、Cの遺留分は遺産の１／８である。

❷ 遺留分侵害額の請求は、訴えを提起しなくても、内容証明郵便による意思表示だけでもすることができる。

❸ 相続が開始して９年６箇月経過する日に、はじめて相続の開始と遺留分を害する遺贈のあったことを知った遺留分権利者は、６箇月以内であれば、遺留分侵害額の請求をすることができる。

❹ 被相続人Eの生前に、Eの子Fが家庭裁判所の許可を得て遺留分の放棄をした場合でも、Fは、Eが死亡したとき、その遺産を相続する権利を失わない。

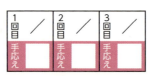

遺留分がなかった人は誰かと考えよう。

❶ 誤　**兄弟姉妹であるCには遺留分はありません**。Bの遺留分は遺産の1/2となります。　　　　　　　　　　　　　　　　　　　　　　　　　　　《遺留分》

❷ 正　遺留分侵害額の請求は**訴えを提起する必要はありません**。意思表示のみで請求したこととなります。内容証明郵便でも大丈夫です。　　　　　《遺留分》

❸ 正　遺留分侵害額請求権も相続開始の時から10年で時効消滅します。ですので、あと6カ月の間であれば、遺留分侵害額の請求が可能です。　　　《遺留分》

❹ 正　**遺留分の放棄と相続の放棄は別物**です。Fが放棄したのは相続ではなく遺留分なので、遺産を相続する権利はあります。　　　　　　　　　《遺留分》

解答　❶

選択肢の❶と❹は正誤判定できるようにしておきましょう。

過去問プラスアルファ

問　Aには、相続人となる子BとCがいる。AはCに老後の面倒をみてもらっているので、「甲土地を含む全資産をCに相続させる」旨の有効な遺言をした。この場合、Bの遺留分を侵害するAの遺言は、その限度で当然に無効である。(2008-12-1)

答　×：遺留分を侵害する遺言も有効。

物権変動

問題37 Aの所有する土地をBが取得した後、Bが移転登記をする前に、CがAから登記を移転した場合に関する次の記述のうち、民法及び不動産登記法の規定並びに判例によれば、BがCに対して登記がなければ土地の所有権を主張できないものはどれか。

❶ BがAから購入した後、AがCに仮装譲渡し、登記をC名義に移転した場合

❷ BがAから購入した後、CがBを強迫して登記の申請を妨げ、CがAから購入して登記をC名義に移転した場合

❸ BがAから購入し、登記手続きをCに委任したところ、CがをC名義に移転した場合

❹ Bの取得時効が完成した後、AがCに売却し、登記をC名義に移転した場合

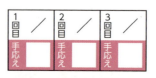

登記がなくても所有権を主張できる相手もいたね。

❶ **主張できる**　虚偽表示は無効なので、この場合のCは無権利者となります。**無権利者に対しては、登記なしで主張できます。**　《対抗問題》

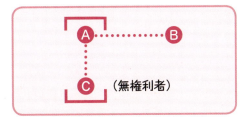

❷ **主張できる**　この場合のCは背信的悪意者となります。**背信的悪意者に対しては登記なしで主張できます。**　《対抗問題》

❸ **主張できる**　この場合のCは背信的悪意者となります。**背信的悪意者に対しては登記なしで主張できます。**　《対抗問題》

❹ **主張できない**　時効完成後の第三者に対しては、登記がなければ主張することができません。　《第三者への対抗》

解答 ❹

覚えよう！

● **登記がなくても対抗できる相手方（具体例）**

①売主
②売主の相続人
③詐欺や強迫によって第一買主の登記の申請を妨げた第二買主
④第一買主のために登記を申請する義務を負う第二買主
⑤第一買主が登記を備えていないことに乗じ、第一買主に高値で売りつけて不当な利益を得る目的で第二買主となった者
⑥不法占拠者
⑦無権利者（虚偽表示により取得した者など）

物権変動

問題 38 AからB、BからCに、甲地が、順次売却され、AからBに対する所有権移転登記がなされた。この場合、民法の規定及び判例によれば、次の記述のうち誤っているものはどれか。

❶ Aが甲地につき全く無権利の登記名義人であった場合、真の所有者Dが所有権登記をBから遅滞なく回復する前に、Aが無権利であることにつき善意のCがBから所有権移転登記を受けたとき、Cは甲地の所有権をDに対抗できる。

❷ BからCへの売却後、AがAB間の契約を適法に解除して所有権を取り戻した場合、Aが解除を理由にして所有権登記をBから回復する前に、その解除につき善意のCがBから所有権移転登記を受けたときは、Cは甲地の所有権をAに対抗できる。

❸ BからCへの売却前に、AがAB間の契約を適法に解除して所有権を取り戻した場合、Aが解除を理由にして所有権登記をBから回復する前に、その解除につき善意のCがBから甲地を購入し、かつ、所有権移転登記を受けたときは、Cは甲地の所有権をAに対抗できる。

❹ BからCへの売却前に、取得時効の完成により甲地の所有権を取得したEがいる場合、Eがそれを理由にして所有権登記をBから取得する前に、Eの取得時効につき善意のCがBから甲地を購入し、かつ、所有権移転登記を受けたときは、Cは甲地の所有権をEに対抗できる。

無権利者から取得した者も無権利者です。

❶ 誤　**無権利者から取得した者も無権利者となります**。よって、無権利者であるCは、真の所有者であるDに対して対抗することはできません。　《対抗問題》

❷ 正　**解除前**の第三者が保護されるためには登記が必要です。　《第三者への対抗》

❸ 正　**解除後**の第三者は登記を有すればAに対抗できます。　《第三者への対抗》

❹ 正　時効完成後の第三者に対して対抗するためには登記が必要です。
　　　　　　　　　　　　　　　　　　　　　　　　　　《第三者への対抗》

解答　❶

覚えよう！

● 取消し・解除・時効と登記

場面	結論
①取消し前の第三者	詐欺：善意無過失の第三者に対抗できない
②取消し後の第三者	先に登記した者が勝つ
③解除前の第三者	第三者は登記があれば勝つ
④解除後の第三者	先に登記した者が勝つ
⑤時効完成前の第三者	時効取得した者が勝つ
⑥時効完成後の第三者	先に登記した者が勝つ

物権変動

問題39 不動産の物権変動の対抗要件に関する次の記述のうち、民法の規定及び判例によれば、誤っているものはどれか。なお、この問において、第三者とはいわゆる背信的悪意者を含まないものとする。

❶ 不動産売買契約に基づく所有権移転登記がなされた後に、売主が当該契約に係る意思表示を詐欺によるものとして適法に取り消した場合、売主は、その旨の登記をしなければ、当該取消後に当該不動産を買主から取得して所有権移転登記を経た第三者に所有権を対抗できない。

❷ 不動産売買契約に基づく所有権移転登記がなされた後に、売主が当該契約を適法に解除した場合、売主は、その旨の登記をしなければ、当該契約の解除後に当該不動産を買主から取得して所有権移転登記を経た第三者に所有権を対抗できない。

❸ 甲不動産につき兄と弟が各自2分の1の共有持分で共同相続した後に、兄が弟に断ることなく単独で所有権を相続取得した旨の登記をした場合、弟は、その共同相続の登記をしなければ、共同相続後に甲不動産を兄から取得して所有権移転登記を経た第三者に自己の持分権を対抗できない。

❹ 取得時効の完成により乙不動産の所有権を適法に取得した者は、その旨を登記しなければ、時効完成後に乙不動産を旧所有者から取得して所有権移転登記を経た第三者に所有権を対抗できない。

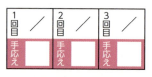

「〇〇後の第三者」とあったら基本的には登記の有無で決着をつける。

❶ 正　**取消し後**の第三者に対しては、登記がなければ対抗することができません。
《第三者への対抗》

❷ 正　**解除後**の第三者に対しては、登記がなければ対抗することができません。
《第三者への対抗》

❸ 誤　無権利者に対しては、登記がなくても対抗することができます。　《対抗問題》

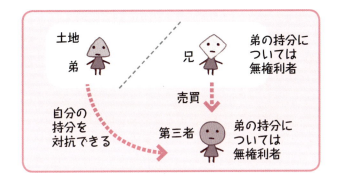

❹ 正　**時効完成後**の第三者に対しては、登記がなければ対抗することができません。
《第三者への対抗》

  ❸

物権変動

問題 40
AがA所有の甲土地をBに売却した場合に関する次の記述のうち、民法の規定及び判例によれば、正しいものはどれか。

❶ Aが甲土地をBに売却する前にCにも売却していた場合、Cは所有権移転登記を備えていなくても、Bに対して甲土地の所有権を主張することができる。

❷ AがBの詐欺を理由に甲土地の売却の意思表示を取り消しても、取消しより前にBが甲土地をDに売却し、Dが所有権移転登記を備えた場合には、DがBの詐欺の事実を知っていたか否かにかかわらず、AはDに対して甲土地の所有権を主張することができない。

❸ Aから甲土地を購入したBは、所有権移転登記を備えていなかった。Eがこれに乗じてBに高値で売りつけて利益を得る目的でAから甲土地を購入し所有権移転登記を備えた場合、EはBに対して甲土地の所有権を主張することができない。

❹ AB間の売買契約が、Bの意思表示の動機に錯誤があって締結されたものである場合、Bが所有権移転登記を備えていても、AはBの錯誤を理由にAB間の売買契約を取り消すことができる。

第1コース（意思表示）の復習問題もあります。

❶ 誤　**二重譲渡の場合、登記で勝負をつける**ことになります。Cが登記を得ていないので、CがBに対して所有権を主張することはできません。　《対抗問題》

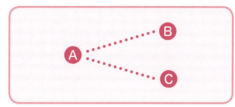

❷ 誤　取消し前の第三者です。詐欺による取消しは、善意無過失の第三者には対抗することができないので、Dが善意無過失なら、AはDに所有権を主張することができません。しかし、Dが悪意であれば、AはDに所有権を主張することができます。　《詐欺・強迫》

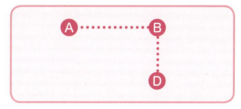

❸ 正　背信的悪意者Eは、Bに対して所有権を主張することはできません。
　　　　　　　　　　　　　　　　　　　　　　　　　　　　　《対抗問題》

❹ 誤　表意者ではない者は取消しを主張できません。表意者（B）ではなく相手方（A）が取消しを主張しているため誤りとなります。　《錯誤》

解答 ❸

不動産登記法

 不動産登記の申請義務に関する次の記述のうち、正しいものはどれか。

❶ 建物を新築した場合、当該建物の所有者は、新築工事が完了した時から1カ月以内に、建物の所有権の保存の登記の申請をしなければならない。

❷ 所有権の登記名義人が住所を移転した場合、所有権の登記名義人は、住所を移転した時から1カ月以内に、登記名義人の氏名等の変更の登記の申請をしなければならない。

❸ 所有権の登記名義人に相続が開始した場合、当該不動産を相続により取得した者は、相続の開始を知った時から1年以内に、所有権の移転の登記の申請をしなければならない。

❹ 建物が取壊しにより滅失した場合、表題部に記載された所有者又は所有権の登記名義人は、当該建物が滅失した時から1カ月以内に、建物の滅失の登記の申請をしなければならない。

> 表示の登記は義務だが、権利の登記は義務ではない。

❶ **誤** 所有権保存登記は権利部（甲区）にする登記です。**権利に関する登記は義務ではありません**ので、必ず登記しなければいけないものではありません。

《登記の仕組み》

❷ **誤** 登記名義人の氏名等の変更の登記は権利に関する登記であり義務ではありません。住所や氏名の変更の登記はしなければいけないというものではありません。

《登記の仕組み》

❸ **誤** 所有権移転登記は権利部（甲区）にする登記です。**権利に関する登記は義務ではありません**ので、必ず登記しなければいけないものではありません。

《登記の仕組み》

❹ **正** 建物や土地が新しくできた時となくなった時には、所有者は**1カ月以内に表示の登記を申請する義務があります**。　　　　《登記の仕組み》

解答 ❹

ちょこっと **よりみちトーク**

表示の登記は義務なんだけど、権利の登記は義務ではないんですよね？

そうだよ！　でも、権利部に記載されていないと第三者への対抗ができないからね。

不動産登記法

不動産登記法

問題42 不動産の登記に関する次の記述のうち、不動産登記法の規定によれば、誤っているものはどれか。

❶ 新築した建物又は区分建物以外の表題登記がない建物の所有権を取得した者は、その所有権の取得の日から1月以内に、所有権の保存の登記を申請しなければならない。

❷ 登記することができる権利には、抵当権及び賃借権が含まれる。

❸ 建物が滅失したときは、表題部所有者又は所有権の登記名義人は、その滅失の日から1月以内に、当該建物の滅失の登記を申請しなければならない。

❹ 区分建物の所有権の保存の登記は、表題部所有者から所有権を取得した者も、申請することができる。

問題 41 と同じ知識で解ける問題です！

❶ 誤　所有権保存登記は権利部（甲区）にする登記です。**権利に関する登記は義務ではありません**ので、必ず登記しなければいけないものではありません。

《登記の仕組み》

❷ 正　抵当権も賃借権も登記することは可能です。　　　《登記の仕組み》

❸ 正　建物や土地が新しくできた時となくなった時には、所有者は **1 カ月以内に表示の登記を申請する義務があります**。　　　　　　　　　《登記の仕組み》

❹ 正　区分建物（＝マンションなど）に限り、このような方法も認められています。

《登記の手続き》

【解答】❶

正解肢である❶は、さきほどの問題 41 の選択肢❶とほぼ同じですね。にもかかわらず、この問題の受験者正解率は 45.2％（LEC 調べ）と、半分以下となっています。不動産登記法が苦手な受験生が多いということですね。基本問題をしっかり正解できるようにしておけば合格できますから頑張りましょう！

不動産登記法

85

不動産登記法

問題43 不動産登記の申請に関する次の記述のうち、誤っているものはどれか。

❶ 権利に関する登記の申請をするときは、申請人又はその代理人が登記所に出頭しなければならないので、郵送により登記申請をすることはできない。

❷ 委任による登記申請の代理権は、本人の死亡によって消滅しない。

❸ 登記の申請は、登記権利者及び登記義務者が共同してするのが原則であるが、相続による登記は、登記権利者のみで申請できる。

❹ 登記権利者及び登記義務者が共同して申請することを要する登記について、登記義務者が申請に協力しない場合には、登記権利者が登記義務者に対し登記手続を求める旨の判決を得れば、その登記義務者の申請は要しない。

単独で申請できる登記とは？

❶ 誤　昔は「出頭主義」といって、実際に登記所に行かなければいけなかったのですが、現在は**郵送による申請もオンライン申請も可能です**。　《登記の手続き》

❷ 正　普通、代理権は本人の死亡により消滅しますが、委任による登記申請の代理権は、本人が死亡しても消滅しないことになっています。　《代理制度とは》

❸ 正　相続による登記は単独申請が認められています。　《登記の手続き》

❹ 正　相手方が共同申請に応じない場合、裁判所に行き、登記すべきことを命じる確定判決を得ることで、その判決に基づき単独申請ができます。《登記の手続き》

覚えよう！

● 単独で申請できるもの
1. 所有権保存の登記
2. 登記名義人の氏名・住所の変更登記
3. 相続または合併による登記
4. 登記すべきことを命じる確定判決による登記
5. 仮登記義務者の承諾がある仮登記

選択肢❷（第4コースの復習）が難しかったですね。他の選択肢は正誤判定できるようにしておきましょう。

不動産登記法

 不動産の仮登記に関する次の記述のうち、誤っているものはどれか。

❶ 仮登記の申請は、仮登記義務者の承諾があるときは、仮登記権利者が単独ですることができる。

❷ 仮登記の申請は、仮登記を命ずる処分があるときは、仮登記権利者が単独ですることができる。

❸ 仮登記の抹消の申請は、その仮登記の登記識別情報を提供して、登記上の利害関係人が単独ですることができる。

❹ 仮登記の抹消の申請は、仮登記名義人の承諾があるときは、登記上の利害関係人が単独ですることができる。

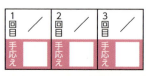

承諾がないのはさすがにダメですよね。

❶ 正　仮登記の申請は、**仮登記義務者の承諾があるとき**は、仮登記権利者が単独ですることができます。　　　　　　　　　　　　　　　　　　　　《仮登記》

❷ 正　仮登記の申請は、**仮登記を命ずる処分があるとき**は、仮登記権利者が単独ですることができます。　　　　　　　　　　　　　　　　　　　　《仮登記》

❸ 誤　仮登記名義人であれば、このような方法で仮登記抹消の申請も可能ですが、利害関係人はこのような方法での仮登記抹消はできません。利害関係人が仮登記の抹消をするには、仮登記名義人の承諾情報を提供する必要があります。
　　　　　　　　　　　　　　　　　　　　　　　　　　　　　　　　《仮登記》

❹ 正　仮登記の抹消の申請は、**仮登記名義人の承諾があるとき**は、登記上の利害関係人が単独ですることができます。　　　　　　　　　　　　　　《仮登記》

ちょこっと よりみちトーク

仮登記は対抗力がないから比較的簡単な手続きでできるよ。

それでも❸はダメなんですね…。

勝手に仮登記が抹消されてしまうとなると、さすがに困るからね…。
さすがに承諾はほしいよね。

抵当権

1995 年 問6

問題 45 AがBに対する債務の担保のためにA所有建物に抵当権を設定し、登記をした場合に関する次の記述のうち、民法の規定及び判例によれば、正しいものはどれか。

❶ Aが通常の利用方法を逸脱して、建物の損傷行為を行う場合、Aの債務の弁済期が到来していないときでも、Bは、抵当権に基づく妨害排除請求をすることができる。

❷ 抵当権の登記に債務の利息に関する定めがあり、他に後順位抵当権者その他の利害関係者がいない場合でも、Bは、Aに対し、満期のきた最後の2年分を超える利息については抵当権を行うことはできない。

❸ 第三者の不法行為により建物が焼失したのでAがその損害賠償金を受領した場合、Bは、Aの受領した損害賠償金に対して物上代位をすることができる。

❹ 抵当権の消滅時効の期間は20年であるから、AのBに対する債務の弁済期から10年が経過し、その債務が消滅しても、Aは、Bに対し抵当権の消滅を主張することができない。

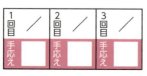

利息を最後の2年分に限定するのはなぜか。

❶ 正　通常の利用方法を逸脱すると、競売にかけたときに安くしか売れなくなる可能性があります。そのため、抵当権者は妨害排除請求をすることができます。当然、弁済期到来以前にもすることはできます。　《抵当権とは》

❷ 誤　利息を最後の2年分に限定しているのは、後順位抵当権者等の分を確保するためです。ということは、**後順位抵当権者等がいないのであれば、最後の2年分に限定する必要もありません。**　《抵当権の効力》

❸ 誤　物上代位は、**抵当権設定者に金銭が支払われる前に差押えをする**必要があります。　《抵当権の効力》

❹ 誤　**被担保債権が消滅すれば、その時点で抵当権も消滅します**（付従性）。
　《抵当権の性質》

解答　❶

ちょこっと よりみちトーク

被担保債権が消滅すれば抵当権も消滅するんだね。

抵当権だけ存在しても仕方ないもんな。

91

抵当権

重要度 A

2002年 問6

問題 46
Aは、Bに対する貸付金債権の担保のために、当該貸付金債権額にほぼ見合う評価額を有するB所有の更地である甲土地に抵当権を設定し、その旨の登記をした。その後、Bはこの土地上に乙建物を築造し、自己所有とした。この場合、民法の規定及び判例によれば、次の記述のうち正しいものはどれか。

❶ Aは、Bに対し、乙建物の築造行為は、甲土地に対するAの抵当権を侵害する行為であるとして、乙建物の収去を求めることができる。

❷ Bが、甲土地及び乙建物の双方につき、Cのために抵当権を設定して、その旨の登記をした後（甲土地についてはAの後順位）、Aの抵当権が実行されるとき、乙建物のために法定地上権が成立する。

❸ Bが、乙建物築造後、甲土地についてのみ、Dのために抵当権を設定して、その旨の登記をした場合（甲土地についてはAの後順位）、Aの抵当権及び被担保債権が存続している状態で、Dの抵当権が実行されるとき、乙建物のために法定地上権が成立する。

❹ Aは、乙建物に抵当権を設定していなくても、甲土地とともに乙建物を競売することができるが、優先弁済権は甲土地の代金についてのみ行使できる。

法定地上権の成立要件はしっかり覚えていますか？

❶ 誤　更地に建物を建てるのは通常の利用方法の範囲内です。よって、抵当権への侵害とはならず妨害排除請求はできません。
《抵当権とは》

❷ 誤　**法定地上権が成立するためには、抵当権設定時に土地と建物が存在することが条件**です。更地に抵当権を設定しても法定地上権は成立しません。
《法定地上権と一括競売》

❸ 誤　**法定地上権が成立するためには、抵当権設定時に土地と建物が存在することが条件**です。更地に抵当権を設定しても法定地上権は成立しません。
《法定地上権と一括競売》

❹ 正　更地に抵当権を設定し、その後に建物を築造した場合には、一括競売が可能です。なお、その際、**優先弁済を受けられるのは土地の代金のみ**となります。
《法定地上権と一括競売》

覚えよう！

● 法定地上権の成立要件

1　抵当権設定時に土地の上に建物が存在すること
2　抵当権設定時に土地と建物の所有者が同一であること
3　土地と建物の一方または両方に抵当権が存在すること
4　抵当権が実行されて土地と建物の所有者が別々になること

抵当権

問題 47

AはBから2,000万円を借り入れて土地とその上の建物を購入し、Bを抵当権者として当該土地及び建物に2,000万円を被担保債権とする抵当権を設定し、登記した。この場合における次の記述のうち、民法の規定及び判例によれば、誤っているものはどれか。

❶ AがBとは別にCから500万円を借り入れた場合、Bとの抵当権設定契約がCとの抵当権設定契約より先であっても、Cを抵当権者とする抵当権設定登記の方がBを抵当権者とする抵当権設定登記より先であるときは、Cを抵当権者とする抵当権が第1順位となる。

❷ 当該建物に火災保険が付されていて、当該建物が火災によって焼失してしまった場合、Bの抵当権は、その火災保険契約に基づく損害保険金請求権に対しても行使することができる。

❸ Bの抵当権設定登記後にAがDに対して当該建物を賃貸し、当該建物をDが使用している状態で抵当権が実行され当該建物が競売された場合、Dは競落人に対して直ちに当該建物を明け渡す必要はない。

❹ AがBとは別に事業資金としてEから500万円を借り入れる場合、当該土地及び建物の購入代金が2,000万円であったときには、Bに対して500万円以上の返済をした後でなければ、当該土地及び建物にEのために2番抵当権を設定することはできない。

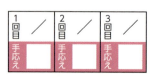

1つの土地に複数の抵当権をつけることも可能です。

❶ 正　抵当権の優先順位は登記の順番となります。先に登記をしたほうが優先となります。
《抵当権とは》

❷ 正　火災保険金請求権についても物上代位が可能です。　《抵当権の効力》

❸ 正　**6カ月の明渡猶予があります**ので、直ちに明け渡す必要はありません。
《第三者との関係》

❹ 誤　抵当権は1つしか設定できないわけではありません。1つの土地にいくつでも抵当権を設定することは可能です。　《抵当権とは》

抵当権

ちょこっと よりみちトーク

抵当権って難しい問題が多いですね…。

 確かに難しい問題も多いけど、こうした問題も解けるように頑張ってほしいな…。

はい、頑張ります…。

抵当権

問題 48 根抵当権に関する次の記述のうち、民法の規定によれば、正しいものはどれか。

❶ 根抵当権者は、総額が極度額の範囲内であっても、被担保債権の範囲に属する利息の請求権については、その満期となった最後の2年分についてのみ、その根抵当権を行使することができる。

❷ 元本の確定前に根抵当権者から被担保債権の範囲に属する債権を取得した者は、その債権について根抵当権を行使することはできない。

❸ 根抵当権設定者は、担保すべき元本の確定すべき期日の定めがないときは、一定期間が経過した後であっても、担保すべき元本の確定を請求することはできない。

❹ 根抵当権設定者は、元本の確定後であっても、その根抵当権の極度額を、減額することを請求することはできない。

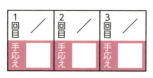

根抵当権に付従性・随伴性なし。

❶ 誤　根抵当権の場合、利息は極度額の範囲内であれば、最後の２年分に限定されません。　《根抵当権》

❷ 正　元本の確定前に債権を取得した者は、根抵当権を行使することはできません。根抵当権には随伴性がありません。　《根抵当権》

❸ 誤　根抵当権設定者は、一定期間（設定から３年）経過後に元本確定請求ができます。　《根抵当権》

❹ 誤　極度額の減額請求は、元本の確定後にもすることができます。　《根抵当権》

解答　❷

 ちょこっと よりみちトーク

「根抵当権に付従性がない」ってどういうことですか？

普通、抵当権は借りたものを返したら消えてしまうけど、根抵当権は借りたものを返し終わっても消えずに残るんだ。またすぐ次に借りる予定があれば付従性がないのは便利だよね。

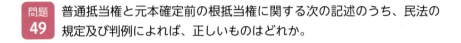

抵当権

問題49 普通抵当権と元本確定前の根抵当権に関する次の記述のうち、民法の規定及び判例によれば、正しいものはどれか。

❶ 普通抵当権でも、根抵当権でも、設定契約を締結するためには、被担保債権を特定することが必要である。

❷ 普通抵当権でも、根抵当権でも、現在は発生しておらず、将来発生する可能性がある債権を被担保債権とすることができる。

❸ 普通抵当権でも、根抵当権でも、被担保債権を譲り受けた者は、担保となっている普通抵当権又は根抵当権を被担保債権とともに取得する。

❹ 普通抵当権でも、根抵当権でも、遅延損害金については、最後の2年分を超えない利息の範囲内で担保される。

根抵当権は、利息も極度額の範囲内です。

❶ 誤　根抵当権は、不特定の債権を担保します。　　　　　　　　《根抵当権》

❷ 正　普通抵当権では、現在は発生していなくても条件付債権など将来発生する可能性のあるものを被担保債権とすることができます。根抵当権では、将来発生する一定の範囲の不特定債権を被担保債権とすることができます。したがって、どちらも将来発生する債権を担保とすることができます。　　　《根抵当権》

❸ 誤　抵当権には随伴性があるので被担保債権が譲渡されると抵当権も移転しますが、元本の確定前においては**根抵当権には随伴性がない**ので、被担保債権が譲渡されても根抵当権は移転しません。　　　　　　　　　　　　　《根抵当権》

❹ 誤　抵当権では、後順位抵当権者がいる場合は利息は最後の２年分に限定されますが、**根抵当権では、極度額の範囲内であれば、最後の２年分に限定されません。**
　　　　　　　　　　　　　　　　　　　　　　　　　　　　　《根抵当権》

解答　❷

ちょっと❷が難しかったかもしれませんが、❶、❸、❹が誤りだとわかれば解けるでしょう。

根抵当権は、利息や遅延損害金のすべてを極度額の範囲内でやりくりします。

保証・連帯債務

問題 50 保証債務に関する次の記述で、民法の規定によれば、誤っているものはどれか。

❶ 主たる債務が無効であるときは、保証債務も無効である。

❷ 主たる債務者の債務承認による時効更新の効力は、保証人には及ぶが、連帯保証人には及ばない。

❸ 債務者が保証人を立てる義務を負うときは、その保証人は、行為能力者であり、かつ、弁済の資力のある者でなければならない。

❹ 保証人（ただし、連帯保証人ではない）は、債権者から債務の履行の請求を受けたときは、原則として、まず主たる債務者に催告をするよう請求することができる。

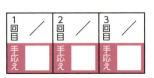

主たる債務者に生じた事由は保証人に及びます。

❶ 正　主たる債務があってはじめて保証債務は成立します。　　《保証債務の性質》

❷ 誤　主たる債務者に生じた事由は保証人にも連帯保証人にも及びます。
　　　　　　　　　　　　　　　　　　　　　　　　　　　　《保証債務の性質》

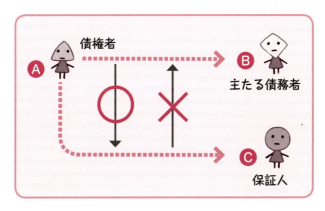

❸ 正　債務者が保証人を立てる場合には、**行為能力者**であり、かつ、**弁済の資力があること**が要求されます。　　　　　　　　　　　　　　　　　《保証債務》

❹ 正　連帯ではない保証人には**催告の抗弁権**があります。　《保証債務の性質》

 ❷

保証・連帯債務

問題51 保証に関する次の記述のうち、民法の規定及び判例によれば、誤っているものはどれか。

❶ 保証人となるべき者が、主たる債務者と連絡を取らず、同人から委託を受けないまま債権者に対して保証したとしても、その保証契約は有効に成立する。

❷ 保証人となるべき者が、口頭で明確に特定の債務につき保証する旨の意思表示を債権者に対してすれば、その保証契約は有効に成立する。

❸ 連帯保証ではない場合の保証人は、債権者から債務の履行を請求されても、まず主たる債務者に催告すべき旨を債権者に請求できる。ただし、主たる債務者が破産手続開始の決定を受けたとき、又は行方不明であるときは、この限りでない。

❹ 連帯保証人が2人いる場合、連帯保証人間に連帯の特約がなくとも、連帯保証人は各自全額につき保証責任を負う。

保証と連帯保証の違いをおさえておこう。

❶ 正　保証契約は、債権者と保証人との間の契約ですから、債務者に知らせなくても、債権者と保証人がよければそれで有効に締結することができます。　《保証債務》

❷ 誤　保証契約は**書面**（もしくは電磁的記録）でしなければ効力を生じません。
《保証債務》

❸ 正　連帯ではない保証人には**催告の抗弁権**があります。しかし、主たる債務者が破産手続開始の決定を受けたり、主たる債務者が行方不明などの理由があれば話は別です。　《保証債務の性質》

❹ 正　連帯ではない保証人には分別の利益がありますが、**連帯保証人には分別の利益はありません。**　《保証債務の性質》

　解答　❷

保証・連帯債務

問題 52 AがBに対して負う1,000万円の債務について、C及びDが連帯保証人となった場合（CD間に特約はないものとする。）に関する次の記述のうち、民法の規定及び判例によれば、正しいものはどれか。

❶ Bは、1,000万円の請求を、A・C・Dの3人のうちのいずれに対しても、その全額について行うことができる。

❷ CがBから1,000万円の請求を受けた場合、Cは、Bに対し、Dに500万円を請求するよう求めることができる。

❸ CがBから請求を受けた場合、CがAに執行の容易な財産があることを証明すれば、Bは、まずAに請求しなければならない。

❹ Cが1,000万円をBに弁済した場合、Cは、Aに対して求償することができるが、Dに対して求償することはできない。

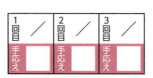

連帯保証に催告の抗弁権・検索の抗弁権や分別の利益なし！

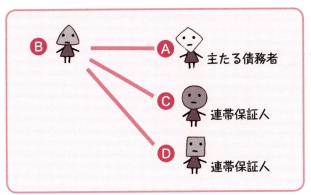

❶ 正　連帯保証人なので、催告の抗弁権・検索の抗弁権も分別の利益もありません。よって、債権者は主たる債務者と連帯保証人の双方に全額の請求をすることができます。　　　　　　　　　　　　　　　　　　　　　　《連帯保証》

❷ 誤　連帯保証人には分別の利益がないので、全額請求されます。　　《連帯保証》

❸ 誤　連帯保証人に検索の抗弁権はありません。　　　　　　　　　　《連帯保証》

❹ 誤　Cが全額弁済すると、Cは主たる債務者Aに対しては全額（今回は1,000万円）求償できます。また、他の連帯保証人に対しても負担割合（今回は500万円）での求償ができます。　　　　　　　　　　　　　　　　　《連帯保証》

保証・連帯債務

問題 53 A及びBは、Cとの売買契約を締結し、連帯してその代金を支払う債務を負担している。この場合、民法の規定によれば、次の記述のうち誤っているものはどれか。

❶ CがAに対して代金支払いの請求をしても、Cの代金債権の消滅時効は、Bについては更新されない。

❷ 売買契約を締結する際、AC間の売買契約が無効であったとしても、BC間の売買契約は無効とはならない。

❸ AがCに対して債務を承認すると、Cの代金債権の消滅時効はBについても更新される。

❹ Cが死亡し、Aがその相続人としてその代金債権を承継すると、Bの代金支払債務は消滅する。

他の連帯債務者にも効力が及ぶのは？

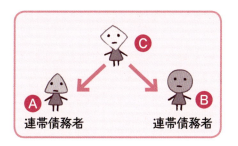

❶ 正　連帯債務者の一人に請求しても、他の連帯債務者に影響しません。

《連帯債務》

❷ 正　ＡＣ間の契約が無効になっても、ＢＣ間の契約は無効とはなりません。

《連帯債務》

❸ 誤　承認の場合は他の連帯債務者に影響を及ぼしません。　《連帯債務》

❹ 正　混同により消滅します。つまり、Ａが弁済したのと同じ扱いになります。

《連帯債務》

解答　❸

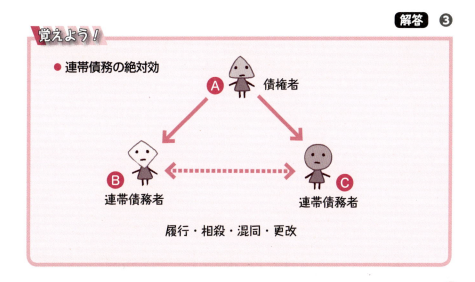

保証・連帯債務

問題 54 AとBとが共同で、Cから、C所有の土地を2,000万円で購入し、代金を連帯して負担する（連帯債務）と定め、CはA・Bに登記、引渡しをしたのに、A・Bが支払をしない場合の次の記述のうち、民法の規定によれば、正しいものはどれか。

❶ Cは、Aに対して2,000万円の請求をすると、それと同時には、Bに対しては、全く請求をすることができない。

❷ AとBとが、代金の負担部分を1,000万円ずつと定めていた場合、AはCから2,000万円請求されても、1,000万円を支払えばよい。

❸ BがCに2,000万円を支払った場合、Bは、Aの負担部分と定めていた1,000万円及びその支払った日以後の法定利息をAに求償することができる。

❹ Cから請求を受けたBは、Aが、Cに対して有する1,000万円の債権をもって相殺しない以上、Aの負担部分についても、Bは債務の履行を拒むことはできない。

Aの負担部分は、Aが負担すべきです。

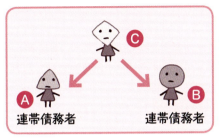

❶ 誤　CはAにもBにも2,000万円の請求ができます。　　　　　　《連帯債務》

❷ 誤　CはAにもBにも2,000万円の請求ができます。負担部分はAとBとの間で定めている約束なので、債権者Cには関係ありません。　《連帯債務》

❸ 正　Aの負担部分はAが負担するのが原則です。それをBが支払ったのだから、当然、利息も込みで求償できます。　　　　　　《連帯債務》

❹ 誤　Aの負担部分についてのみ、BはCに対して債務の履行を拒むことができます。　　　　　　　　　　　　　　　　　　　《連帯債務》

解答 ❸

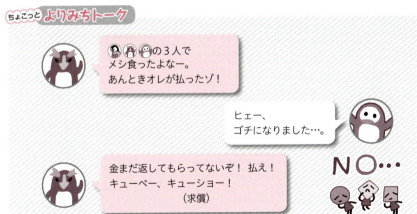

保証・連帯債務

問題 55 AからBとCとが負担部分2分の1として連帯して1,000万円を借り入れる場合と、DからEが1,000万円を借り入れ、Fがその借入金返済債務についてEと連帯して保証する場合とに関する次の記述のうち、民法の規定によれば、正しいものはどれか。

❶ Aが、Bに対して債務を免除した場合にはCが、Cに対して債務を免除した場合にはBが、それぞれ500万円分の債務を免れる。Dが、Eに対して債務を免除した場合にはFが、Fに対して債務を免除した場合にはEが、それぞれ全額の債務を免れる。

❷ Aが、Bに対して履行を請求した効果はCに及ばず、Cに対して履行を請求した効果はBに及ばない。Dが、Eに対して履行を請求した効果はFに及ぶが、Fに対して履行を請求した効果はEに及ばない。

❸ Bについて時効が完成した場合にはCが、Cについて時効が完成した場合にはBが、それぞれ500万円分の債務を免れる。Eについて時効が完成した場合にはFが、Fについて時効が完成した場合にはEが、それぞれ全額の債務を免れる。

❹ AB間の契約が無効であった場合にはCが、AC間の契約が無効であった場合にはBが、それぞれ1,000万円の債務を負う。DE間の契約が無効であった場合はFが、DF間の契約が無効であった場合はEが、それぞれ1,000万円の債務を負う。

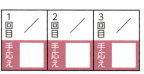

前半（ABC）は連帯債務、後半（DEF）は連帯保証。

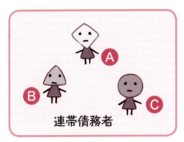

❶ 誤　連帯債務の場合、**免除**は**影響なく、他の債務は消滅しません**。連帯保証の場合、主たる債務者（E）に免除すれば、Fの債務も消滅しますが、連帯保証人（F）に免除しても、Eには影響なく、債務は消滅しません。　《連帯保証・連帯債務》

❷ 正　連帯債務の場合、**請求**は他の債務者に影響なく、他の債務の消滅時効は更新しません。連帯保証の場合、主たる債務者（E）に請求すれば連帯保証人（F）にも請求の効果が及び、保証債務の消滅時効は更新します。一方で、連帯保証人（F）に請求しても、Eには影響なく、主たる債務の消滅時効は更新しません。
《連帯保証・連帯債務》

❸ 誤　連帯債務の場合、**時効完成**は**影響なく、他の債務は消滅しません**。連帯保証の場合、主たる債務者（E）の時効が完成すれば、Fの債務も消滅しますが、連帯保証人（F）の時効が完成しても、Eには影響なく、債務は消滅しません。
《連帯保証・連帯債務》

❹ 誤　AB間の契約やAC間の契約が**無効**であった場合でも、他の契約は無効とはなりません。DE間の契約が無効となった場合、主たる債務が成立しないので保証債務も成立しません。DF間の契約が無効であろうと、DE間の債務は成立します。　《連帯保証・連帯債務》

解答　❷

共有

問題56 A・B・Cが、持分を6・2・2の割合とする建物を共有している場合に関する次の記述のうち、民法の規定及び判例によれば、正しいものはどれか。

❶ Aが、B・Cに無断で、この建物を自己の所有としてDに売却した場合は、その売買契約は有効であるが、B・Cの持分については、他人の権利の売買となる。

❷ Bが、その持分に基づいて単独でこの建物全部を使用している場合は、A・Cは、Bに対して、理由を明らかにすることなく当然に、その明渡しを求めることができる。

❸ この建物をEが不法占有している場合には、B・Cは単独でEに明渡しを求めることはできないが、Aなら明渡しを求めることができる。

❹ 裁判による共有物の分割では、Aに建物を取得させ、AからB・Cに対して適正価格で賠償させる方法によることは許されない。

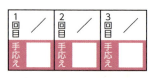

選択肢❶は共有以外からの出題です。

❶ 正　**他人物売買も有効**です。　　　　　　　　　　　　　　《他人物売買》

❷ 誤　3人とも共有持分を有するので、共有者の誰かが使用しているときに当然に「出て行け」と請求することはできません。　《共有とは》

❸ 誤　不法占有している人に対して「出て行け」と請求するのは**単独**ですることができます。　《共有とは》

❹ 誤　分割の方法として、誰か1人のものとして、残りの人には金銭で支払うという方法は有効です。　《共有とは》

解答　❶

ちょこっと よりみちトーク

❷と❸の違いがよくわかりません…。

❷は使う権利のある人が使っているのだから、他の人は文句を言えないよ。でも、❸は不法占有者で、使う権利のない人が使っているのだから、文句を言えるんだ。

共有

 A、B及びCが、建物を共有している場合（持分を各3分の1とする。）に関する次の記述のうち、民法の規定によれば、誤っているものはどれか。

❶ Aは、BとCの同意を得なければ、この建物に関するAの共有持分権を売却することはできない。

❷ Aは、BとCの同意を得なければ、この建物に物理的損傷及び改変などの変更を加えることはできない。

❸ Aが、その共有持分を放棄した場合、この建物は、BとCの共有となり、共有持分は各2分の1となる。

❹ 各共有者は何時でも共有物の分割を請求できるのが原則であるが、5年を超えない期間内であれば分割をしない旨の契約をすることができる。

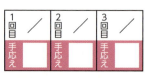

分割しない特約は5年以内です。

❶ 誤　図で示すと、次のようになります。

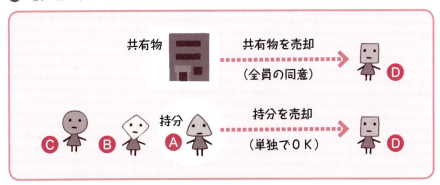

共有物を売るには全員の同意が必要ですが、持分権の売却は単独でできます。
《共有とは》

❷ 正　共有物の変更行為を行うには、**全員**の同意が必要です。　《共有とは》

❸ 正　共有者の1人が持分を放棄すると、その持分は他の共有者のものとなります。
《共有とは》

❹ 正　**5年を限度として分割しないという特約を付けることができます。**《共有とは》

解答　❶

ちょこっと よりみちトーク

　共有はケンカになることが多いよな。

　だからいつでも関係解消できるようになってるんだね。

115

共 有

2006年 問4

問題 58 A、B及びCが、持分を各3分の1として甲土地を共有している場合に関する次の記述のうち、民法の規定及び判例によれば、誤っているものはどれか。

❶ 甲土地全体がDによって不法に占有されている場合、Aは単独でDに対して、甲土地の明渡しを請求できる。

❷ 甲土地全体がEによって不法に占有されている場合、Aは単独でEに対して、Eの不法占有によってA、B及びCに生じた損害全額の賠償を請求できる。

❸ 共有物たる甲土地の分割について共有者間に協議が調わず、裁判所に分割請求がなされた場合、裁判所は、特段の事情があれば、甲土地全体をAの所有とし、AからB及びCに対し持分の価格を賠償させる方法により分割することができる。

❹ Aが死亡し、相続人の不存在が確定した場合、Aの持分は、民法第958条の3の特別縁故者に対する財産分与の対象となるが、当該財産分与がなされない場合はB及びCに帰属する。

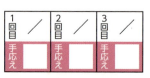

不法占拠者への明渡請求は単独でできます。

❶ **正** 不法占有している人に対して「出て行け」と請求するのは**単独で**することができます。 《共有とは》

❷ **誤** 不法占有者へ損害賠償請求する場合には、**自分の持分の割合だけ**しか請求できません。 《共有とは》

❸ **正** 分割の方法として、誰か１人のものとして、残りの人には金銭で支払うという方法は有効です。 《共有とは》

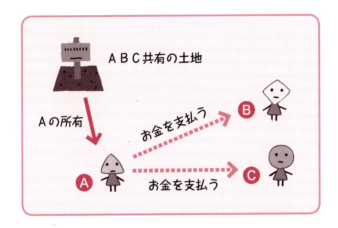

❹ **正** 共有者の１人が死亡して、相続人がいない場合、特別縁故者への財産分与もなかったとき、その持分は他の共有者のものとなります。 《共有とは》

解答 ❷

建物区分所有法

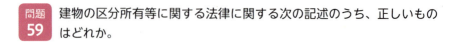

問題 59 建物の区分所有等に関する法律に関する次の記述のうち、正しいものはどれか。

❶ 共用部分の変更（その形状又は効用の著しい変更を伴わないものを除く。）を行うためには、区分所有者及び議決権の各3/4以上の多数による集会の決議が必要であるが、議決権については規約で過半数まで減ずることができる。

❷ 区分所有建物の一部が滅失し、その滅失した部分が建物の価格の1/2を超える場合、滅失した共用部分の復旧を集会で決議するためには、区分所有者及び議決権の各3/4以上の多数が必要であり、規約で別段の定めをすることはできない。

❸ 共用部分の保存行為を行うためには、規約で別段の定めのない場合は、区分所有者及び議決権の各過半数による集会の決議が必要である。

❹ 規約の変更が一部の区分所有者の権利に特別の影響を及ぼす場合で、その区分所有者の承諾を得られないときは、区分所有者及び議決権の各3/4以上の多数による決議を行うことにより、規約の変更ができる。

過半数か 3/4 か 4/5 か、きちんと整理しておこう！

❶ **誤** 重大変更をするには、原則として区分所有者及び議決権の各 3/4 以上の賛成が必要です。ただし、**区分所有者だけは過半数にまで減じることが可能**です。議決権を減じることはできません。 《建物区分所有法とは》

❷ **正** 大規模（＝建物の価格の 1/2 を超える）滅失の復旧の場合、区分所有者及び議決権の各 3/4 以上の賛成が必要です。この数字は**規約で変更することはできません**。 《集会と決議》

❸ **誤** 共用部分の保存行為は各区分所有者が単独ですることができます。 《建物区分所有法とは》

❹ **誤** 規約の変更には、**区分所有者及び議決権の各 3/4 以上の賛成**が必要です。しかし、いくらその数を超えたとしても、その規約が特定の区分所有者の権利に特別の影響を及ぼす場合には、その人の承諾が必要です。 《管理と規約》

解答 ❷

覚えよう！

● 集会の決議（過半数以外の主なもの）

3/4 以上	共用部分の重大変更
	規約の設定・変更・廃止
	管理組合法人の設立・解散
	義務違反者に対する専有部分の使用禁止請求訴訟
	義務違反者に対する区分所有権の競売請求訴訟
	義務違反者（占有者）に対する引渡請求訴訟
	大規模滅失の場合の復旧
4/5 以上	建替え

建物区分所有法

建物区分所有法

問題 60 建物の区分所有等に関する法律(以下この問において「区分所有法」という。)に関する次の記述のうち、正しいものはどれか。

❶ 共用部分の保存行為については、各区分所有者は、いかなる場合でも自ら単独で行うことができる。

❷ 建物の価格の1/3に相当する部分が滅失したときは、規約に別段の定め又は集会の決議がない限り、各区分所有者は、自ら単独で滅失した共用部分の復旧を行うことはできない。

❸ 建物の価格の2/3に相当する部分が滅失したときは、集会において、区分所有者及び議決権の各3/4以上の多数で、滅失した共用部分を復旧する旨の決議をすることができる。

❹ 区分所有法第62条第1項に規定する建替え決議は、規約で別段の定めをすれば、区分所有者及び議決権の各3/4以上の多数により行うことができる。

集会と決議についての知識が問われています。

❶ 誤　保存行為は**単独**でできます。しかし、規約で別段の定めがあるのであれば、それに従うので、いかなる場合でも単独でできるわけではありません。
《建物区分所有法とは》

❷ 誤　小規模（＝建物の価格の 1/2 以下）滅失の場合には、各区分所有者が**単独で**復旧できます。ちなみに、集会で復旧決議をする場合には過半数の賛成が必要です。
《集会と決議》

❸ 正　大規模（＝建物の価格の 1/2 を超える）滅失の場合には、区分所有者及び議決権の**各 3/4 以上の賛成**が必要です。
《集会と決議》

❹ 誤　建替え決議は区分所有者及び議決権の**各 4/5 以上の賛成**が必要です。これについては規約で別段の定めをすることはできません。
《集会と決議》

解答　❸

覚えよう！

● 復旧と建替え

小規模滅失 （建物価格の 1/2 以下）	単独で復旧可 →区分所有者及び議決権の各過半数の賛成による （復旧決議がある場合には単独復旧は不可）
大規模滅失 （建物価格の 1/2 超）	区分所有者及び議決権の各 3/4 以上の決議（決議賛成者以外の区分所有者から買取請求可能）
建替え	区分所有者及び議決権の各 4/5 以上の決議（賛成した区分所有者から売渡請求可能）

建物区分所有法

建物区分所有法

問題 61 建物の区分所有等に関する法律（以下この問において「区分所有法」という。）に関する次の記述のうち、誤っているものはどれか。

❶ 区分所有者の1／5以上で議決権の1／5以上を有するものは、管理者に対し、会議の目的たる事項を示して、集会の招集を請求することができるが、この定数は、規約によって減ずることができる。

❷ その形状又は効用の著しい変更を伴わない共用部分の変更については、規約に別段の定めがない場合は、区分所有者及び議決権の各過半数による集会の決議で決することができる。

❸ 占有者は、建物又はその敷地若しくは附属施設の使用方法につき、区分所有者が規約又は集会の決議に基づいて負う義務と同一の義務を負う。

❹ 区分所有法第62条第1項に規定する建替え決議が集会においてなされた場合、決議に反対した区分所有者は、決議に賛成した区分所有者に対し、建物及びその敷地に関する権利を時価で買い取るべきことを請求することができる。

売渡請求と買取請求、頭の中は整理できていますか？

❶ 正　定数を増やして集会の開催を求めにくくすることはできませんが、定数を減じて集会の開催を求めやすくすることはできます。　　　　　　　《集会と決議》

❷ 正　その形状または効用の著しい変更を伴わない変更（＝軽微変更）については、区分所有者及び議決権の**各過半数の賛成**で決することができます。
　　　　　　　　　　　　　　　　　　　　　　　　　　　　　《建物区分所有法とは》

❸ 正　集会の決議や規約は、そこにいる全員が守らなければ意味がありません。占有者であろうが、決まった後に区分所有者になった者であろうが、そこに住む以上は使用方法のルールは守らなければなりません。　　　　　　　《集会と決議》

❹ 誤　**賛成者から反対者に売渡請求ができる**のであって、反対者から賛成者に買取請求ができるわけではありません。　　　　　　　　　　　　　　《集会と決議》

 　解答　❹

覚えよう！

● 大規模滅失と建替え

・大規模滅失
　　反対者 → 賛成者：買取請求可

・建替え
　　賛成者 → 反対者：売渡請求可

建物区分所有法

問題 62 建物の区分所有等に関する法律に関する次の記述のうち、誤っているものはどれか。

❶ 規約は、管理者が保管しなければならない。ただし、管理者がないときは、建物を使用している区分所有者又はその代理人で規約又は集会の決議で定めるものが保管しなければならない。

❷ 最初に建物の専有部分の全部を所有する者は、公正証書により、建物の共用部分を定める規約を設定することができる。

❸ 規約を保管する者は、利害関係人の請求があったときは、正当な理由がある場合を除いて、規約の閲覧を拒んではならない。

❹ 規約の保管場所は、各区分所有者に通知するとともに、建物内の見やすい場所に掲示しなければならない。

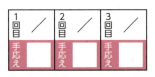

規約の保管場所の掲示は必要ですが、通知は不要です。

❶ 正　規約は管理者が保管しますが、管理者がない場合には、建物を使用している区分所有者又はその代理人で、規約または集会の決議で定める者が保管します。
《管理と規約》

❷ 正　最初に建物の専有部分の全部を所有する者（＝分譲業者など）は、**公正証書によって**、建物の共用部分を定める規約を設定することができます。
《管理と規約》

❸ 正　規約を保管する者は、正当な理由がある場合を除いて、規約の閲覧を拒むことはできません。
《管理と規約》

❹ 誤　規約の保管場所は建物内の見やすい場所（＝エントランスなど）に掲示しなければなりませんが、**規約の保管場所を通知する必要はありません**。《管理と規約》

 ❹

 ちょこっと **よりみちトーク**

 覚えることが多すぎる…。

建物区分所有法は、合格者と不合格者の正解率の差が大きいテーマだよ。頑張っていこう！

建物区分所有法

建物区分所有法

問題 63 建物の区分所有等に関する法律に関する次の記述のうち、正しいものはどれか。

❶ 管理者は、少なくとも毎年2回集会を招集しなければならない。また、区分所有者の5分の1以上で議決権の5分の1以上を有するものは、管理者に対し、集会の招集を請求することができる。

❷ 集会は、区分所有者及び議決権の各4分の3以上の多数の同意があるときは、招集の手続きを経ないで開くことができる。

❸ 区分所有者は、規約に別段の定めがない限り集会の決議によって、管理者を選任し、又は解任することができる。

❹ 規約は、管理者が保管しなければならない。ただし、管理者がないときは、建物を使用している区分所有者又はその代理人で理事会又は集会の決議で定めるものが保管しなければならない。

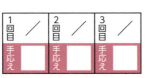

管理者の選任・解任は基本的には集会で行います。

❶ 誤　管理者は、**毎年１回**、集会を招集しなければなりません。
　　　　　　　　　　　　　　　　　　　　　　　　　　《集会と決議》

❷ 誤　区分所有者**全員の同意**があれば、招集の手続きを経ないで集会を開くことができます。
　　　　　　　　　　　　　　　　　　　　　　　　　　《集会と決議》

❸ 正　区分所有者は、規約で別段の定めがない限り、**集会で管理者の選任や解任をすることができます**。
　　　　　　　　　　　　　　　　　　　　　　　　　　《管理と規約》

❹ 誤　規約は管理者が保管しますが、管理者がない場合には、建物を使用している区分所有者又はその代理人で、規約又は集会の決議で定める者が保管します。理事会で定める者が保管するわけではありません。
　　　　　　　　　　　　　　　　　　　　　　　　　　《管理と規約》

解答 ❸

選択肢❷、❸、❹は
少々細かい内容ではありますが、
できればここまでマスターしてほしい
と思います。選択肢❶は
基本問題です。

建物区分所有法

問題64 建物の区分所有等に関する法律に関する次の記述のうち、誤っているものはどれか。

❶ 区分所有者の承諾を得て専有部分を占有する者は、会議の目的たる事項につき利害関係を有する場合には、集会に出席して議決権を行使することができる。

❷ 区分所有者の請求によって管理者が集会を招集した際、規約に別段の定めがある場合及び別段の決議をした場合を除いて、管理者が集会の議長となる。

❸ 管理者は、集会において、毎年一回一定の時期に、その事務に関する報告をしなければならない。

❹ 一部共用部分は、区分所有者全員の共有に属するのではなく、これを共用すべき区分所有者の共有に属する。

占有者に議決権はありません。

❶ **誤** 占有者は、会議の目的たる事項につき利害関係を有する場合には、集会に出席して意見を述べることができます。しかし、議決権はありません。《集会と決議》

❷ **正** 規約で別段の定めをした場合などを除いて、管理者が招集した場合には管理者が議長となります。　《集会と決議》

❸ **正** 管理者は、毎年１回、事務に関する報告をしなければなりません。
　《集会と決議》

❹ **正** 一部共用部分は、一部共用部分を共用すべき区分所有者の共有に属します。区分所有者全員の共有ではありません。なお、一部共用部分であっても、区分所有者全員の規約に定めることはできます。　《建物区分所有法とは》

選択肢❹の「一部共用部分」とは、一部の人しか使わない共用部分のことです。たとえば、１階が店舗で２階と３階が住居になっているような建物の場合、住居の部分のエントランスやエレベーターは、住居に住む人間しか使わない（＝店舗の所有者は使用しない）ですよね。こういった部分を一部共用部分といいます。

建物区分所有法

建物区分所有法

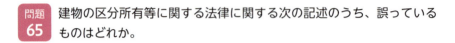

問題 65 建物の区分所有等に関する法律に関する次の記述のうち、誤っているものはどれか。

❶ 規約の設定、変更又は廃止を行う場合は、区分所有者の過半数による集会の決議によってなされなければならない。

❷ 規約を保管する者は、利害関係人の請求があったときは、正当な理由がある場合を除いて、規約の閲覧を拒んではならず、閲覧を拒絶した場合は 20 万円以下の過料に処される。

❸ 規約の保管場所は、建物内の見やすい場所に掲示しなければならない。

❹ 占有者は、建物又はその敷地若しくは附属施設の使用方法につき、区分所有者が規約又は集会の決議に基づいて負う義務と同一の義務を負う。

規約の設定・変更・廃止は重要なものなので…。

❶ **誤** 規約の設定・変更・廃止の場合、**区分所有者及び議決権の各 4 分の 3 以上**の多数の集会の決議によって行います。　　　　　　　　　　《管理と規約》

❷ **正** 規約を保管する者は、利害関係人の請求があったときは、正当な理由がある場合を除いて、規約の閲覧を拒んではなりません。　　　　《管理と規約》

❸ **正** 規約の保管場所は、建物内の見やすい場所に掲示しなければなりません。
　　　　　　　　　　　　　　　　　　　　　　　　　　　　　　《管理と規約》

❹ **正** 占有者も、区分所有者同様に、規約や集会の決議に基づいて負う義務と同一の義務を負います。　　　　　　　　　　　　　　　　　　　《管理と規約》

  ❶

ちょこっとよりみちトーク

　「過半数」とか「4 分の 3」とかいろいろあって混乱する！

　　　　　　　　　　過半数以外のものを覚えて、その他は全て過半数と考えると良いよ！　

　なるほど！

問題 66

Aは、A所有の建物を、Bから敷金を受領して、Bに賃貸したが、Bは賃料の支払いを遅滞している。この場合、民法の規定及び判例によれば、次の記述のうち正しいものはどれか。なお、Bの未払賃料の額は、敷金の額の範囲内である。

❶ Bは、Aに対し、未払賃料について敷金からの充当を主張することができる。

❷ Bの債権者Cが敷金返還請求権を差し押えたときは、Aは、その範囲で、Bの未払賃料の弁済を敷金から受けることができなくなる。

❸ AがDに建物を譲渡し、Dが賃貸人となった場合、Aに差し入れていた敷金は、Bの未払賃料を控除した残額について、権利義務関係がDに承継される。

❹ Bが未払賃料を支払って、Aの承諾を得て賃借権をEに譲渡した場合、Bが、Eに敷金返還請求権を譲渡する等しなくても、敷金に関する権利義務関係は、Eに承継される。

敷金が承継されるかされないか、よく考えよう！

❶ **誤** 賃貸人のほうから敷金から充当することを主張することは可能ですが、賃借人から主張することはできません。　　　　　　　　　　　　　　　《敷金》

❷ **誤** Bの敷金返還請求権は、未払賃料に充当された残額について、建物の明渡後に発生します。ですから、Bの敷金返還請求権がCによって差し押さえられても、Aは未払賃料の弁済を敷金から受けることができます。　　　　《敷金》

❸ **正** 賃貸人が変わった（＝オーナーチェンジ）場合には、**敷金は承継されます**。
　　　　　　　　　　　　　　　　　　　　　　　　　　　　　　　　　　《敷金》

❹ **誤** 賃借人が変わった場合には、**敷金は承継されません**。　　　　　　《敷金》

解答 ❸

選択肢❷が難しいです。
選択肢❶、❸、❹は
正誤判定できてほしいです。

過去問プラスアルファ

問 AがBからBの所有する建物を賃借している。AはBの負担すべき必要費を支出したときは、直ちに、Bに対しその償還を請求することができる。(1991-13-2)

答 ○：必要費は全額直ちに請求可能。

賃貸借

問題 67 ＡＢ間で、Ａを貸主、Ｂを借主として、Ａ所有の甲建物につき、①賃貸借契約を締結した場合と、②使用貸借契約を締結した場合に関する次の記述のうち、民法の規定によれば、誤っているものはどれか。

❶ Ｂが死亡した場合、①では契約は終了しないが、②では契約が終了する。

❷ Ｂは、①では、甲建物のＡの負担に属する必要費を支出したときは、Ａに対しその償還を請求することができるが、②では、甲建物の通常の必要費を負担しなければならない。

❸ ＡＢ間の契約は、①では諾成契約であり、②では要物契約である。

❹ ＡはＢに対して、甲建物の契約内容の不適合について、①では契約不適合責任を負う場合があるが、②では原則として契約不適合責任を負わない。

賃貸借と使用貸借の比較問題です。

❶ 正 賃貸借契約は賃借人が死亡しても賃貸借契約は終了せず、**相続されます**。しかし、使用貸借契約では、借主が死亡すると相続はされずに**そのまま終了**となります。 《賃貸借契約とは》

❷ 正 賃貸借契約では、賃借人が必要費を支出した場合、**直ちに償還請求**できます。しかし、使用貸借契約では、通常の必要費は**借主負担**となるので、貸主に請求することができません。 《賃貸借契約とは》

❸ 誤 賃貸借契約も使用貸借契約も**諾成契約**（＝両者の意思表示の合致で成立する）です。 《賃貸借契約とは》

❹ 正 賃貸借契約では、契約不適合責任を負います。しかし、使用貸借契約では、基本的には契約不適合責任を負いません。 《賃貸借契約とは》

 ❸

「使用貸借」とは金銭を媒介とせずに（要するに無料で）、貸し借りをすることです。賃貸借とは多少異なる部分がありますので、ここで確認しておきましょう。

借地借家法（借家）

問題 68 建物賃貸借契約（以下この問において「契約」という。）の終了に関する次の記述のうち、借地借家法の規定によれば、正しいものはどれか。

❶ 期間の定めのある建物賃貸借において、賃貸人が、期間満了の1年前から6月前までの間に、更新しない旨の通知を出すのを失念したときは、賃貸人に借地借家法第28条に定める正当事由がある場合でも、契約は期間満了により終了しない。

❷ 期間の定めのある建物賃貸借において、賃貸人が、期間満了の10月前に更新しない旨の通知を出したときで、その通知に借地借家法第28条に定める正当事由がある場合は、期間満了後、賃借人が使用を継続していることについて、賃貸人が異議を述べなくても、契約は期間満了により終了する。

❸ 期間の定めのある契約が法定更新された場合、その後の契約は従前と同一条件となり、従前と同一の期間の定めのある賃貸借契約となる。

❹ 期間の定めのない契約において、賃貸人が、解約の申入れをしたときで、その通知に借地借家法第28条に定める正当事由がある場合は、解約の申入れの日から3月を経過した日に、契約は終了する。

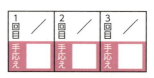

更新拒絶には通知が必要です。

❶ 正　期間満了の**1年前から6カ月前までの間**に、賃貸人が更新拒絶の通知をしないと、自動的に更新することになります。正当事由があっても、通知していない限り、更新はされてしまいます。《借地借家法（借家）について》

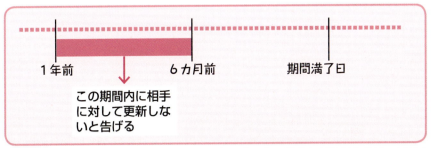

❷ 誤　更新拒絶の通知をしたとしても、期間満了後、賃借人が使用を続け、賃貸人が異議を述べない場合は更新となってしまいます。《借地借家法（借家）について》

❸ 誤　法定更新の場合、従前の契約と同一内容で更新されますが、**期間だけは期間の定めのない契約**となります。《借地借家法（借家）について》

❹ 誤　期間の定めのない場合、賃貸人から正当事由ある解約申入れが行われると、それから**6カ月**経過したときに契約は終了します。3カ月ではありません。《借地借家法（借家）について》

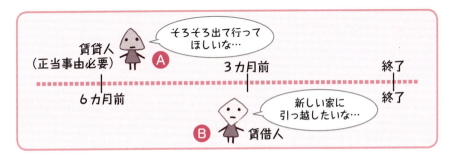

解答　❶

借地借家法（借家）

問題 69 AはBに対し甲建物を月20万円で賃貸し、Bは、Aの承諾を得たうえで、甲建物の一部をCに対し月10万円で転貸している。この場合、民法及び借地借家法の規定並びに判例によれば、誤っているものはどれか。

❶ 転借人Cは、賃貸人Aに対しても、月10万円の範囲で、賃料支払債務を直接に負担する。

❷ 賃貸人Aは、ＡＢ間の賃貸借契約が期間の満了によって終了するときは、転借人Cに対しその旨の通知をしなければ、賃貸借契約の終了をCに対し対抗することができない。

❸ ＡＢ間で賃貸借契約を合意解除しても、転借人Cに不信な行為があるなどの特段の事情がない限り、賃貸人Aは、転借人Cに対し明渡しを請求することはできない。

❹ 賃貸人AがＡＢ間の賃貸借契約を賃料不払いを理由に解除する場合は、転借人Cに通知等をして賃料をBに代わって支払う機会を与えなければならない。

賃借料と転借料のうち安いほうの金額を払います。

❶ 正　賃借料と転借料のうち、**安いほう**の金額を払う必要があります。転借料のほうが安い（10万円）のでその額までとなります。　　《転貸・賃借権の譲渡》

転借人には安いほうの10万円を請求することができます。

❷ 正　**期間の満了**により終了した場合、通知をしなければ転借人に対抗することはできません。　　《借地借家法（借家）について》

❸ 正　**合意解除**の場合、転貸借は終了しません。　　《借地借家法（借家）について》

❹ 誤　**債務不履行解除**の場合、転貸借も終了します。その際に、転借人に賃料支払いの機会を与える必要はありません。　　《借地借家法（借家）について》

解答　❹

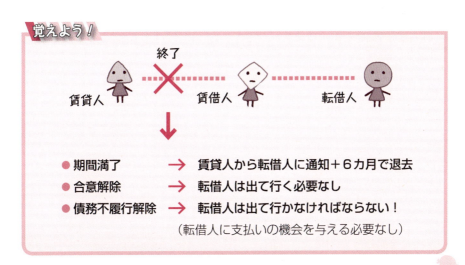

借地借家法（借家）

2013年 問11

 Aは、A所有の甲建物につき、Bとの間で期間を10年とする借地借家法第38条第1項の定期建物賃貸借契約を締結し、Bは甲建物をさらにCに賃貸（転貸）した。この場合に関する次の記述のうち、民法及び借地借家法の規定並びに判例によれば、正しいものはどれか。

❶ BがAに無断で甲建物をCに転貸した場合には、転貸の事情のいかんにかかわらず、AはAB間の賃貸借契約を解除することができる。

❷ Bの債務不履行を理由にAが賃貸借契約を解除したために当該賃貸借契約が終了した場合であっても、BがAの承諾を得て甲建物をCに転貸していたときには、AはCに対して甲建物の明渡しを請求することができない。

❸ AB間の賃貸借契約が期間満了で終了する場合であっても、BがAの承諾を得て甲建物をCに転貸しているときには、BのCに対する解約の申入れについて正当な事由がない限り、AはCに対して甲建物の明渡しを請求することができない。

❹ AB間の賃貸借契約に賃料の改定について特約がある場合には、経済事情の変動によってBのAに対する賃料が不相当となっても、BはAに対して借地借家法第32条第1項に基づく賃料の減額請求をすることはできない。

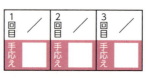

定期借家は借賃増減請求の特約が有効。

❶ 誤　無断転貸は基本的には禁止ですが、背信的行為と認めるに足りない特段の事情がある場合（＝要するに裏切りとまでは言えない場合）には解除できません。だから、転貸の事情のいかんにかかわらず解除できるわけではありません。
《転貸・賃借権の譲渡》

❷ 誤　**債務不履行解除**の場合、転貸借も終了します。　《借地借家法（借家）について》

❸ 誤　**期間満了**による終了の場合、転借人へ通知すれば対抗することができ、明渡しを請求することができます。　《借地借家法（借家）について》

❹ 正　定期建物賃貸借契約では、借賃増減請求の特約は、**増額しない特約も減額しない特約もそのまま有効**となります。　《特殊な建物賃貸借契約》

【解答】❹

選択肢❶は第14コース「賃貸借」の復習です。

覚えよう！

● 借賃増減請求

	増額しない特約	減額しない特約
通常の賃貸借	有効	無効
定期建物賃貸借	有効	有効

借地借家法（借家）

 平成30年10月に新規に締結しようとしている、契約期間が2年で、更新がないこととする旨を定める建物賃貸借契約（以下この問において「定期借家契約」という。）に関する次の記述のうち、借地借家法の規定によれば、正しいものはどれか。

❶ 事業用ではなく居住の用に供する建物の賃貸借においては、定期借家契約とすることはできない。

❷ 定期借家契約は、公正証書によってしなければ、効力を生じない。

❸ 定期借家契約を締結しようとするときは、賃貸人は、あらかじめ賃借人に対し、契約の更新がなく、期間満了により賃貸借が終了することについて、その旨を記載した書面を交付して説明しなければならない。

❹ 定期借家契約を適法に締結した場合、賃貸人は、期間満了日1カ月前までに期間満了により契約が終了する旨通知すれば、その終了を賃借人に対抗できる。

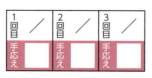

定期借家は、書面を交付して説明が必要です。

❶ 誤　定期借家契約は事業用に限られません。居住用でも契約することはできます。
《特殊な建物賃貸借契約》

❷ 誤　定期借家契約は**書面**でしなければなりませんが、公正証書による必要はありません。
《特殊な建物賃貸借契約》

❸ 正　定期借家契約は**更新がありません**。そして、その旨を書面を交付して説明しなければなりません。
《特殊な建物賃貸借契約》

❹ 誤　1年以上の定期借家契約の場合は、期間満了の1年前から6カ月前までの間に、期間満了で終了するという通知をしなければなりません。この通知を忘れると、定期借家契約期間満了の時に終了しません。　《特殊な建物賃貸借契約》

解答　❸

定期借家契約って居住用でも大丈夫なんですか？

問題ないよ。居住用がダメなのは事業用定期借地権なんだ。混乱しないようにね！

ありがとう

借地借家法（借家）

143

借地借家法（借家）

 借地借家法第38条の定期建物賃貸借（以下この問において「定期建物賃貸借」という。）と同法第40条の一時使用目的の建物の賃貸借（以下この問において「一時使用賃貸借」という。）に関する次の記述のうち、民法及び借地借家法の規定によれば、正しいものはどれか。

❶ 定期建物賃貸借契約は書面によって契約を締結しなければ有効とはならないが、一時使用賃貸借契約は書面ではなく口頭で契約しても有効となる。

❷ 定期建物賃貸借契約は契約期間を1年以上とすることができるが、一時使用賃貸借契約は契約期間を1年以上とすることができない。

❸ 定期建物賃貸借契約は契約期間中は賃借人から中途解約を申し入れることはできないが、一時使用賃貸借契約は契約期間中はいつでも賃借人から中途解約を申し入れることができる。

❹ 賃借人が賃借権の登記もなく建物の引渡しも受けていないうちに建物が売却されて所有者が変更すると、定期建物賃貸借契約の借主は賃借権を所有者に主張できないが、一時使用賃貸借の借主は賃借権を所有者に主張できる。

❶ 正 定期建物賃貸借契約は**書面**で契約する必要があります。一時使用賃貸借契約は口頭でも契約は成立します。
《特殊な建物賃貸借契約》

❷ 誤 どちらも期間を1年以上とすることは問題ありません。
《特殊な建物賃貸借契約》

❸ 誤 定期建物賃貸借契約では、**一定の条件のもとで中途解約することができます**。しかし、一時使用賃貸借契約は特約がない限り中途解約をすることはできません。
《特殊な建物賃貸借契約》

❹ 誤 定期建物賃貸借契約では、借地借家法が適用されるので、引渡しも対抗力となります。しかし、今回は引渡しを受けていないため、対抗力はありません。一時使用賃貸借契約では民法が適用されるので、賃借権の登記がなければ対抗力とはなりません。今回は賃借権の登記がないため、対抗力はありません。したがって、どちらも所有者に賃借権を主張することはできません。
《特殊な建物賃貸借契約》

解答 ❶

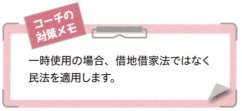

一時使用の場合、借地借家法ではなく民法を適用します。

借地借家法（借家）

問題73 借地借家法第38条の定期建物賃貸借（以下この問において「定期建物賃貸借」という。）に関する次の記述のうち、民法及び借地借家法の規定によれば、正しいものはどれか。

❶ 賃貸人は、建物を一定の期間自己の生活の本拠として使用することが困難であり、かつ、その期間経過後はその本拠として使用することになることが明らかな場合に限って、定期建物賃貸借契約を締結することができる。

❷ 公正証書によって定期建物賃貸借契約を締結するときは、賃貸人は、賃借人に対し、契約の更新がなく、期間の満了により賃貸借は終了することについて、あらかじめ、その旨を記載した書面を交付して説明する必要はない。

❸ 期間が1年以上の定期建物賃貸借契約においては、賃貸人は、期間の満了の1年前から6か月前までの間に賃借人に対し期間満了により賃貸借が終了する旨の通知をしなければ、当該期間満了による終了を賃借人に対抗することができない。

❹ 居住の用に供する建物に係る定期建物賃貸借契約においては、転勤、療養その他のやむを得ない事情により、賃借人が建物を自己の生活の本拠として使用することが困難となったときは、床面積の規模にかかわりなく、賃借人は同契約の有効な解約の申入れをすることができる。

終了の通知を忘れると、期間満了時に終了しない。

❶ 誤　定期建物賃貸借契約を結ぶのに特に条件はありません。
《特殊な建物賃貸借契約》

❷ 誤　定期建物賃貸借契約を結ぶ際には、更新がない旨をあらかじめ書面を交付して説明する必要があります。公正証書で契約したからといってこれを省略することはできません。
《特殊な建物賃貸借契約》

❸ 正　1年以上の定期建物賃貸借契約の場合は、**期間満了の1年前から6カ月前までの間**に、期間満了で終了するという通知をしなければなりません。この通知を忘れると、定期建物賃貸借契約期間満了の時に終了しません。
《特殊な建物賃貸借契約》

❹ 誤　定期建物賃貸借契約では、**居住用**で**床面積200㎡未満**の場合、**転勤や療養などやむを得ない事情がある**場合に限り、賃借人は中途解約をすることができます。
《特殊な建物賃貸借契約》

解答 ❸

ちょこっと よりみちトーク

 定期建物賃貸借契約とは、更新のない建物賃貸借契約なんだ。

 1年未満でもアリなんですよね。

借地借家法（借家）

問題 74　借地借家法第38条の定期建物賃貸借（以下この問において「定期建物賃貸借」という。）に関する次の記述のうち、借地借家法の規定及び判例によれば、誤っているものはどれか。

❶　定期建物賃貸借契約を締結するには、公正証書による等書面によらなければならない。

❷　定期建物賃貸借契約を締結するときは、期間を1年未満としても、期間の定めがない建物の賃貸借契約とはみなされない。

❸　定期建物賃貸借契約を締結するには、当該契約に係る賃貸借は契約の更新がなく、期間の満了によって終了することを、当該契約書と同じ書面内に記載して説明すれば足りる。

❹　定期建物賃貸借契約を締結しようとする場合、賃貸人が、当該契約に係る賃貸借は契約の更新がなく、期間の満了によって終了することを説明しなかったときは、契約の更新がない旨の定めは無効となる。

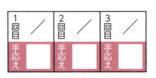

定期借家は書面で契約。

❶ 正　定期建物賃貸借契約は**書面**でしなければなりません。「公正証書等の書面」とは、公正証書でも構いませんが、そうでなくても書面であればよいということです。　　　　　　　　　　　　　　　　　　　　《特殊な建物賃貸借契約》

❷ 正　定期建物賃貸借契約の場合、期間の制限はありません。１年未満であってもそのまま適用します。　　　　　　　　　　　　　《特殊な建物賃貸借契約》

❸ 誤　契約の更新がない旨などを書面を交付して説明しなければなりませんが、この書面は**契約書とは別の書面**であることが要求されます。《特殊な建物賃貸借契約》

❹ 正　定期建物賃貸借契約において、更新がない旨などを説明しなかった場合には、更新がないという定めは無効となり、普通の借家契約となります。
　　　　　　　　　　　　　　　　　　　　　　　　　《特殊な建物賃貸借契約》

解答　❸

覚えよう！

● 定期借家の際の書面の交付

賃貸人　説明書　契約書　交付＆説明　→　賃借人

※ 説明書と契約書は別の書面である。
※ 上記とは別に宅建業者による重要事項説明でも、定期借家である旨を説明しなければならない（詳細は宅建業法で学びます）。

借地借家法（借家）

問題 75 ＡとＢとの間で、Ａが所有する甲建物をＢが５年間賃借する旨の契約を締結した場合における次の記述のうち、民法及び借地借家法の規定によれば、正しいものはどれか（借地借家法第39条に定める取壊し予定の建物の賃貸借及び同法第40条に定める一時使用目的の建物の賃貸借は考慮しないものとする。）。

❶　ＡＢ間の賃貸借契約が借地借家法第38条の定期建物賃貸借で、契約の更新がない旨を定めた場合には、５年経過をもって当然に、ＡはＢに対して、期間満了による終了を対抗することができる。

❷　ＡＢ間の賃貸借契約が借地借家法第38条の定期建物賃貸借で、契約の更新がない旨を定めた場合には、当該契約の期間中、Ｂから中途解約を申し入れることはできない。

❸　ＡＢ間の賃貸借契約が借地借家法第38条の定期建物賃貸借でない場合、Ａ及びＢのいずれからも期間内に更新しない旨の通知又は条件変更しなければ更新しない旨の通知がなかったときは、当該賃貸借契約が更新され、その契約は期間の定めがないものとなる。

❹　ＣがＢから甲建物を適法に賃貸された転借人で、期間満了によってＡＢ間及びＢＣ間の賃貸借契約が終了する場合、Ａの同意を得て甲建物に付加した造作について、ＢはＡに対する買取請求権を有するが、ＣはＡに対する買取請求権を有しない。

 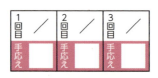

法定更新後は、期間以外は従前と同一の契約でした。

❶ 誤　期間が１年以上である定期建物賃貸借の場合、建物の賃貸人は、**期間の満了の１年前から６カ月前までの間に**建物の賃借人に対し期間の満了により建物の賃貸借が終了する旨の通知をしなければ、その終了を建物の賃借人に対抗することができません。　　　　　　　　　　　　　　《特殊な建物賃貸借契約》

❷ 誤　定期建物賃貸借の場合、床面積が **200㎡未満**の**居住用**であり、転勤、療養、親族の介護などの**やむを得ない事情がある場合**、中途解約が可能です。
《特殊な建物賃貸借契約》

❸ 正　従前の契約と同一の条件での更新となりますが、**期間だけは期間の定めのないものとなります。**　　　　　　　　　《借地借家法（借家）について》

❹ 誤　転借人も造作買取請求権を行使することができます。
《借地借家法（借家）について》

解答　❸

借地借家法（借家）

借地借家法（借地）

問題 76 現行の借地借家法の施行後に設定された借地権に関する次の記述のうち、借地借家法の規定によれば、正しいものはどれか。

❶ 借地権の当初の存続期間中に借地上の建物の滅失があった場合で、借地権者が借地権設定者の承諾を得ないで残存期間を超えて存続すべき建物を築造したときは、借地権設定者は地上権の消滅の請求又は土地の賃貸借の解約の申入れをすることができる。

❷ 借地権の当初の存続期間が満了する場合において、借地権者が借地契約の更新を請求したときに、建物がある場合は、借地権設定者が遅滞なく異議を述べたときでも、その異議の理由にかかわりなく、従前の借地契約と同一の条件で借地契約を更新したものとみなされる。

❸ 借地権の当初の存続期間中に借地上の建物の滅失があった場合、借地権者は地上権の放棄又は土地の賃貸借の解約の申入れをすることができる。

❹ 借地権の当初の存続期間が満了し借地契約を更新する場合において、当事者間でその期間を更新の日から10年と定めたときは、その定めは効力を生じず、更新後の存続期間は更新の日から20年となる。

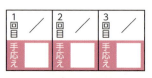

最初の更新は、最低 20 年。

❶ 誤　承諾を得ていないので 20 年延長することはありませんが、当初の存続期間中なので、無断築造したとしても、延長しないだけで契約期間はそのままとなります。地上権の消滅請求や土地の賃貸借の**解約申入れができるのは更新後の場合のみ**です。　　　　　　　　　　　《借地借家法（借地）について》

❷ 誤　建物がある場合でも、正当事由ある異議を述べれば契約は終了します。
　　　　　　　　　　　　　　　　　　　　　　　《借地借家法（借地）について》

❸ 誤　建物の滅失があった場合に地上権の放棄又は土地の賃貸借の解約申入れができるのは更新後のみです。当初の存続期間中に建物が滅失しても地上権の放棄又は土地の賃貸借の解約申入れはできません。　《借地借家法（借地）について》

❹ 正　最初の更新は**最低 20 年**となります。　《借地借家法（借地）について》

覚えよう！

● 借地上の建物の滅失

建物滅失の時期	借地権設定者の再築承諾	存続期間の延長
当初の存続期間中（借地権は消滅しない）	あり	延長する[*1]
	なし	延長しない
更新後（借地権者は解約申入れが可能）	あり	延長する[*1]
	なし	築造不可[*2]

[*1] 承諾日と築造日のうち、早いほうから 20 年間延長する
[*2] 無断築造すると、借地権設定者から解約申入れができる

借地借家法（借地）

問題 77 賃貸借契約に関する次の記述のうち、民法及び借地借家法の規定並びに判例によれば、誤っているものはどれか。

❶ 建物の所有を目的とする土地の賃貸借契約において、借地権の登記がなくても、その土地上の建物に借地人が自己を所有者と記載した表示の登記をしていれば、借地権を第三者に対抗することができる。

❷ 建物の所有を目的とする土地の賃貸借契約において、建物が全焼した場合でも、借地権者は、その土地上に滅失建物を特定するために必要な事項等を掲示すれば、借地権を第三者に対抗することができる場合がある。

❸ 建物の所有を目的とする土地の適法な転借人は、自ら対抗力を備えていなくても、賃借人が対抗力のある建物を所有しているときは、転貸人たる賃借人の賃借権を援用して転借権を第三者に対抗することができる。

❹ 仮設建物を建築するために土地を一時使用として1年間賃借し、借地権の存続期間が満了した場合には、借地権者は、借地権設定者に対し、建物を時価で買い取るように請求することができる。

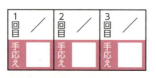

登場人物が3人以上の場合は図を描いて状況を把握しよう。

❶ 正　借地権の登記がなくても、**その土地の上にある建物の本人名義の登記**で第三者に対抗することができます。この登記は表示の登記で足ります。

《借地借家法（借地）について》

❷ 正　滅失した建物に対抗力があれば、掲示することにより滅失から2年経過するまで対抗力を保持することができます。　《借地借家法（借地）について》

❸ 正　賃借人に対抗力があれば、転借人もその転借人としての権利を第三者に対抗できます。　《借地借家法（借地）について》

❹ 誤　一時使用目的の場合、借地権の存続期間や更新の規定は適用されません。また、建物買取請求もできません。　《借地借家法（借地）について》

 解答　❹

 ちょこっと よりみちトーク

建物はなるべく長く使おうね。
対抗関係をおさらいして。

はーい！

借地借家法（借地）

問題 78

Aは、平成30年8月、その所有地について、Bに対し、建物の所有を目的とし存続期間30年の約定で賃借権（その他の特約はないものとする。）を設定した。この場合、借地借家法の規定によれば、次の記述のうち正しいものはどれか。

❶ Bが、当初の存続期間満了前に、現存する建物を取り壊し、残存期間を超えて存続すべき建物を新たに築造した場合で、Aにその旨を事前に通知しなかったとき、Aは、無断築造を理由として、契約を解除することができる。

❷ 当初の存続期間満了時に建物が存在しており、Bが契約の更新を請求した場合で、Aがこれに対し遅滞なく異議を述べたが、その異議に正当の事由がないとき、契約は更新したものとみなされ、更新後の存続期間は30年となる。

❸ Bが、契約の更新後に、現存する建物を取り壊し、残存期間を超えて存続すべき建物を新たに築造した場合で、Aの承諾もそれに代わる裁判所の許可もないとき、Aは、土地の賃貸借の解約の申入れをすることができる。

❹ 存続期間が満了し、契約の更新がない場合で、Bの建物が存続期間満了前にAの承諾を得ないで残存期間を超えて存続すべきものとして新たに築造されたものであるとき、Bは、Aに対し当該建物を買い取るべきことを請求することはできない。

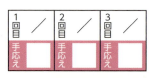

当初の存続期間中と更新後はルールが違います。

❶ **誤** 承諾なく再築したときに解除できるのは**更新後の場合のみ**です。
《借地借家法（借地）について》

❷ **誤** 借地権設定者（＝賃貸人）から更新拒絶の場合は正当事由が必要です。今回は正当事由がないので、更新拒絶をすることはできず、更新します。しかし、1回目の更新後の存続期間は30年ではなく**20年**です。
《借地借家法（借地）について》

❸ **正** 承諾なく再築した場合、更新後であれば土地の賃貸借の解約の申入れをすることができます。
《借地借家法（借地）について》

❹ **誤** 債務不履行で解除された場合には建物買取請求権はありませんが、無断再築は債務不履行ではありませんので、契約の更新がない場合には建物買取請求権を行使することは可能です。
《借地借家法（借地）について》

解答 ❸

覚えよう！

● 借地上の建物の滅失

建物滅失の時期	借地権設定者の再築承諾	存続期間の延長
当初の存続期間中 （借地権は消滅しない）	あり	延長する[1]
	なし	延長しない
更新後 （借地権者は解約申入れが可能）	あり	延長する[1]
	なし	築造不可[2]

[1] 承諾日と築造日のうち、早いほうから20年間延長する
[2] 無断築造すると、借地権設定者から解約申入れができる

借地借家法（借地）

 Aが所有している甲土地を平置きの駐車場用地として利用しようとするBに貸す場合と、一時使用目的ではなく建物所有目的を有するCに貸す場合とに関する次の記述のうち、民法及び借地借家法の規定によれば、正しいものはどれか。

❶ AB間の土地賃貸借契約の期間は、AB間で60年と合意すればそのとおり有効であるのに対して、AC間の土地賃貸借契約の期間は、50年が上限である。

❷ 土地賃貸借契約の期間満了後に、Bが甲土地の使用を継続していてもAB間の賃貸借契約が更新したものと推定されることはないのに対し、期間満了後にCが甲土地の使用を継続した場合には、AC間の賃貸借契約が更新されたものとみなされることがある。

❸ 土地賃貸借契約の期間を定めなかった場合、Aは、Bに対しては、賃貸借契約開始から1年が経過すればいつでも解約の申入れをすることができるのに対し、Cに対しては、賃貸借契約開始から30年が経過しなければ解約の申入れをすることができない。

❹ AB間の土地賃貸借契約を書面で行っても、Bが賃借権の登記をしないままAが甲土地をDに売却してしまえばBはDに対して賃借権を対抗できないのに対し、AC間の土地賃貸借契約を口頭で行っても、Cが甲土地上にC所有の登記を行った建物を有していれば、Aが甲土地をDに売却してもCはDに対して賃借権を対抗できる。

ＡＢ間の契約は民法、ＡＣ間の契約は借地借家法が適用されます。

❶ 誤　ＡＢ間は民法が適用されるので50年が上限ですが、ＡＣ間は借地借家法が適用されるので上限はありません。　　　　　　　《借地借家法（借地）について》

❷ 誤　民法でも更新したものと推定されますし、借地借家法でも更新したものとみなします。　　　　　　　　　　　　　　　　　《借地借家法（借地）について》

❸ 誤　ＡＢ間（民法）では、期間を定めなかった場合にはいつでも解約申入れができ、申入れから１年で賃貸借は終了します。契約開始から１年経過しないと解約申入れできないわけではありません。ＡＣ間（借地借家法）では、**期間を定めなかった場合は30年となります**。更新請求時に借地権設定者が遅滞なく異議を述べれば契約が終了となります。　　　　　　　　　　　《借地借家法（借地）について》

❹ 正　ＡＢ間（民法）ではＢが第三者に対抗するには賃借権の登記が必要となります。ＡＣ間（借地借家法）ではＣは**借地上の建物の本人名義の建物登記**で第三者に対抗することができます。　　　　　　　　　　《借地借家法（借地）について》

解答　❹

借地借家法（借地）は、建物を建てる目的で土地を借りる場合に適用されるんだ。

借地借家法（借地）

1996年 問13

 Aは、建物の所有を目的としてBから土地を賃借し、建物を建築して所有しているが、その土地の借地権については登記をしていない。この場合において、その土地の所有権がBからCに移転され、所有権移転登記がなされたときに関する次の記述のうち、借地借家法の規定及び判例によれば、正しいものはどれか。

❶ Aが、Aの名義ではなく、Aと氏を同じくするAの長男名義で、本件建物につき保存登記をしている場合、Aは、借地権をCに対抗することができる。

❷ Aが自己の名義で本件建物につき保存登記をしている場合で、BからCへの土地の所有権の移転が、当該保存登記後の差押えに基づく強制競売によるものであるとき、Aは、借地権をCに対抗することができる。

❸ 本件建物が火事により滅失した場合、建物を新たに築造する旨を本件土地の上の見やすい場所に掲示していれば、Aは、本件建物について登記していなかったときでも、借地権をCに対抗することができる。

❹ 借地権が借地借家法第22条に規定する定期借地権である場合、公正証書によって借地契約を締結していれば、Aは、本件建物について登記していなかったときでも、借地権をCに対抗することができる。

借地権の対抗力の問題。借地上の建物の登記でOK！

❶ 誤　借地権を対抗するには、借地上の建物に**本人名義**の登記が必要です。今回は長男名義ですので、対抗力はありません。　《借地借家法（借地）について》

❷ 正　借地権を対抗するには、借地上の建物に**本人名義**の登記が必要です。今回は本人名義で登記しているので、対抗することができます。強制競売の取得者も第三者です。　《借地借家法（借地）について》

❸ 誤　借地上の建物が滅失した場合、**掲示をしておけば滅失から２年経過するまで対抗力があります**。しかし、これはあくまで対抗力のある建物が滅失した場合の話であって、もとの建物に対抗力がないのであれば、その建物が滅失して掲示をしてもやはり対抗力はありません。　《借地借家法（借地）について》

❹ 誤　公正証書で定期借地権の契約を締結したとしても、第三者へ対抗することはできません。　《定期借地権等》

解答　❷

過去問プラスアルファ

問　AがBに、A所有の甲地を建物の所有を目的として賃貸し、Bがその土地上に乙建物を新築し、所有している。Bが、乙建物をEに譲渡しようとする場合において、Eが甲地の賃借権を取得してもAに不利となるおそれがないにもかかわらず、Aがその賃借権の譲渡を承諾しないときは、Bは裁判所にAの承諾に代わる許可をするよう申し立てることができる。(2003-13-3)

答　○：借地上の建物の譲渡は借地権者が申立てをする。

借地借家法（借地）

問題81 自らが所有している甲土地を有効利用したいAと、同土地上で事業を行いたいBとの間の契約に関する次の記述のうち、民法及び借地借家法の規定によれば、誤っているものはどれか。

❶ 甲土地につき、Bが建物を所有して小売業を行う目的で公正証書によらずに存続期間を35年とする土地の賃貸借契約を締結する場合、約定の期間、当該契約は存続する。しかし、Bが建物を建築せず駐車場用地として利用する目的で存続期間を35年として土地の賃貸借契約を締結する場合には、期間は定めなかったものとみなされる。

❷ 甲土地につき、Bが1年間の期間限定の催し物会場としての建物を建築して一時使用する目的で土地の賃貸借契約を締結する場合には、当該契約の更新をしない特約は有効である。しかし、Bが居住用賃貸マンションを所有して全室を賃貸事業に供する目的で土地の賃貸借契約を締結する場合には、公正証書により存続期間を15年としても、更新しない特約は無効である。

❸ 甲土地につき、小売業を行うというBの計画に対し、借地借家法が定める要件に従えば、甲土地の賃貸借契約締結によっても、又は、甲土地上にAが建物を建築しその建物についてAB間で賃貸借契約を締結することによっても、Aは20年後に賃貸借契約を更新させずに終了させることができる。

❹ 甲土地につき、Bが建物を所有して小売業を行う目的で存続期間を30年とする土地の賃貸借契約を締結している期間の途中で、Aが甲土地をCに売却してCが所有権移転登記を備えた場合、当該契約が公正証書でなされていても、BはCに対して賃借権を対抗することができない場合がある。

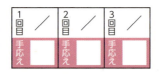

借家の知識も要求される総合問題です。

❶ 誤　建物所有の場合は借地借家法が適用されるので 35 年と設定したらそれに従います。また、青空駐車場の場合は民法が適用されるので 35 年と設定したらそれに従います。期間の定めのないものとはなりません。

《借地借家法（借地）について》

❷ 正　一時使用目的の場合、借地権の存続期間や更新の規定は適用されません。居住用賃貸マンションの場合、公正証書で契約をしても事業用定期借地権を設定することはできませんので、通常の借地契約となります。ですので、契約を更新しないという特約は無効となります。

《定期借地権等》

❸ 正　前半のように、Ａ所有の土地を借りて建物を建てる計画については、ＡＢ間で存続期間を 20 年とする事業用定期借地権を結べば 20 年で更新しないで終了できます。後半のように、Ａ所有の建物を借りて事業を行う計画については、存続期間を 20 年とする定期建物賃貸借契約を結べば 20 年で更新しないで終了できます。

《定期借地権等》

❹ 正　土地の賃借権の登記もしくは借地上の建物の登記がなければ、賃借権を対抗することはできません。

《借地借家法（借地）について》

解答　❶

❸は借家の知識も要求されていますね。ぜひ見抜いてほしかった選択肢ではありますが、わからなくても、選択肢❶の誤りにすぐに気づいてほしいですね。

借地借家法（借地）

問題 82 Aが居住用の甲建物を所有する目的で、期間30年と定めてBから乙土地を賃借した場合に関する次の記述のうち、借地借家法の規定及び判例によれば、正しいものはどれか。なお、Aは借地権登記を備えていないものとする。

❶ Aが甲建物を所有していても、建物保存登記をAの子C名義で備えている場合には、Bから乙土地を購入して所有権移転登記を備えたDに対して、Aは借地権を対抗することができない。

❷ Aが甲建物を所有していても、登記上の建物の所在地番、床面積等が少しでも実際のものと相違している場合には、建物の同一性が否定されるようなものでなくても、Bから乙土地を購入して所有権移転登記を備えたEに対して、Aは借地権を対抗することができない。

❸ AB間の賃貸借契約を公正証書で行えば、当該契約の更新がなく期間満了により終了し、終了時にはAが甲建物を収去すべき旨を有効に規定することができる。

❹ Aが地代を支払わなかったことを理由としてBが乙土地の賃貸借契約を解除した場合、契約に特段の定めがないときは、Bは甲建物を時価で買い取らなければならない。

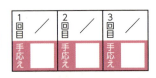

難しく思えるかもしれないけれど、正解を出すのは簡単です！

❶ **正** 借地権を対抗するには、借地上の建物に**本人名義**の登記が必要です。今回は子供名義ですので、対抗力はありません。　《借地借家法（借地）について》

❷ **誤** 多少違いがあっても、その建物だと認識できる程度の違い（＝些細なミス）であれば、対抗力に影響はありません。　《借地借家法（借地）について》

❸ **誤** 定期借地権を設定しようとすれば**50年以上**必要なので30年では設定できません。事業用定期借地権を設定しようとしても**居住用では設定できません**。このようなことから、この契約を設定することはできません。　《定期借地権等》

❹ **誤** **債務不履行解除の場合、建物買取請求権は認められません。**
　《借地借家法（借地）について》

❷が難しいですね。
❸は少し応用問題ですが、
ぜひ見抜いてほしかった選択肢です。
ただ、わからなかったとしても、
選択肢❶で正解は出せますね。

借地借家法（借地）

問題 83　AとBとの間で、A所有の甲土地につき建物所有目的で賃貸借契約（以下この問において「本件契約」という。）を締結する場合に関する次の記述のうち、民法及び借地借家法の規定並びに判例によれば、正しいものはどれか。

❶　本件契約が専ら事業の用に供する建物の所有を目的とする場合には、公正証書によらなければ無効となる。

❷　本件契約が居住用の建物の所有を目的とする場合には、借地権の存続期間を20年とし、かつ、契約の更新請求をしない旨を定めても、これらの規定は無効となる。

❸　本件契約において借地権の存続期間を60年と定めても、公正証書によらなければ、その期間は30年となる。

❹　Bは、甲土地につき借地権登記を備えなくても、Bと同姓でかつ同居している未成年の長男名義で保存登記をした建物を甲土地上に所有していれば、甲土地の所有者が替わっても、甲土地の新所有者に対し借地権を対抗することができる。

事業用だからといってすべて事業用定期借地権ではない。

❶ **誤** 事業用として使う場合であっても、「事業用定期借地権」での契約でないならば、公正証書でする必要はありません。　　　　　　　　　　《定期借地権等》

❷ **正** 契約更新請求をしない旨を定めるには、定期借地権か事業用定期借地権で契約する必要があります。しかし、定期借地権は50年以上でなければなりません。また、事業用定期借地権は居住用では設定できません。したがって、契約更新請求をしない旨を定めることはできないため、これらの規定は無効となります。
　　　　　　　　　　　　　　　　　　　　　　　　　　　　　　　《定期借地権等》

❸ **誤** 30年より長い期間の場合、その期間で有効となります。また、公正証書である必要はありません。　　　　　　　　　　　　　　　　　　　　　　　《定期借地権等》

❹ **誤** 借地上の建物が本人名義の登記ではないため、対抗力として認められません。よって、土地の新所有者に対抗することはできません。　　　　　　　　《定期借地権等》

不法行為

問題 84　Aは、所有する家屋を囲う塀の設置工事を業者Bに請け負わせたが、Bの工事によりこの塀は瑕疵がある状態となった。Aがその後この塀を含む家屋全部をCに賃貸し、Cが占有使用しているときに、この瑕疵により塀が崩れ、脇に駐車中のD所有の車を破損させた。A、B及びCは、この瑕疵があることを過失なく知らない。この場合に関する次の記述のうち、民法の規定によれば、誤っているものはどれか。

❶　Aは、損害の発生を防止するのに必要な注意をしていれば、Dに対する損害賠償責任を免れることができる。

❷　Bは、瑕疵を作り出したことに故意又は過失がなければ、Dに対する損害賠償責任を免れることができる。

❸　Cは、損害の発生を防止するのに必要な注意をしていれば、Dに対する損害賠償責任を免れることができる。

❹　Dが、車の破損による損害賠償請求権を、損害及び加害者を知った時から3年間行使しなかったときは、この請求権は時効により消滅する。

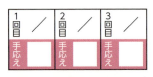

所有者は無過失責任。

❶ **誤** 所有者Ａは無過失責任なので、必要な注意を払っていたとしても損害賠償責任を免れることができません。　《不法行為》

❷ **正** 不法行為が成立するためにはＢに故意又は過失が必要です。　《不法行為》

❸ **正** 占有者Ｃは、損害発生の防止に必要な注意を払っていれば損害賠償責任を免れます。　《不法行為》

❹ **正** 被害者Ｄが損害および加害者を知った時から３年間行使しなかったとき、不法行為の時から20年行使しないとき、損害賠償請求権は時効によって消滅します。　《不法行為》

 　解答 ❶

- **工作物責任**
- ・占有者……損害発生防止に必要な措置をしていたら免責
- ・所有者……占有者が責任を負わない場合は責任を負う
  　　　　　　（所有者は無過失責任）

この問題は、合格者の正解率が74.5％に対して、不合格者の正解率は32.9％となっています（LEC調べ）。このような、合格者は正解できているけれど不合格者が正解できない問題を「差のつく問題」といいます。

169

不法行為

Aが故意又は過失によりBの権利を侵害し、これによってBに損害が生じた場合に関する次の記述のうち、民法の規定及び判例によれば、正しいものはどれか。

❶ Aの加害行為によりBが即死した場合には、BにはAに対する慰謝料請求権が発生したと考える余地はないので、Bに相続人がいても、その相続人がBの慰謝料請求権を相続することはない。

❷ Aの加害行為がBからの不法行為に対して自らの利益を防衛するためにやむを得ず行ったものであっても、Aは不法行為責任を負わなければならないが、Bからの損害賠償請求に対しては過失相殺をすることができる。

❸ AがCに雇用されており、AがCの事業の執行につきBに加害行為を行った場合には、CがBに対する損害賠償責任を負うのであって、CはAに対して求償することもできない。

❹ Aの加害行為が名誉毀損で、Bが法人であった場合、法人であるBには精神的損害は発生しないとしても、金銭評価が可能な無形の損害が発生した場合には、BはAに対して損害賠償請求をすることができる。

即死でも慰謝料請求権は発生する。損害は受けているので…。

❶ 誤　即死の場合でも、慰謝料請求権は発生しますし、それが相続されます。
《不法行為》

❷ 誤　**正当防衛は不法行為にあたりません**。
《不法行為》

❸ 誤　使用者は被用者に求償することができます。
《不法行為》

❹ 正　精神的損害が発生しなかったとしても、金銭的評価が可能な無形の損害が発生していれば損害賠償請求は可能です。
《不法行為》

解答　❹

不法行為

　❸は、信義則上相当と認められる範囲内で、だよ。

　シンギソク…って？難しい言葉でわからないです。

　簡単に言うと、全額はムリだということだよ！

171

不法行為

問題86 Aが、その過失によってB所有の建物を取り壊し、Bに対して不法行為による損害賠償債務を負担した場合に関する次の記述のうち、民法の規定及び判例によれば、正しいものはどれか。

❶ Aの不法行為に関し、Bにも過失があった場合でも、Aから過失相殺の主張がなければ、裁判所は、賠償額の算定に当たって、賠償金額を減額することができない。

❷ 不法行為がAの過失とCの過失による共同不法行為であった場合、Aの過失がCより軽微なときでも、Bは、Aに対して損害の全額について賠償を請求することができる。

❸ Bが、不法行為による損害と加害者を知った時から1年間、損害賠償請求権を行使しなければ、当該請求権は消滅時効により消滅する。

❹ Aの損害賠償債務は、BからAへ履行の請求があった時から履行遅滞となり、Bは、その時以後の遅延損害金を請求することができる。

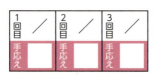

使用者責任と共同不法行為は不真正連帯債務。

❶ 誤 被害者にも落ち度がある場合、賠償額を減らすことができます。それを過失相殺といいます。これは、加害者の主張がなくてもすることができます。
《不法行為》

❷ 正 共同不法行為の場合、加害者のAとCは連帯債務と同様の扱いとなります。したがって、Bは、AとCの全員に、全額の請求が可能です。 《不法行為》

❸ 誤 損害及び加害者を知った時から３年間、損害賠償請求権を行使しない場合、時効により消滅します。 《不法行為》

❹ 誤 損害発生時から履行遅滞となります。 《不法行為》

解答 ❷

不法行為

 Aに雇用されているBが、勤務中にA所有の乗用車を運転し、営業活動のため顧客Cを同乗させている途中で、Dが運転していたD所有の乗用車と正面衝突した（なお、事故についてはBとDに過失がある。）場合における次の記述のうち、民法の規定及び判例によれば、正しいものはどれか。

❶ Aは、Cに対して事故によって受けたCの損害の全額を賠償した。この場合、Aは、BとDの過失割合に従って、Dに対して求償権を行使することができる。

❷ Aは、Dに対して事故によって受けたDの損害の全額を賠償した。この場合、Aは、被用者であるBに対して求償権を行使することはできない。

❸ 事故によって損害を受けたCは、AとBに対して損害賠償を請求することはできるが、Dに対して損害賠償を請求することはできない。

❹ 事故によって損害を受けたDは、Aに対して損害賠償を請求することはできるが、Bに対して損害賠償を請求することはできない。

図を書いて頭を整理しておく必要があります。

乗車	ⒷⒸ	Ⓓ
加害者	運転手Ⓑ（使用者Ⓐ）	運転手Ⓓ
被害者	同乗者Ⓒ／相手Ⓓ	相手Ⓑ／相手の同乗者Ⓒ

❶ 正　Cはどちらの車からも被害を受けていると考えることができます。AはBとDの代わりに賠償したということです。だから、BとDに、その過失割合に従って求償できます。 《不法行為》

❷ 誤　DはAに雇用されているBが勤務中に運転する車から被害を受けていますので、Aが使用者責任により賠償したということです。だから、Bに求償できます。 《不法行為》

❸ 誤　Cはどちらの車からも被害を受けていると考えることができます。なので、Bにも（その使用者Aにも）Dにも損害賠償請求することができます。《不法行為》

❹ 誤　不法行為はBが起こしたので、当然のことながらBに損害賠償請求できます。 《不法行為》

解答　❶

顧客Cは、
Bの運転による被害者でもあり、
Dの運転による被害者でもあります。
そこに注目ですね。

相隣関係

 次の記述のうち、民法の規定によれば、誤っているものはどれか。

❶ 土地の所有者は、隣地から雨水が自然に流れてくることを阻止するような工作物を設置することはできない。

❷ 土地の所有者は、隣地の所有者と共同の費用をもって、境界を表示すべき物を設置することができる。

❸ 土地の所有者は、隣地から木の枝が境界線を越えて伸びてきたときは、自らこれを切断できる。

❹ 土地の所有者は、隣地から木の根が境界線を越えて伸びてきたときは、自らこれを切断できる。

地味にみえる分野かもしれませんが、確実に点数をとろう！

❶ 正　隣の土地から自然に流れてくる水を妨げることはできません。　　《相隣関係》

❷ 正　土地の所有者は、境界を表示する物（＝塀など）を共同の費用で設置することができます。　　《相隣関係》

❸ 誤　木の枝は自分で切ることはできません。隣地の木の所有者に切断させることができます。　　《相隣関係》

❹ 正　木の根は自分で切ることができます。　　《相隣関係》

❸

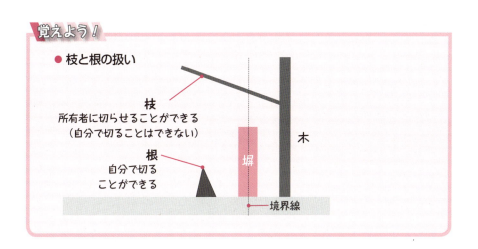

債権譲渡

問題 89 Aは、Bに対して貸付金債権を有しており、Aはこの貸付金債権をCに対して譲渡した。この場合、民法の規定及び判例によれば、次の記述のうち誤っているものはどれか。

❶ 貸付金債権に譲渡禁止特約が付いている場合で、Cが譲渡禁止特約の存在を重大な過失なく知らないとき、BはCに対して債務の履行を拒むことができない。

❷ Bが債権譲渡を承諾しない場合、CがBに対して債権譲渡を通知するだけでは、CはBに対して自分が債権者であることを主張することができない。

❸ Aが貸付金債権をDに対しても譲渡し、Cへは確定日付のない証書、Dへは確定日付のある証書によってBに通知した場合で、いずれの通知もBによる弁済前に到達したとき、Bへの通知の到達の先後にかかわらず、DがCに優先して権利を行使することができる。

❹ Aが貸付金債権をEに対しても譲渡し、Cへは平成30年10月10日付、Eへは同月9日付のそれぞれ確定日付のある証書によってBに通知した場合で、いずれの通知もBによる弁済前に到達したとき、Bへの通知の到達の先後にかかわらず、EがCに優先して権利を行使することができる。

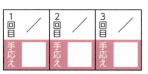

確定日付のある証書で勝負をつける。

❶ 正　譲渡禁止の特約があっても譲渡は有効です。しかし、譲受人その他の第三者が悪意又は重過失のある場合には債務者は譲受人等からの債務の履行を拒むことができます。よって、重過失のない場合は、債務者は譲受人等からの債務の履行を拒むことはできません。　《債権譲渡》

❷ 正　債権譲渡を債務者に対抗するには、譲渡人から債務者への通知か、債務者の承諾が必要となります。しかし、今回は譲受人から債務者に通知しています。これでは自分が債権者であると主張はできません。　《債権譲渡》

❸ 正　確定日付のある証書と確定日付のない証書では、確定日付のある証書が優先します。　《債権譲渡》

❹ 誤　確定日付のある証書と確定日付のある証書では、先に到達したほうが優先します。確定日付の前後ではありません。　《債権譲渡》

解答　❹

できれば得点しておきたい問題です。特に選択肢❸、❹はしっかりと理解しておきたいところです。

問題 90 Aを注文者、Bを請負人とする請負契約(以下「本件契約」という。)が締結された場合における次の記述のうち、民法の規定及び判例によれば、誤っているものはどれか。

❶ 本件契約の目的物たる建物が契約の内容に適合しないためこれを建て替えざるを得ない場合には、AはBに対して当該建物の建替えに要する費用相当額の損害賠償を請求することができる。

❷ 本件契約の目的物たる事務所の用に供するコンクリート造の建物が契約の内容に適合しない場合、Aは、建物の引渡しの時から1年以内にその旨をBに通知しないときは、担保責任を追及できなくなる。

❸ 本件契約の目的が建物の増築である場合、Aの失火により当該建物が焼失し増築できなくなったときは、Bは本件契約に基づく未履行部分の仕事完成債務を免れる。

❹ Bが仕事を完成しない間は、AはいつでもBに対して損害を賠償して本件契約を解除することができる。

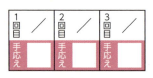

請負の契約不適合は、売買の場合とほぼ同じ！

❶ 正　契約内容に不適合があるため建て替えなければならない場合、費用相当額の損害賠償請求は可能です。　　　　　　　　　　　　　　　　《請負》

❷ 誤　請負人の担保責任の通知期間は、注文者が不適合を**知った時から１年以内**です。　　　　　　　　　　　　　　　　　　　　　　　　　　《請負》

❸ 正　注文者の責めに帰すべき事由で完成できなくなった場合、請負人は残りの債務を免れます。　　　　　　　　　　　　　　　　　　　　　　《請負》

❹ 正　**請負人が仕事を完成しない間は、注文者は、いつでも損害を賠償して契約の解除をすることができます。**　　　　　　　　　　　　　　　《請負》

 ❷

委任

問題91 Aは、その所有する土地について、第三者の立入り防止等の土地の管理を、当該管理を業としていないBに対して委託した。この場合、民法の規定によれば、次の記述のうち誤っているものはどれか。

❶ Bが無償で本件管理を受託している場合は、「善良な管理者の注意」ではなく、「自己の財産におけると同一の注意」をもって事務を処理すれば足りる。

❷ Bが無償で本件管理を受託している場合は、Bだけでなく、Aも、いつでも本件管理委託契約を解除することができる。

❸ Bが有償で本件管理を受託している場合で、Aの帰責事由によらず委任事務の履行をすることができなくなった場合又は委任が中途で終了した場合に、Bは、既にした履行の割合に応じて報酬を請求することができる。

❹ Bが有償で本件管理を受託している場合で、Bが死亡したときは、本件管理委託契約は終了し、Bの相続人は、当該契約の受託者たる地位を承継しない。

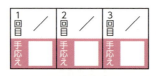

法律行為以外の事務（準委任）にも、委任に関する規定が準用されます

❶ 誤　無償の場合であっても、善良な管理者の注意義務（＝善管注意義務）を負います。　《委任》

❷ 正　委任契約は、委任者・受任者のいずれも、**特別の理由がなくとも自由に解除**することができます。　《委任》

❸ 正　委任者の帰責事由によらず委任事務の履行をすることができなくなった場合又は委任が中途で終了した場合に、受任者は、既にした履行の割合に応じて報酬を請求することができます。　《委任》

❹ 正　**委任契約は委任者又は受任者の死亡によって終了します。**　《委任》

解答 ❶

選択肢❸が難しいですね。今回のように法律行為以外の事務を委託した場合を「準委任」といいます。委任と同じように考えて構いません。

委任

2002年 問10改

問題92 Aが、A所有の不動産の売買をBに対して委任する場合に関する次の記述のうち、民法の規定によれば、正しいものはどれか。なお、A及びBは宅地建物取引業者ではないものとする。

❶ 不動産のような高価な財産の売買を委任する場合には、AはBに対して委任状を交付しないと、委任契約は成立しない。

❷ Bは、委任契約をする際、有償の合意をしない限り、報酬の請求をすることができないが、委任事務のために使った費用とその利息は、Aに請求することができる。

❸ Bが当該物件の価格の調査など善良な管理者の注意義務を怠ったため、不動産売買についてAに損害が生じたとしても、報酬の合意をしていない以上、AはBに対して賠償の請求をすることができない。

❹ 委任はいつでも解除することができるから、有償の合意があり、売買契約成立寸前にAが理由なく解除してBに不利益を与えたときでも、BはAに対して損害賠償を請求することはできない。

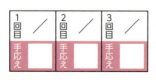

委任は特約がない限り無償が原則です。

❶ 誤　委任契約は当事者の合意があれば成立します。委任状の交付は必要ありません。《委任》

❷ 正　報酬については、**民法上は無償が原則**で、報酬を請求するためには特約を設定する必要があります。ただし、委任行為をするのに必要な費用とその利息は請求可能です。《委任》

❸ 誤　受任者は有償無償にかかわらず**善管注意義務**があります。受任者が善管注意義務に違反し、委任者に損害が発生した場合には損害賠償請求ができます。《委任》

❹ 誤　委任者・受任者のいずれも、**特別の理由がなくとも自由に解除することができます**。ただし、相手方の不利な時期に解除したときは、解除した者は相手方に対して損害賠償義務を負います。今回はBに不利益を与えているため、損害賠償請求は可能です。《委任》

民法総合

2018年 問3

問題93 AとBとの間で、5カ月後に実施される試験（以下この問において「本件試験」という。）にBが合格したときにはA所有の甲建物をBに贈与する旨を書面で約した（以下この問において「本件約定」という。）。この場合における次の記述のうち、民法の規定及び判例によれば、誤っているものはどれか。

❶ 本件約定は、停止条件付贈与契約である。

❷ 本件約定の後、Aの放火により甲建物が滅失し、その後にBが本件試験に合格した場合、AはBに対して損害賠償責任を負う。

❸ Bは、本件試験に合格したときは、本件約定の時点にさかのぼって甲建物の所有権を取得する。

❹ 本件約定の時点でAに意思能力がなかった場合、Bは、本件試験に合格しても、本件約定に基づき甲建物の所有権を取得することはできない。

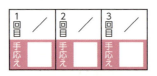

停止条件とは不確定な事実が実現したら効力が生じるものです。

❶ 正　停止条件とは、法律行為（契約）の効力の発生が将来発生するか否か不確実な事実にかかっている条件のことをいいます。よって、本件約定は停止条件付の契約です。

❷ 正　条件が成就することによって不利益を受ける当事者が故意にその条件の成就を妨げたときは、相手方は、その条件が成就したものとみなすことができます。今回、引き渡す義務があるのに、贈与しなければならないＡの放火によって引き渡せなかったので、履行不能となります。したがって損害賠償責任を負うこととなります。

❸ 誤　停止条件付法律行為は、停止条件が成就した時からその効力を生じます。

❹ 正　意思能力を欠いている者のした契約は無効となります。《制限行為能力者とは》

 ❸

ちょこっと よりみちトーク

「ペン太が芸能界デビューしたら○○をあげるね！」っていうのが停止条件付契約だよね。

重要度 民法総合

テキスト該当ページなし

2018年 問10

問題 94 相続に関する次の記述のうち、民法の規定及び判例によれば、誤っているものはどれか。

❶ 無権代理人が本人に無断で本人の不動産を売却した後に、単独で本人を相続した場合、本人が自ら当該不動産を売却したのと同様な法律上の効果が生じる。

❷ 相続財産に属する不動産について、遺産分割前に単独の所有権移転登記をした共同相続人から移転登記を受けた第三取得者に対し、他の共同相続人は、自己の持分を登記なくして対抗することができる。

❸ 連帯債務者の一人が死亡し、その相続人が数人ある場合、相続人らは被相続人の債務の分割されたものを承継し、各自その承継した範囲において、本来の債務者とともに連帯債務者となる。

❹ 共同相続に基づく共有物の持分価格が過半数を超える相続人は、協議なくして単独で共有物を占有する他の相続人に対して、当然にその共有物の明渡しを請求することができる。

見た目は相続の問題だが、総合問題です。

❶ 正　無権代理人が単独で本人を相続した場合、無権代理行為は当然に有効となります。　《無権代理》

❷ 正　遺産分割前に、共同相続人の1人が、他の共同相続人（共有者）の同意なく自己名義の所有権移転登記をして、これを第三者に譲渡した場合、他の共同相続人の持分に関しては無権利者なので、他の共同相続人は、自己の持分を登記なしで第三者に対抗することができます。　《物権変動》

❸ 正　相続分に応じて分割された債務を承継し、各自その範囲において、連帯債務者となります。　《連帯債務》

❹ 誤　他の共有者に対しては、当然には明渡し請求をすることはできません。
　《共有》

解答　❹

相続の問題のように思わせて、様々な分野の知識を聞いています。選択肢❸は難易度が高いですが、その他の選択肢は正誤の判別ができるようにしておきましょう。

判決文問題

重要度 B
テキスト該当ページなし
2017年 問3

問題 95 次の1から4までの記述のうち、民法の規定及び下記判決文によれば、誤っているものはどれか。

> 共有者の一部の者から共有者の協議に基づかないで共有物を占有使用することを承認された第三者は、その者の占有使用を承認しなかった共有者に対して共有物を排他的に占有する権原を主張することはできないが、現にする占有がこれを承認した共有者の持分に基づくものと認められる限度で共有物を占有使用する権原を有するので、第三者の占有使用を承認しなかった共有者は右第三者に対して当然には共有物の明渡しを請求することはできないと解するのが相当である。

❶ 共有者は、他の共有者との協議に基づかないで当然に共有物を排他的に占有する権原を有するものではない。

❷ AとBが共有する建物につき、AB間で協議することなくAがCと使用貸借契約を締結した場合、Bは当然にはCに対して当該建物の明渡しを請求することはできない。

❸ DとEが共有する建物につき、DE間で協議することなくDがFと使用貸借契約を締結した場合、Fは、使用貸借契約を承認しなかったEに対して当該建物全体を排他的に占有する権原を主張することができる。

❹ GとHが共有する建物につき、Gがその持分を放棄した場合は、その持分はHに帰属する。

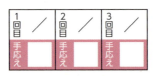

判決文を読み取って、内容に合致するものを選ぶ国語の問題。

少し難しいですが、次のように読み取れれば大丈夫です。

A・Bの共有物がある

Aが、Bに黙ってCに使わせていた

Cは、Bに対して「全面的に自分に使わせろ！」とはいえないがAの持分については使える権利がある

だから、BはCに明渡請求できない

　これがわかれば、選択肢❷は正しいということになります。
　また、「ＡＢＣ」を「ＤＥＦ」に置き換えて読んでみると、選択肢❸が誤っていることにも気づくでしょう。よって、正解は❸となります。
　ちなみに、選択肢❶と❹は正しい選択肢となります。
　選択肢❶は、「各共有者は、共有物の全部について、その持分に応じた使用をすることができる」（民法249条）ので、他の共有者との協議なく、排他的に共有物を占有することはできません。判決文の3行目から導くこともできます。
　選択肢❹は、「共有者の1人が持分を放棄したときは、その持分は、他の共有者に帰属する」（民法255条）ので、2人のうち1人が持分を放棄したのであれば、残りの1人のものとなります。

解答　❸

判決文問題

重要度 B
テキスト該当ページなし
2016年 問9

問題 96 次の1から4までの記述のうち、民法の規定及び下記判決文によれば、誤っているものはどれか。

> 契約の一方当事者が、当該契約の締結に先立ち、信義則上の説明義務に違反して、当該契約を締結するか否かに関する判断に影響を及ぼすべき情報を相手方に提供しなかった場合には、上記一方当事者は、相手方が当該契約を締結したことにより被った損害につき、不法行為による賠償責任を負うことがあるのは格別、当該契約上の債務の不履行による賠償責任を負うことはないというべきである。(中略)上記のような場合の損害賠償請求権は不法行為により発生したものである(略)。

❶ 信義則上の説明義務に違反して、当該契約を締結するか否かに関する判断に影響を及ぼすべき情報を買主に提供しなかった売主に対する買主の損害賠償請求権は、買主が損害及び加害者を知った時から3年間行使しないときは、時効により消滅する。

❷ 信義則上の説明義務に違反して、当該契約を締結するか否かに関する判断に影響を及ぼすべき情報を買主に提供しなかった売主に対する買主の損害賠償請求権は、損害を被っていることを買主が知らない場合でも、売買契約から10年間行使しないときは、時効により消滅する。

❸ 買主に対して債権を有している売主は、信義則上の説明義務に違反して、当該契約を締結するか否かに関する判断に影響を及ぼすべき情報を買主に提供しなかった売主に対する買主の損害賠償請求権を受働債権とする相殺をもって、買主に対抗することができない。

❹ 売主が信義則上の説明義務に違反して、当該契約を締結するか否かに関する判断に影響を及ぼすべき情報を買主に提供しなかった場合、買主は、売主に対して、この説明義務違反を理由に、売買契約上の債務不履行責任を追及することはできない。

判決文から不法行為の話だと見抜くことが第一歩!

まず、問題文から、不法行為についての話であると読み取ることができれば大丈夫です。

すると、不法行為は

> 損害賠償請求権は被害者又はその法定代理人が損害及び加害者を知った時から3年間(人の生命又は身体を害する不法行為の場合は5年)行使しないときは、時効によって消滅します。不法行為の時から20年行使しないときも時効により消滅します。

と知っていれば(→第 17 コース「不法行為」)、
選択肢❷「売買契約から 10 年間行使しないときは、時効により消滅する」
が誤りであるとわかります。

ちょこっとよりみちトーク

知識で解けるな。
判決文いらないじゃん。

でも、まず判決文で不法行為の問題だと見抜かないと、知識も使えないよね。

うぐぐ…、それもそうだな…。

以前は判決文を出しても知識だけで解ける問題が多かったけれど、今は判決文も読ませて知識も要求する問題が主流だから、読まないのは危険だよ。

判決文問題

2013年 問7

問題97 次の記述のうち、民法の規定及び下記判決文によれば、誤っているものはどれか。

> 期間の定めのある建物の賃貸借において、賃借人のために保証人が賃貸人との間で保証契約を締結した場合には、反対の趣旨をうかがわせるような特段の事情のない限り、保証人が更新後の賃貸借から生ずる賃借人の債務についても保証の責めを負う趣旨で合意がされたものと解するのが相当であり、保証人は、賃貸人において保証債務の履行を請求することが信義則に反すると認められる場合を除き、更新後の賃貸借から生ずる賃借人の債務についても保証の責めを免れないというべきである。

❶ 保証人が期間の定めのある建物の賃貸借の賃借人のために保証契約を締結した場合は、賃貸借契約の更新の際に賃貸人から保証意思の確認がなされていなくても、反対の趣旨をうかがわせるような特段の事情がない限り、更新後の賃借人の債務について保証する旨を合意したものと解される。

❷ 期間の定めのある建物の賃貸借の賃借人のための保証人が更新後の賃借人の債務についても保証の責任を負う趣旨で合意した場合には、賃借人の未払賃料が1年分に及んだとしても、賃貸人が保証債務の履行を請求することが信義則に反すると認められる事情がなければ、保証人は当該金額の支払義務を負う。

❸ 期間の定めのある建物の賃貸借の賃借人のための保証人が更新後の賃借人の債務についても保証の責任を負う場合、更新後の未払賃料について保証人の責任は及ぶものの、更新後に賃借人が賃借している建物を故意又は過失によって損傷させた場合の損害賠償債務には保証人の責任は及ばない。

❹ 期間の定めのある建物の賃貸借の賃借人のための保証人が更新後の賃借人の債務についても保証の責任を負う旨の合意をしたものと解される場合であって、賃貸人において保証債務の履行を請求することが信義則に反すると認められるときには、保証人は更新後の賃借人の債務について保証の責任を負わない。

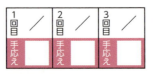

合致する3つがわかれば、残りが誤りの選択肢。

選択肢❶は、判決文の

> 反対の趣旨をうかがわせるような特段の事情のない限り、保証人が更新後の賃貸借から生ずる賃借人の債務についても保証の責めを負う。

の部分と合致していますね。

また、選択肢❷と❹は、判決文の

> 信義則に反すると認められる場合を除き、更新後の賃貸借から生ずる賃借人の債務についても保証の責めを免れないというべきである。

の部分と合致していますね。

選択肢❷は「信義則に反すると認められる事情がなければ、…支払義務を負う。」
選択肢❹は「信義則に反すると認められるときには、…保証の責任を負わない。」
というように、同内容となっています。

よって、合致しないのは選択肢❸となります。

解答 ❸

判決文のどこを読めばよいかわかれば答えは出せます。判決文と選択肢の照合が大切です。

判決文問題

2010年 問9

問題98 契約の解除に関する次の1から4までの記述のうち、民法の規定及び下記判決文によれば、誤っているものはどれか。

> 同一当事者間の債権債務関係がその形式は甲契約及び乙契約といった2個以上の契約から成る場合であっても、それらの目的とするところが相互に密接に関連付けられていて、社会通念上、甲契約又は乙契約のいずれかが履行されるだけでは契約を締結した目的が全体としては達成されないと認められる場合には、甲契約上の債務の不履行を理由に、その債権者が法定解除権の行使として甲契約と併せて乙契約をも解除することができる。

❶ 同一当事者間で甲契約と乙契約がなされても、それらの契約の目的が相互に密接に関連付けられていないのであれば、甲契約上の債務の不履行を理由に甲契約と併せて乙契約をも解除できるわけではない。

❷ 同一当事者間で甲契約と乙契約がなされた場合、甲契約の債務が履行されることが乙契約の目的の達成に必須であると乙契約の契約書に表示されていたときに限り、甲契約上の債務の不履行を理由に甲契約と併せて乙契約をも解除することができる。

❸ 同一当事者間で甲契約と乙契約がなされ、それらの契約の目的が相互に密接に関連付けられていても、そもそも甲契約を解除することができないような付随的義務の不履行があるだけでは、乙契約も解除することはできない。

❹ 同一当事者間で甲契約（スポーツクラブ会員権契約）と同時の乙契約（リゾートマンションの区分所有権の売買契約）が締結された場合に、甲契約の内容たる屋内プールの完成及び供用に遅延があると、この履行遅延を理由として乙契約を民法第541条により解除できる場合がある。

具体例を思い浮かべて読み取ろう。

難しい内容ですが、要点は以下の通りです。

> 甲契約と乙契約があって、この2つが密接に関連付いている場合、甲契約が履行されなかった場合、甲契約は解除できるが、乙契約も解除できる。

この程度を読み取ることができれば大丈夫です。
選択肢❹の例で考えてみると、

> ある人が、スポーツクラブ会員権契約（甲契約）とリゾートマンションの区分所有権契約（乙契約）を結んだ。しかし、いつまでたってもスポーツクラブ内の屋内プールが完成しなかった場合、当然のことながらスポーツクラブ会員権契約（甲契約）は解除できるが、リゾートマンションの区分所有契約（乙契約）も解除できる。

ということですね。

　選択肢❶「関連付けられていないのであれば…解除できない」
　選択肢❸「甲契約を解除できない程度の不履行があるだけでは解除できない」
　選択肢❹「解除できる場合がある」
については、同内容とみることができます。

　しかし、選択肢❷「契約書に表示されていたときに限り」という記述は判決文のどこにも書いていません。
　よって、誤っていると判断できます。

解答 ❷

判決文問題

重要度 A

テキスト該当ページなし
2009年 問7

問題 99 法定地上権に関する次の1から4までの記述のうち、民法の規定、判例及び判決文によれば、誤っているものはどれか。

> 土地について1番抵当権が設定された当時、土地と地上建物の所有者が異なり、法定地上権成立の要件が充足されていなかった場合には、土地と地上建物を同一人が所有するに至った後に後順位抵当権が設定されたとしても、その後に抵当権が実行され、土地が競落されたことにより1番抵当権が消滅するときには、地上建物のための法定地上権は成立しないものと解するのが相当である。

❶ 土地及びその地上建物の所有者が同一である状態で、土地に1番抵当権が設定され、その実行により土地と地上建物の所有者が異なるに至ったときは、地上建物について法定地上権が成立する。

❷ 更地である土地の抵当権者が抵当権設定後に地上建物が建築されることを承認した場合であっても、土地の抵当権設定時に土地と所有者を同じくする地上建物が存在していない以上、地上建物について法定地上権は成立しない。

❸ 土地に1番抵当権が設定された当時、土地と地上建物の所有者が異なっていたとしても、2番抵当権設定時に土地と地上建物の所有者が同一人となれば、土地の抵当権の実行により、土地と地上建物の所有者が異なるに至ったときは、地上建物について法定地上権が成立する。

❹ 土地の所有者が、当該土地の借地人から抵当権が設定されていない地上建物を購入した後、建物の所有権移転登記をする前に土地に抵当権を設定した場合、当該抵当権の実行により土地と地上建物の所有者が異なるに至ったときは、地上建物について法定地上権が成立する。

法定地上権についての知識のみで、判決文は読まずに解答可能。

この問題は、判決文を読まなくても知識で解答を出すことができます。
法定地上権成立の要件は

> 1　抵当権設定時に土地の上に建物が存在すること
> 2　抵当権設定時に土地と建物の所有者が同一であること
> 3　土地と建物の一方または両方に抵当権が存在すること
> 4　抵当権が実行されて土地と建物の所有者が別々になること

となります（➡第10コース「抵当権」）。
　とすると、選択肢❸
「土地と地上建物の所有者が異なっていたとしても…法定地上権は成立する」
が誤りであるとすぐにわかります。

  ❸

ちょこっと よりみちトーク

 受験テクニックだけど、問題がやたら長いときは、選択肢から読んでもいいよ。明らかに間違っているのが1コだけあるときがあるからね。

 そうですよね。時間の節約になりますよね。

重要度 A 判決文問題

テキスト該当ページなし

2018年 問8

問題100 次の1から4までの記述のうち、民法の規定及び下記判決文によれば、誤っているものはどれか。

> 賃借人は、賃貸借契約が終了した場合には、賃借物件を原状に回復して賃貸人に返還する義務があるところ、賃貸借契約は、賃借人による賃借物件の使用とその対価としての賃料の支払を内容とするものであり、賃借物件の損耗の発生は、賃貸借という契約の本質上当然に予定されているものである。それゆえ、建物の賃貸借においては、賃借人が社会通念上通常の使用をした場合に生ずる賃借物件の劣化又は価値の減少を意味する通常損耗に係る投下資本の減価の回収は、通常、減価償却費や修繕費等の必要経費分を賃料の中に含ませてその支払を受けることにより行われている。そうすると、建物の賃借人にその賃貸借において生ずる通常損耗についての原状回復義務を負わせるのは、賃借人に予期しない特別の負担を課すことになるから、賃借人に同義務が認められるためには、(中略) その旨の特約 (以下「通常損耗補修特約」という。)が明確に合意されていることが必要であると解するのが相当である。

❶ 賃借物件を賃借人がどのように使用しても、賃借物件に発生する損耗による減価の回収は、賃貸人が全て賃料に含ませてその支払を受けることにより行っている。

❷ 通常損耗とは、賃借人が社会通念上通常の使用をした場合に生ずる賃借物件の劣化又は価値の減少を意味する。

❸ 賃借人が負担する通常損耗の範囲が賃貸借契約書に明記されておらず口頭での説明等もない場合に賃借人に通常損耗についての原状回復義務を負わせるのは、賃借人に予期しない特別の負担を課すことになる。

❹ 賃貸借契約に賃借人が原状回復義務を負う旨が定められていても、それをもって、賃借人が賃料とは別に通常損耗の補修費を支払う義務があるとはいえない。

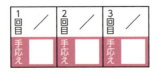

判決文は国語の問題！

判決文を解釈すると、おおよそ次のような内容となります。

> 原状回復が当然だが、賃貸借であれば損耗は想定内ですよね
> 　　　　↓（それゆえ）
> 通常損耗は基本的には家賃に含まれています。
> 　　　　↓（そうすると）
> 通常損耗の分も借主負担と言うなら、特約設定して明確に合意が必要

❶ 誤　判決文では「通常損耗」の話をしています。選択肢のように「どのように使用しても」というわけではありません。

❷ 正　判決文「賃借人が社会通念上通常の使用をした場合に生ずる賃借物件の劣化又は価値の減少を意味する通常損耗」と一致します。

❸ 正　契約書に明記もされておらず、口頭での説明もないのであれば、明確に合意されているとは言えません。

❹ 正　「賃借人が原状回復義務を負う」という部分を「明確な合意」と判断するには無理があります。

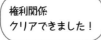

MEMO

MEMO

MEMO

MEMO

MEMO

MEMO

宅建士 合格のトリセツ　基本問題集
チェックシート

● 第1編　権利関係

1	2	3	4	5	6	7	8	9	10
11	12	13	14	15	16	17	18	19	20
21	22	23	24	25	26	27	28	29	30
31	32	33	34	35	36	37	38	39	40
41	42	43	44	45	46	47	48	49	50
51	52	53	54	55	56	57	58	59	60
61	62	63	64	65	66	67	68	69	70
71	72	73	74	75	76	77	78	79	80
81	82	83	84	85	86	87	88	89	90
91	92	93	94	95	96	97	98	99	100

日付や○△×を書いて学習状況を記録しよう！

宅建士 合格のトリセツ

分野別セパレート本の使い方

各分冊を取り外して、手軽に持ち運びできます!

① 各冊子を区切っている厚紙を残し、色表紙のついた冊子をつまんでください。
② 冊子をしっかりとつかんで手前に引っ張ってください。

チェックシートの作り方、活用法

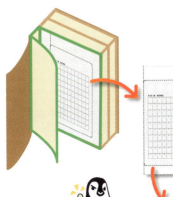

各分冊の問題数と同じ100個のマス目が付いています。日付や〇△×を書き入れて、学習の進捗状況を記録しましょう!

① 冊子を抜き取った後の厚紙の裏表紙をミシン目に沿って切り取ってください。
② さらに三方をミシン目に沿って切り抜けば「チェックシート」の出来上がりです(分冊ごとに、計3枚付いています)。

【ウラ面】
【オモテ面】

チェックシートは、解答・解説を隠しながら学習できるブラインドシートとして使用できるほか、ウラ面のチェック欄に、日付や〇△×を書き入れることにより、学習状況を記録することもできます。

第2編
宅建業法

2021年版
宅建士
合格のトリセツ
基本問題集
分冊 ②

第2編・宅建業法

本試験での出題数：20問　得点目標：18点

高得点が要求される分野です。宅建業法はぜひ得意になってほしい分野です。何度も解いてしっかり得点できるようにしておきましょう！

論　点	問題番号
宅建業の意味	問題1〜問題6
事務所	問題7〜問題13
免許	問題14〜問題22
宅地建物取引士	問題23〜問題29
営業保証金	問題30〜問題37
弁済業務保証金	問題38〜問題45
媒介・代理	問題46〜問題53
広告・業務上の規制	問題54〜問題60
重要事項説明	問題61〜問題67
37条書面	問題68〜問題71
自ら売主制限	問題72〜問題86
住宅瑕疵担保履行法	問題87〜問題89
報酬額の制限	問題90〜問題94
監督・罰則	問題95〜問題100

宅建業の意味

問題1 次の記述のうち、宅地建物取引業法の免許を受ける必要のないものはどれか。

❶ 建設業法による建設業の許可を受けているAが、建築請負契約に付帯して取り決めた約束を履行するため、建築した共同住宅の売買のあっせんを反復継続して行う場合

❷ 地主Bが、都市計画法の用途地域内の所有地を、駐車場用地2区画、資材置場1区画、園芸用地3区画に分割したうえで、これらを別々に売却する場合

❸ 地主Cが、その所有地に自らマンションを建設した後、それを入居希望者に賃貸し、そのマンションの管理をCが行う場合

❹ 農家Dが、その所有する農地を宅地に転用し、全体を25区画に造成した後、宅地建物取引業者Eに販売代理を依頼して分譲する場合

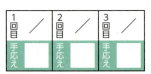

宅地建物取引業をするには免許が必要だよ。

❶ **必要** 共同住宅（＝建物）を、反復継続して（＝業）売買のあっせん（＝取引）するのだから宅建業の免許が必要です。建設業の許可と宅建業の免許は全く別物ですので念のため。　　　　　　　　　　　　　　　　　《宅建業の意味》

❷ **必要** 用途地域内の所有地（＝宅地）を、別々に（＝業）売却（＝取引）するのだから免許が必要です。　　　　　　　　　　　　　　　　　　　《宅建業の意味》

❸ **必要なし** 自ら貸借は取引ではありませんので免許は不要です。また、建設や管理も取引ではありません。　　　　　　　　　　　　　　　　　　《宅建業の意味》

❹ **必要** 宅地の所有者が、宅建業者の代理により宅地を分譲する場合、その効果は依頼主である宅地の所有者に帰属します。よって、農家Ｄも売主として宅建業の免許が必要です。　　　　　　　　　　　　　　　　　　　　　《宅建業の意味》

解答 ❸

ちょこっと よりみちトーク

 自分が大家さんになってアパートを貸したりするのが「自ら貸借」だよ。

 あと、他の人から借りたのを別の人に貸す（又貸し）のは転貸っていうんだ。転貸も自ら貸借といえるから、免許はいらないよ。

「宅地建物」の「取引」を「業」として行うには免許が必要です。1つ1つあてはまるかどうかしっかり確認しましょう！

宅建業の意味

問題 2 宅地建物取引業の免許(以下この問において「免許」という。)に関する次の記述のうち、宅地建物取引業法の規定によれば、正しいものはどれか。

❶ 建設会社Aが、所有宅地を10区画に分割し、宅地建物取引業者Bの代理により、不特定多数に継続して販売する場合、Aは免許を受ける必要はない。

❷ 農業協同組合Cが所有宅地を10区画に分割し、倉庫の用に供する目的で不特定多数に継続して販売する場合、Cは免許を受ける必要はない。

❸ 甲県住宅供給公社Dが、住宅を不特定多数に継続して販売する場合、Dは免許を受ける必要はない。

❹ 宅地建物取引士Eが、E名義で賃貸物件の媒介を反復継続して行う場合、Eが宅地建物取引業者Fに勤務していれば、Eは免許を受ける必要はない。

宅建業を行う場合でも、免許が不要な場合がある。

❶ 誤　**代理人の行為の効果は本人に帰属します**ので、Ｂが行った行為はＡが行った行為となります。Ａは宅地を、不特定多数の者に反復継続して（＝業）、販売（＝取引）していることとなるので、Ａは免許が必要となります。　《宅建業の意味》

❷ 誤　宅地を、不特定多数の者に継続して（＝業）、販売（＝取引）しているので、Ｃは免許が必要です。農業協同組合は国や地方公共団体ではありませんので注意しましょう。　《宅建業の意味》

❸ 正　宅建業を行う場合でも、住宅供給公社（＝**地方公共団体**）は**免許不要**です。
　《免許不要》

❹ 誤　Ｅが宅建業者に勤務していようと、Ｅが個人的に（＝Ｅ名義で）行うのであれば、Ｅ自身に免許が必要となります。　《宅建業の意味》

解答 ❸

ちょこっと **よりみちトーク**

❹の選択肢が謎すぎますね…。

❹は、「銀行に勤めている銀行員であれば、個人的に勝手に通帳を発行して銀行業務をしてもよい」と言っているようなもの。そんなこと、いいわけないよね。

宅建業の意味

2007年 問32

問題 3 宅地建物取引業の免許（以下この問において「免許」という。）に関する次の記述のうち、正しいものはどれか。

❶ Aが、競売により取得した宅地を10区画に分割し、宅地建物取引業者に販売代理を依頼して、不特定多数の者に分譲する場合、Aは免許を受ける必要はない。

❷ Bが、自己所有の宅地に自ら貸主となる賃貸マンションを建設し、借主の募集及び契約をCに、当該マンションの管理業務をDに委託する場合、Cは免許を受ける必要があるが、BとDは免許を受ける必要はない。

❸ 破産管財人が、破産財団の換価のために自ら売主となって、宅地又は建物の売却を反復継続して行い、その媒介をEに依頼する場合、Eは免許を受ける必要はない。

❹ 不特定多数の者に対し、建設業者Fが、建物の建設工事を請け負うことを前提に、当該建物の敷地に供せられる土地の売買を反復継続してあっせんする場合、Fは免許を受ける必要はない。

国から依頼されても、その依頼された者は免許が必要。

❶ 誤　代理人の行為の効果は本人に帰属しますので、この業者が行った行為はＡが行った行為となります。Ａは宅地を、不特定多数の者に反復継続して分譲（＝業）しようとしていることとなるので、Ａは免許が必要となります。《宅建業の意味》

❷ 正　Ｂは自ら貸借（＝取引ではない）をしているので免許は不要です。Ｃは宅地の貸借の募集および契約の委託を受けているので、宅建業の免許が必要となります。Ｄはその建物の管理をしているだけなので、免許は不要です。
《宅建業の意味》

❸ 誤　Ｅは宅地建物の売却の媒介（＝取引）を反復継続して（＝業）行っているので、宅建業の免許が必要となります。　　　　　　　　　　　《宅建業の意味》

❹ 誤　Ｆは建物を建てる目的の土地（＝宅地）を、反復継続して（＝業）、売買のあっせん（＝取引）をするので、宅建業の免許が必要となります。《宅建業の意味》

解答　❷

コーチの対策メモ

たとえ国や地方公共団体が依頼者だったとしても、裁判所に選任された破産管財人だったとしても、依頼を受けた者は免許が必要です。

宅建業の意味

 宅地建物取引業の免許（以下この問において「免許」という。）に関する次の記述のうち、正しいものはどれか。

❶ 農地所有者が、その所有する農地を宅地に転用して売却しようとするときに、その販売代理の依頼を受ける農業協同組合は、これを業として営む場合であっても、免許を必要としない。

❷ 他人の所有する複数の建物を借り上げ、その建物を自ら貸主として不特定多数の者に反復継続して転貸する場合は、免許が必要となるが、自ら所有する建物を貸借する場合は、免許を必要としない。

❸ 破産管財人が、破産財団の換価のために自ら売主となり、宅地又は建物の売却を反復継続して行う場合において、その媒介を業として営む者は、免許を必要としない。

❹ 信託業法第3条の免許を受けた信託会社が宅地建物取引業を営もうとする場合、免許を取得する必要はないが、その旨を国土交通大臣に届け出ることが必要である。

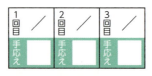

「転貸」も「自ら貸借」。

❶ 誤　宅地を業として売却の代理（＝取引）をしようとしているのだから免許が必要です。農業協同組合は国や地方公共団体ではありませんので注意しましょう。

《宅建業の意味》

❷ 誤　自ら貸借は免許不要です。前半は自ら転貸、後半は自ら貸借で、どちらも免許不要です。

《宅建業の意味》

❸ 誤　宅地建物の売却の媒介（＝取引）を反復継続して（＝業）行っているので、宅建業の免許が必要となります。

《宅建業の意味》

❹ 正　信託会社・信託銀行は免許不要ですが、その他の宅建業法のルールは適用されます。また、宅建業を営むためには国土交通大臣への届出が必要です。

《免許不要》

解答　❹

暗記が上手くいかないときは、
問題を解くことをオススメします。
問題を解くことで暗記できることもありますよ！
特に、宅建業法は、本とにらめっこをするよりも、
問題を解くほうがはるかに短期間で
覚えることができます！

宅建業の意味

問題 5 宅地建物取引業の免許(以下この問において「免許」という。)に関する次の記述のうち、正しいものはどれか。

❶ Aの所有するオフィスビルを賃借しているBが、不特定多数の者に反復継続して転貸する場合、AとBは免許を受ける必要はない。

❷ 建設業の許可を受けているCが、建築請負契約に付随して、不特定多数の者に建物の敷地の売買を反復継続してあっせんする場合、Cは免許を受ける必要はない。

❸ Dが共有会員制のリゾートクラブ会員権(宿泊施設等のリゾート施設の全部又は一部の所有権を会員が共有するもの)の売買の媒介を不特定多数の者に反復継続して行う場合、Dは免許を受ける必要はない。

❹ 宅地建物取引業者であるE(個人)が死亡し、その相続人FがEの所有していた土地を20区画に区画割りし、不特定多数の者に宅地として分譲する場合、Fは免許を受ける必要はない。

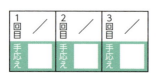

宅建業の免許は相続しない。

❶ 正　Aは、自ら貸借なので取引にはあたらず、免許は不要です。Bも、自ら転貸をしているので免許は不要です。
《宅建業の意味》

❷ 誤　建物の敷地（＝宅地）を、不特定多数の者に反復継続して（＝業）売買のあっせん（＝取引）をしているので免許が必要です。建設業と宅建業は別です。
《宅建業の意味》

❸ 誤　リゾートクラブの会員権（＝建物として扱う）を、不特定多数の者に反復継続して（＝業）売買の媒介（＝取引）をするのだから、免許が必要です。
《宅建業の意味》

❹ 誤　Eの所有していた土地を宅地として、不特定多数の者に（＝業）分譲（＝取引）するのだから、Fは免許が必要です。宅建業の免許は相続しませんので、業者の相続人であったとしても、新たに免許を受ける必要があります。《宅建業の意味》

解答　❶

ちょこっと よりみちトーク

宅建業の免許って相続しないんですね。

考えてごらん。医師の親が亡くなって、自動的にその子供が医師になれるとしたら？

え？　ちゃんと知識のある人でないと不安ですよ…。

宅建業の免許も同じだよ。ちゃんとした人に免許をあげたいから、相続はできないんだよ。

宅建業の意味

問題 6 宅地建物取引業の免許（以下この問において「免許」という。）に関する次の記述のうち、正しいものはどれか。

❶ Aが、その所有する農地を区画割りして宅地に転用したうえで、一括して宅地建物取引業者Bに媒介を依頼して、不特定多数の者に対して売却する場合、Aは免許を必要としない。

❷ Cが、その所有地にマンションを建築したうえで、自ら賃借人を募集して賃貸し、その管理のみをDに委託する場合、C及びDは、免許を必要としない。

❸ Eが、その所有する都市計画法の用途地域内の農地を区画割りして、公益法人のみに対して反復継続して売却する場合、Eは、免許を必要としない。

❹ Fが、甲県からその所有する宅地の販売の代理を依頼され、不特定多数の者に対して売却する場合は、Fは、免許を必要としない。

宅建業をしないなら免許は不要。

❶ 誤　一括して依頼したとはいえ、媒介しか依頼されていないBは契約締結をせずに、そのたびにAが契約を行うので、Aは何度も（＝業）契約を行うこととなります。よって、Aも宅地建物の取引を業として行う扱いとなりますので、免許が必要です。
《宅建業の意味》

❷ 正　Cは自ら貸借なので取引にはあたらず免許は不要です。また、Dは管理を委託されただけであり宅建業を行うわけではないので免許は不要です。
《宅建業の意味》

❸ 誤　用途地域内の土地（＝宅地）を売却する（＝取引）ので、宅地建物の取引を行っています。「公益法人のみ」とはいっていますが、日本に公益法人は1万弱あるといわれているので、さすがに「特定」とするのは難しいので、不特定多数扱いをします。よって、業を行っていると判断できるので、免許は必要です。
《宅建業の意味》

❹ 誤　依頼者が甲県（＝地方公共団体）であろうと、実際にFは宅建業を行うので免許が必要です。
《宅建業の意味》

 ❷

覚えよう！

- ●「業」にあたるか？
- ・「不特定多数」にあたるか？
  - Ａ 多数の友人・知人　→　○ 業にあたる
  - Ｂ 公益法人に限定　→　○ 業にあたる
  - Ｃ 自社の従業員に限定　→　× 業にあたらない
- ・「反復継続」にあたるか？
  - Ｄ 一括して売却　→　× 業にあたらない
  - Ｅ 分譲　→　○ 業にあたる

重要度 A

事務所

2013年 問41

問題 7 宅地建物取引業法の規定によれば、次の記述のうち、正しいものはどれか。

❶ 宅地建物取引業者は、その事務所ごとにその業務に関する帳簿を備えなければならないが、当該帳簿の記載事項を事務所のパソコンのハードディスクに記録し、必要に応じ当該事務所においてパソコンやプリンターを用いて紙面に印刷することが可能な環境を整えていたとしても、当該帳簿への記載に代えることができない。

❷ 宅地建物取引業者は、その主たる事務所に、宅地建物取引業者免許証を掲げなくともよいが、国土交通省令で定める標識を掲げなければならない。

❸ 宅地建物取引業者は、その事務所ごとに、その業務に関する帳簿を備え、宅地建物取引業に関し取引のあった月の翌月1日までに、一定の事項を記載しなければならない。

❹ 宅地建物取引業者は、その業務に従事させる者に、従業者証明書を携帯させなければならないが、その者が宅地建物取引士で宅地建物取引士証を携帯していれば、従業者証明書は携帯させなくてもよい。

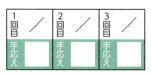

事務所に5点セットを備えよう！

❶ 誤　事務所ごとに帳簿を備えなければなりませんが、パソコン等であっても印刷できる環境であれば構いません。　　　　　　　　　　　《事務所》

❷ 正　**事務所には標識を掲示しなければなりません**。免許証の掲示義務はありません。　　　　　　　　　　　《事務所》

❸ 誤　**取引のあった都度**記載する必要があります。取引のあった翌月1日までではありません。　　　　　　　　　　　《事務所》

❹ 誤　従業者証明書と宅地建物取引士証は別物ですので、代用することはできません。　　　　　　　　　　　《事務所》

覚えよう！

● 5点セット
1. 標識
2. 報酬額の掲示
3. 帳簿
4. 従業者名簿
5. 成年者である専任の宅地建物取引士

ちょこっと よりみちトーク

宅地建物取引業者免許証 ≠ 標識
　（⇒掲示義務なし）　　（⇒掲示義務あり）
ちょっと紛らわしいなぁ…。

15

事務所

問題 8 次の記述のうち、宅地建物取引業法の規定によれば、正しいものはどれか。

❶ 宅地建物取引業者は、その業務に関する各事務所の帳簿を一括して主たる事務所に、従業者名簿を各事務所ごとに備えなければならない。

❷ 宅地建物取引業者は、その業務に関する帳簿を、各事業年度の末日をもって閉鎖し、閉鎖後5年間（当該宅地建物取引業者が自ら売主となる新築住宅に係るものにあっては10年間）当該帳簿を保存しなければならない。

❸ 宅地建物取引業者は、その業務に従事する者であっても、アルバイトとして一時的に事務の補助をする者については、従業者名簿に記載する必要はない。

❹ 宅地建物取引業者は、宅地建物取引業法第49条の規定に違反して業務に関する帳簿を備え付けなかったときでも、罰金の刑に処せられることはない。

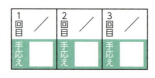

アルバイトでも正社員でも、宅建業の仕事をする人！

❶ 誤　帳簿は**事務所ごとに**設置する必要があります。主たる事務所に一括ではありません。　《事務所》

❷ 正　帳簿は閉鎖後**5年間**（当該宅建業者が自ら売主となる新築住宅に係るものにあっては10年間）保存しなければなりません。　《事務所》

❸ 誤　アルバイトであっても従業者であるので、従業者名簿に記載しなければなりません。　《事務所》

❹ 誤　帳簿は備え付けなければならないものなので、備え付けていない場合には罰則があります。　《事務所》

ちょこっと よりみちトーク

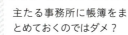　主たる事務所に帳簿をまとめておくのではダメ？

　事務所ごとに必要なの！

事務所

 次の記述のうち、宅地建物取引業法の規定によれば、正しいものはどれか。

❶ 宅地建物取引業者の従業者である宅地建物取引士は、取引の関係者から事務所で従業者証明書の提示を求められたときは、この証明書に代えて従業者名簿又は宅地建物取引士証を提示することで足りる。

❷ 宅地建物取引業者がその事務所ごとに備える従業者名簿には、従業者の氏名、生年月日、当該事務所の従業者となった年月日及び当該事務所の従業者でなくなった年月日を記載することで足りる。

❸ 宅地建物取引業者は、一団の宅地の分譲を案内所を設置して行う場合、業務を開始する日の10日前までに、その旨を免許を受けた国土交通大臣又は都道府県知事及び案内所の所在地を管轄する都道府県知事に届け出なければならない。

❹ 宅地建物取引業者は、その事務所ごとに、その業務に関する帳簿を備え、宅地建物取引業に関し取引のあった月の翌月10日までに、一定の事項を記載しなければならない。

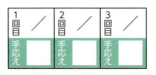

「後で」ではなく「取引のあった都度」。

❶ 誤　従業者証明書と宅地建物取引士証は別物ですので、代用することはできません。
《事務所》

❷ 誤　従業者名簿には、宅地建物取引士か否かも記載しなければなりません。
《事務所》

❸ 正　契約の締結または契約の申込みを受ける案内所を設置する場合には、業務開始10日前までに、免許権者と案内所の所在地を管轄する都道府県知事に届出をしなければなりません。
《事務所以外の場所》

❹ 誤　取引のあった都度記載する必要があります。取引のあった翌月10日までではありません。
《事務所》

解答 ❸

従業者証明書はその業者に勤務しているという証明です。宅建士証には勤務先の記載はありません。

事務所

重要度 A

2008年 問42

問題 10 次の記述のうち、宅地建物取引業法の規定によれば、正しいものはどれか。

❶ 宅地建物取引業者は、販売予定の戸建住宅の展示会を実施する際、会場で売買契約の締結や売買契約の申込みの受付を行わない場合であっても、当該会場内の公衆の見やすい場所に国土交通省令で定める標識を掲示しなければならない。

❷ 宅地建物取引業者は、その事務所ごとに、その業務に関する帳簿を備え、取引の関係者から請求があったときは、閲覧に供しなければならない。

❸ 宅地建物取引業者は、主たる事務所には、設置しているすべての事務所の従業者名簿を、従たる事務所には、その事務所の従業者名簿を備えなければならない。

❹ 宅地建物取引業者は、その業務に従事させる者に、従業者証明書を携帯させなければならないが、その者が非常勤の役員や単に一時的に事務の補助をする者である場合には携帯をさせなくてもよい。

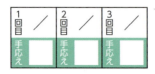

閲覧させる義務はある？ない？

❶ 正　契約の申込みを受けない案内所であっても標識は掲示しなければなりません。
《事務所以外の場所》

❷ 誤　帳簿は閲覧させる必要はありません。《事務所》

❸ 誤　**事務所ごとに**従業者名簿を備えておかなければなりません。よって、主たる事務所には主たる事務所の従業者名簿があればよいので、すべての事務所の従業者名簿を備える必要はありません。《事務所》

❹ 誤　従業者全員に従業者証明書を携帯させなければなりません。非常勤の役員であってもアルバイトやパートであっても携帯は必要です。《事務所》

解答　❶

覚えよう！

● 閲覧義務
　従業者名簿　＝　あり
　帳簿　　　　＝　なし

ちょこっと よりみちトーク

　従業者名簿は閲覧したいと言われたら見せないとダメだけど、帳簿は見せないよ。

ですよね。帳簿までは見せないですよね。

事務所

2012年 問42

問題 11 宅地建物取引業者Ａ社（国土交通大臣免許）が行う宅地建物取引業者Ｂ社（甲県知事免許）を売主とする分譲マンション（100戸）に係る販売代理について、Ａ社が単独で当該マンションの所在する場所の隣地に案内所を設けて売買契約の締結をしようとする場合における次の記述のうち、宅地建物取引業法（以下この問において「法」という。）の規定によれば、正しいものの組合せはどれか。なお、当該マンション及び案内所は甲県内に所在するものとする。

ア　Ａ社は、マンションの所在する場所に法第50条第1項の規定に基づく標識を掲げなければならないが、Ｂ社は、その必要がない。

イ　Ａ社が設置した案内所について、売主であるＢ社が法第50条第2項の規定に基づく届出を行う場合、Ａ社は当該届出をする必要がないが、Ｂ社による届出書については、Ａ社の商号又は名称及び免許証番号も記載しなければならない。

ウ　Ａ社は、成年者である専任の宅地建物取引士を当該案内所に置かなければならないが、Ｂ社は、当該案内所に成年者である専任の宅地建物取引士を置く必要がない。

エ　Ａ社は、当該案内所に法第50条第1項の規定に基づく標識を掲げなければならないが、当該標識へは、Ｂ社の商号又は名称及び免許証番号も記載しなければならない。

❶　ア・イ
❷　イ・ウ
❸　ウ・エ
❹　ア・エ

組合せ問題は、選択肢もヒント！

ア 誤 現地には売主（＝Ｂ社）の標識が必要です。Ａ社の標識は必要ありません。
《事務所以外の場所》

イ 誤 案内所を設置したのはＡ社なので、Ａ社が届出をしなければなりません。
《事務所以外の場所》

ウ 正 案内所を設置したのはＡ社なので、Ａ社が成年者である専任の宅地建物取引士を置かなければなりません。
《事務所以外の場所》

エ 正 案内所には代理・媒介業者（＝Ａ社）の標識が必要です。そして、その標識には売主の業者名と免許証番号も記載しなければなりません。
《事務所以外の場所》

以上のことから、正しい選択肢は**ウ・エ**ですから、❸が正解となります。

アが違うとわかれば、答えは❷か❸に絞られる。この瞬間、**ウ**は絶対に正しいとわかります（❷にも❸にも選択肢にあるので）。**イ**と**エ**の好きなほうで判別しましょう！

問題 12 宅地建物取引業者Ａ（甲県知事免許）が乙県内に所在するマンション（100戸）を分譲する場合における次の記述のうち、宅地建物取引業法（以下この問において「法」という。）の規定によれば、正しいものはどれか。

❶ Ａが宅地建物取引業者Ｂに販売の代理を依頼し、Ｂが乙県内に案内所を設置する場合、Ａは、その案内所に、法第50条第1項の規定に基づく標識を掲げなければならない。

❷ Ａが案内所を設置して分譲を行う場合において、契約の締結又は契約の申込みの受付を行うか否かにかかわらず、その案内所に法第50条第1項の規定に基づく標識を掲げなければならない。

❸ Ａが宅地建物取引業者Ｃに販売の代理を依頼し、Ｃが乙県内に案内所を設置して契約の締結業務を行う場合、Ａ又はＣが専任の宅地建物取引士を置けばよいが、法第50条第2項の規定に基づく届出はＣがしなければならない。

❹ Ａが甲県内に案内所を設置して分譲を行う場合において、Ａは甲県知事及び乙県知事に、業務を開始する日の10日前までに法第50条第2項の規定に基づく届出をしなければならない。

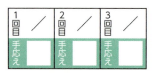

案内所を設置した人が責任を持って！

❶ 誤　案内所には案内所を設置するＢの標識が必要です。Ａの標識は必要ありません。
《事務所以外の場所》

❷ 正　案内所には標識を設置する必要があります。　　　　　《事務所以外の場所》

❸ 誤　案内所を設置したのはＣなので、Ｃが専任の宅地建物取引士を置かなければなりません。
《事務所以外の場所》

❹ 誤　案内所で契約の締結または契約の申込みを受ける場合には、**業務開始10日前までに、免許権者と案内所を管轄する知事**に届出をしなければなりません。今回、甲県知事免許のＡは甲県内に案内所を設置するので、甲県知事にのみ届出をすればよいということになります。
《事務所以外の場所》

解答　❷

覚えよう！

- 現地　　＝　売主の標識
- 案内所　＝　案内所を設置する代理・媒介業者の標識

過去問プラスアルファ

問　宅地建物取引業者Ａ社（甲県知事免許）がマンション（100戸）を分譲することとなった。Ａ社がマンションの分譲のために案内所（契約行為等を予定）を乙県に設置する場合には、業務を開始する日の10日前までに、乙県知事に宅地建物取引業法第50条第2項の規定に基づく業務を行う場所の届出を行わなければならない。（2011-42-ウ改）

答　○：「乙県知事のみ」とあれば×だが、乙県知事にも届け出るので正しい選択肢となる。

事務所

問題 13 次の記述のうち、宅地建物取引業法の規定によれば、正しいものはどれか。なお、この問において、契約行為等とは、宅地若しくは建物の売買若しくは交換の契約（予約を含む。）若しくは宅地若しくは建物の売買、交換若しくは貸借の代理若しくは媒介の契約を締結し、又はこれらの契約の申込みを受けることをいう。

❶ 宅地建物取引業者が一団の宅地の分譲を行う案内所において契約行為等を行う場合、当該案内所には国土交通大臣が定めた報酬の額を掲示しなければならない。

❷ 他の宅地建物取引業者が行う一団の建物の分譲の媒介を行うために、案内所を設置する宅地建物取引業者は、当該案内所に、売主の商号又は名称、免許証番号等を記載した国土交通省令で定める標識を掲示しなければならない。

❸ 宅地建物取引業者は、事務所以外の継続的に業務を行うことができる施設を有する場所においては、契約行為等を行わない場合であっても、専任の取引士を1人以上置くとともに国土交通省令で定める標識を掲示しなければならない。

❹ 宅地建物取引業者は、業務に関して展示会を実施し、当該展示会場において契約行為等を行おうとする場合、当該展示会場の従業者数5人に対して1人以上の割合となる数の専任の取引士を置かなければならない。

案内所の標識には、売主の情報を!

❶ 誤　案内所に報酬額の掲示の義務はありません。　　　　　《事務所以外の場所》

❷ 正　案内所には案内所を設置する代理・媒介業者の標識が必要です。また、そこには売主の商号または名称と免許証番号を記載しなければなりません。
　　　　　　　　　　　　　　　　　　　　　　　　　　　　　《事務所以外の場所》

❸ 誤　契約の申込みを受けない案内所であれば、専任の宅地建物取引士の設置義務はありません。　　　　　　　　　　　　　　　　　　　　　《事務所以外の場所》

❹ 誤　契約の申込みを受ける案内所であれば、最低１人の成年者である専任の宅地建物取引士を設置しなければなりません。５人に１人ではありません。
　　　　　　　　　　　　　　　　　　　　　　　　　　　　　《事務所以外の場所》

解答　❷

覚えよう!

● 設置すべきもの

	標識	成年者である専任の宅建士	従業者名簿・帳簿 報酬額掲示	案内所など届出
事務所	○	５人に１人以上	○	―
案内所など（申込を行う）	○	最低１人	×	○
案内所など（申込を行わない）	○	×	×	×
現地	○	×	×	×

○：必要　　×：不要

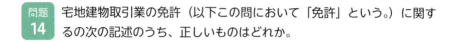

宅地建物取引業の免許（以下この問において「免許」という。）に関する次の記述のうち、正しいものはどれか。

❶ 法人Aの役員のうちに、破産手続開始の決定がなされた後、復権を得てから5年を経過しない者がいる場合、Aは、免許を受けることができない。

❷ 法人Bの役員のうち、宅地建物取引業法の規定に違反したことにより、罰金の刑に処せられ、その刑の執行が終わった日から5年を経過しない者がいる場合、Bは、免許を受けることができない。

❸ 法人Cの役員のうちに、刑法第204条（傷害）の罪を犯し懲役1年の刑に処せられ、その刑の全部の執行猶予期間を経過したが、その経過の日から5年を経過しない者がいる場合、Cは免許を受けることができない。

❹ 法人Dの役員のうち、道路交通法の規定に違反したことにより、科料に処せられ、その刑の執行が終わった日から5年を経過しない者がいる場合、Dは、免許を受けることができない。

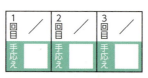

執行猶予の有無で大違い！

❶ **誤** 復権しているので役員は欠格者ではありません。よって、法人Aは免許を受けることができます。　　　　　　　　　　　　　　　　《免許の基準》

❷ **正** 宅建業法違反で罰金刑に処せられた者は、刑の執行が終わった日から5年間は欠格者となります。よって、役員の中に欠格者がいる法人Bは免許を受けることができません。　　　　　　　　　　　　　　　　《免許の基準》

❸ **誤** 懲役刑に処せられて執行猶予期間中の者は欠格者となりますが、**刑の全部の執行猶予期間が満了すれば役員は欠格者ではありません**から、法人Cは免許を受けることができます。　　　　　　　　　　　　　　《免許の基準》

❹ **誤** 科料に処せられても役員は欠格者とはなりません。よって、法人Dは免許を受けることができます。　　　　　　　　　　　　　　　　《免許の基準》

  ❷

覚えよう！

● **免許まとめ**

① 会社が悪いことをした → **免許取消**

（悪いこと：三悪）
1	不正手段による免許取得
2	業務停止処分該当事由で情状が特に重い
3	業務停止処分違反

→ 役員も欠格者になる（政令で定める使用人は欠格者とならない！）

② 会社の中［役員／政令で定める使用人］の中に欠格者がいる

→ **免許取消**

→ 他の役員や政令で定める使用人は欠格者にならない！

→ その人を追い出せば、すぐに免許OK！

免許

2006年 問30 改

問題15 宅地建物取引業の免許（以下この問において「免許」という。）に関する次の記述のうち、宅地建物取引業法の規定によれば、正しいものはどれか。

❶ A社の取締役が、刑法第211条（業務上過失致死傷等）の罪を犯し、懲役1年刑の全部の執行猶予2年の刑に処せられ、執行猶予期間は満了した。その満了の日から5年を経過していない場合、A社は免許を受けることができない。

❷ B社は不正の手段により免許を取得したとして甲県知事から免許を取り消されたが、B社の取締役Cは、当該取消に係る聴聞の期日及び場所の公示の日の30日前にB社の取締役を退任した。B社の免許取消の日から5年を経過していない場合、Cは免許を受けることができない。

❸ D社の取締役が、刑法第159条（私文書偽造）の罪を犯し、地方裁判所で懲役2年の判決を言い渡されたが、この判決に対して高等裁判所に控訴して現在裁判が係属中である。この場合、D社は免許を受けることができない。

❹ E社は乙県知事から業務停止処分についての聴聞の期日及び場所を公示されたが、その公示後聴聞が行われる前に、相当の理由なく宅地建物取引業を廃止した旨の届出をした。その届出の日から5年を経過していない場合、E社は免許を受けることができない。

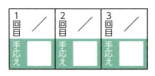

免許取消しと業務停止は別！

❶ **誤** 会社の役員が欠格者である場合、免許は受けられません。刑の全部の執行猶予がついている場合、執行猶予期間が満了すれば取締役は欠格者ではないので、A社は免許を受けられます。 《免許の基準》

❷ **正** 不正手段で免許を取得したことを理由に免許を取り消された場合、**その聴聞の公示日前60日以内に役員であった者も欠格者となります**。公示日の30日前まで役員であったCは欠格者となるため、免許を受けることはできません。
《免許の基準》

❸ **誤** 控訴・上告中は免許を受けることができます。 《免許の基準》

❹ **誤** **免許取消しではなく業務停止**とある点に気をつけましょう。免許取消処分であれば欠格者となってしまいますが、今回は業務停止処分のため欠格者とはなりません。 《免許の基準》

覚えよう！

● 懲役刑と欠格者期間

・懲役1年
　→ 懲役中の1年と、その後の5年の計6年欠格者
・懲役1年（刑の全部の執行猶予2年）
　→ 執行猶予期間が満了するまでの2年欠格者

2004年 問31 改

問題16 宅地建物取引業の免許（以下この問において「免許」という。）に関する次の記述のうち、宅地建物取引業法の規定によれば、正しいものはどれか。

❶ A社の政令で定める使用人は、刑法第247条（背任）の罪を犯し、罰金の刑に処せられたが、その執行を終えてから3年を経過しているので、A社は免許を受けることができる。

❷ B社の取締役が、刑法第204条（傷害）の罪で懲役1年刑の全部の執行猶予2年の刑に処せられ、猶予期間を満了したが、その満了の日から5年を経過していないので、B社は免許を受けることができない。

❸ 個人Cは、かつて免許を受けていたとき、自己の名義をもって他人に宅地建物取引業を営ませ、その情状が特に重いとして免許を取り消されたが、免許取消しの日から5年を経過していないので、Cは免許を受けることができない。

❹ 個人Dは、かつて破産手続開始の決定を受け、現在は復権を得ているが、復権を得た日から5年を経過していないので、Dは免許を受けることができない。

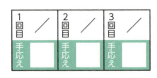

5年待つか、待たないか。

❶ **誤** 罰金刑の場合であっても、背任罪であれば、刑の執行後5年間は欠格者となります。会社の役員や政令で定める使用人に欠格者がいる場合、免許を受けることはできません。
《免許の基準》

❷ **誤** 刑の全部の執行猶予がついている場合、執行猶予期間が満了すれば取締役は欠格者ではなくなります。よって、B社は免許を受けることができます。
《免許の基準》

❸ **正** 「自己の名義をもって他人に宅地建物取引業を営ませ」(＝業務停止処分対象行為)で、情状が特に重いとして免許が取り消された場合、免許取消しから5年間は欠格者となります。よって、Cは免許を受けることができません。
《免許の基準》

❹ **誤** 破産手続開始の決定を受けた者であっても、復権すれば欠格者ではありません。
《免許の基準》

●一定の刑罰に処せられた者

科料 拘留	犯罪名に関係なく免許を受けることが可能
罰金	通常の犯罪(過失傷害・私文書偽造etc)＝免許可能 宅建業法違反・背任・暴力系の犯罪＝刑執行後5年間は免許不可
禁錮 懲役	犯罪名に関係なく刑執行後5年間は免許不可

＊刑の全部の執行猶予の場合、執行猶予期間が満了すれば免許を受けることが可能（5年待つ必要はない）
＊有罪判決を受けても、控訴・上告中は免許がもらえる
＊暴力系の犯罪＝暴行罪・傷害罪・現場助勢罪・脅迫罪・凶器準備集合罪など

重要度 A **免 許**

2009年 問26

問題 17 次の記述のうち、宅地建物取引業法の規定によれば、正しいものはどれか。

❶ 本店及び支店1か所を有する法人Aが、甲県内の本店では建設業のみを営み、乙県内の支店では宅地建物取引業のみを営む場合、Aは乙県知事の免許を受けなければならない。

❷ 免許の更新を受けようとする宅地建物取引業者Bは、免許の有効期間満了の日の2週間前までに、免許申請書を提出しなければならない。

❸ 宅地建物取引業者Cが、免許の更新の申請をしたにもかかわらず、従前の免許の有効期間満了の日までに、その申請について処分がなされないときは、従前の免許は、有効期間の満了後もその処分がなされるまでの間は、なお効力を有する。

❹ 宅地建物取引業者D（丙県知事免許）は、丁県内で一団の建物の分譲を行う案内所を設置し、当該案内所において建物の売買契約を締結する場合、国土交通大臣へ免許換えの申請をしなければならない。

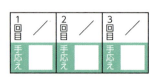

業者に落ち度がなければ、認めてくれるはず！

❶ 誤　支店で宅建業を行う場合、本店も自動的に宅建業の事務所とみなされます。つまり、今回は甲県と乙県に事務所を設置して宅建業を営むことになるので、国土交通大臣免許を受ける必要があります。　《免許の申請と効力》

❷ 誤　更新申請は有効期間満了の **90 日前から 30 日前** までにしなければなりません。　《免許の申請と効力》

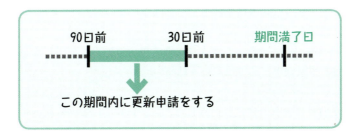

❸ 正　業者は規定通り手続きをしたので、何の落ち度もありません。新しい免許がなされるまで、従前の免許もなお効力を有するとみなされます。
　《免許の申請と効力》

❹ 誤　**案内所は事務所ではありません**。よって、案内所を設置したところで、事務所が増えたわけではありませんので、免許換えは不要です。《免許の申請と効力》

解答 ❸

 宅建業の免許の有効期間は5年だよ！

だから5年ごとに更新ですね！

35

免許

2006年 問31

問題 18 宅地建物取引業者A社（甲県知事免許）に関する次の記述のうち、宅地建物取引業法の規定によれば、正しいものはどれか。

❶ A社の唯一の専任の宅地建物取引士であるBが退職したとき、A社は2週間以内に新たな成年者である専任の宅地建物取引士を設置し、設置後30日以内にその旨を甲県知事に届け出なければならない。

❷ 宅地建物取引士ではないCがA社の非常勤の取締役に就任したとき、A社はその旨を甲県知事に届け出る必要はない。

❸ A社がD社に吸収合併され消滅したとき、D社を代表する役員Eは、合併の日から30日以内にその旨を甲県知事に届け出なければならない。

❹ A社について、破産手続開始の決定があったとき、A社の免許は当然にその効力を失うため、A社の破産管財人Fは、その旨を甲県知事に届け出る必要はない。

届出に関する問題です。

❶ 正　専任の宅地建物取引士に欠員が生じたら **2 週間以内に補充** しなければなりません。そして、補充した場合には専任の宅地建物取引士の名前が変更になるので、**30 日以内に変更の届出** も必要となります。　　　　　　　　《免許の申請と効力》

❷ 誤　役員の氏名に変更があったのですから、変更の届出が必要となります。
　　　　　　　　　　　　　　　　　　　　　　　　　　《免許の申請と効力》

❸ 誤　合併により消滅した場合、**消滅会社**（＝Ａ社）の代表役員であった者が届出をする必要があります。　　　　　　　　　　　　　　《免許の申請と効力》

❹ 誤　破産手続開始の決定があったら、**破産管財人** は 30 日以内に届け出なければなりません。この届出の時に免許が失効します。　　　《免許の申請と効力》

覚えよう！

● 変更の届出
① 商号または名称
② 事務所の名称・所在地
③ 法人業者の役員および政令で定める使用人の氏名
④ 個人業者およびその政令で定める使用人の氏名
⑤ 成年者である専任の宅建士の氏名

問題19 宅地建物取引業者A（法人）が甲県知事から免許を受けている場合に関する次の記述のうち、正しいものはどれか。

❶ Aが、甲県の区域内の事務所を廃止し、乙県の区域内のみに事務所を設置して引き続き事業を営もうとする場合、Aは、乙県知事に対し免許換えの申請をし、乙県知事の免許を受けた後、甲県知事に廃業の届出をしなければならない。

❷ Aの役員aが退職し、後任にbを充てた場合、当該役員の職が非常勤のものであっても、Aは、甲県知事に変更の届出をしなければならない。

❸ Aが甲県知事から業務の全部の停止を命じられた場合、Aは、免許の更新の申請を行っても、その停止の期間内には免許の更新を受けることはできない。

❹ AがB法人に吸収合併され消滅した場合、Bを代表する役員は、30日以内に、甲県知事にその旨の届出をしなければならない。

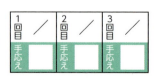

廃業は、宅建業をやめるとき。

❶ 誤　甲県知事免許から乙県知事免許に免許換えをしなければなりませんが、宅建業をやめるわけではないので、甲県知事に廃業の届出をする必要はありません。

《免許の申請と効力》

❷ 正　役員の氏名が変わったので、変更の届出が必要です。　《免許の申請と効力》

❸ 誤　業務停止処分中であっても、更新することは可能です。　《免許の申請と効力》

❹ 誤　消滅会社（＝Ａ）の代表役員であった者が届出をする必要があります。

《免許の申請と効力》

 解答 ❷

ちょこっと よりみちトーク

　選択肢❶、廃業の届出はいらないのですか？

　店が新宿から池袋に移転するからといって、「店がつぶれた」とは言わないでしょ？

　確かに……。

重要度 A 免許

2009年 問28

問題 20 次の記述のうち、宅地建物取引業法（以下この問において「法」という。）の規定によれば、正しいものはどれか。

❶ 法人である宅地建物取引業者A（甲県知事免許）は、役員の住所について変更があった場合、その日から30日以内に、その旨を甲県知事に届け出なければならない。

❷ 法人である宅地建物取引業者B（乙県知事免許）が合併により消滅した場合、Bを代表する役員であった者は、その日から30日以内に、その旨を乙県知事に届け出なければならない。

❸ 宅地建物取引業者C（国土交通大臣免許）は、法第50条第2項の規定により法第31条の3第1項の国土交通省令で定める場所について届出をする場合、国土交通大臣及び当該場所の所在地を管轄する都道府県知事に、それぞれ直接届出書を提出しなければならない。

❹ 宅地建物取引業者D（丙県知事免許）は、建設業の許可を受けて新たに建設業を営むこととなった場合、Dは当該許可を受けた日から30日以内に、その旨を丙県知事に届け出なければならない。

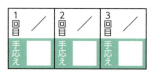

変更の届出は、何が変わったときにする？

❶ 誤　役員の氏名に変更があった場合には変更の届出が必要ですが、住所が変わっても変更の届出は必要ありません。　　　　　　　　《免許の申請と効力》

❷ 正　合併により消滅した場合、消滅会社（＝Ｂ）の代表役員であった者が届出をしなければなりません。　　　　　　　　《免許の申請と効力》

❸ 誤　国土交通大臣免許の場合、国土交通大臣には、案内所の所在地を管轄する知事経由で届出をします。直接ではありません。　　　　　　　　《免許の申請と効力》

❹ 誤　宅建業以外の業務を兼業することとなった場合、届出の必要はありません。
　　　　　　　　《免許の申請と効力》

解答　❷

ちょこっと よりみちトーク

「法第50条第2項の規定により法第31条の3第1項の国土交通省令で定める場所」って？

案内所のことですね。

それならそう書いてほしい…。法律の言い回しってわかりにくい！

問題文で、こういう言い回しにも慣れていこうね！

キリッ！

問題 21 宅地建物取引業者Ａが事務所の廃止、新設等を行う場合に関する次の記述のうち、宅地建物取引業法の規定によれば、誤っているものはどれか。

❶ 甲県知事の免許を受けているＡ（事務所数1）が、甲県の事務所を廃止し、乙県に事務所を新設して、引き続き宅地建物取引業を営もうとする場合、Ａは、甲県知事を経由して、乙県知事に免許換えの申請をしなければならない。

❷ 甲県知事の免許を受けているＡ（事務所数1）が、事務所を廃止し、又は甲県内で増設した場合、Ａは、甲県知事に、それぞれ、廃業の届出又は変更の届出をしなければならない。

❸ 国土交通大臣の免許を受けているＡ（事務所数2）が、甲県の従たる事務所を廃止し、乙県の主たる事務所だけにした場合、Ａは、乙県知事に、直接免許換えの申請をしなければならない。

❹ 国土交通大臣の免許を受けているＡ（事務所数2）が、甲県の主たる事務所を従たる事務所に、乙県の従たる事務所を主たる事務所に、変更した場合、Ａは、国土交通大臣に変更の届出をしなければならない。

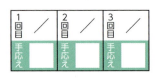

免許換えは、どこに申請するのか？

❶ **誤** 乙県内のみで宅建業を行うことになるので、乙県知事免許に免許換えをしなければなりません。その際は、乙県知事に**直接申請する**のであって、甲県知事を経由するわけではありません。　《免許の申請と効力》

❷ **正** 事務所を廃止する場合、唯一の事務所がなくなるわけですから宅建業を廃業することとなり、廃業の届出が必要です。また、増設する場合、甲県内で増設するので甲県知事免許のままで平気ですが、増設した事務所の名称と所在地について、**変更の届出**が必要です。　《免許の申請と効力》

❸ **正** この場合、国土交通大臣免許から乙県知事免許に免許換えをしなければなりません。この場合には、乙県知事に**直接申請**します。　《免許の申請と効力》

❹ **正** 主たる事務所を従たる事務所に変更し、従たる事務所を主たる事務所に変更するのだから、事務所の名称と所在地について**変更の届出**をしなければなりません。　《免許の申請と効力》

覚えよう！

- ●**免許換え**
- ① **知事免許に免許換えする場合**
   → 新免許権者となる知事に直接申請
- ② **大臣免許に免許換えする場合**
   → 主たる事務所を管轄する知事を経由して申請

問題 22 宅地建物取引士の設置に関する次の記述のうち、宅地建物取引業法（以下この問において「法」という。）の規定によれば、正しいものはどれか。

❶ 宅地建物取引業者Aは、1棟100戸のマンションを分譲するために案内所を設置し、当該案内所においては売買契約の申込みの受付のみを行うこととした。この場合、Aは、当該案内所に成年者である専任の宅地建物取引士を置く必要はない。

❷ 宅地建物取引業者B（甲県知事免許）は、その事務所において、成年者である宅地建物取引士Cを新たに専任の宅地建物取引士として置いた。この場合、Bは、30日以内に、その旨を甲県知事に届け出なければならない。

❸ 宅地建物取引業者Dは、その事務所の専任の宅地建物取引士Eが3か月間入院したため、法第31条の3第1項に規定する専任の宅地建物取引士の設置要件を欠くこととなったが、その間、同条の規定に適合させるために必要な措置を執らなかった。この場合、Dは指示処分の対象になるが、業務停止処分の対象にはならない。

❹ 宅地建物取引業者である法人Fの取締役Gは宅地建物取引士であり、本店において専ら宅地建物取引業に関する業務に従事している。この場合、Fは、Gを本店の専任の宅地建物取引士の数のうちに算入することはできない。

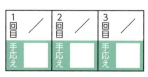

宅地建物取引士の項目に見せかけて、免許と事務所の復習！

❶ 誤　契約の申込みの受付のみを行う案内所には、**少なくとも 1 名**の成年者である専任の宅地建物取引士が必要です。
《事務所以外の場所》

❷ 正　業者Bは、新たな宅地建物取引士を置くと、成年者である専任の宅地建物取引士の氏名が変更したこととなるので、**30 日以内に変更の届出が必要です。**
《免許の申請と効力》

❸ 誤　専任の宅地建物取引士の数が不足した場合には 2 週間以内に補充しなければなりません。しなかった場合には業務停止処分の対象にもなります。また、罰則の適用もあります。
《事務所》

❹ 誤　当然のことながら本店の専任の宅地建物取引士の数に算入することになります。
《事務所》

解答　❷

選択肢❶、❸、❹は第2コースの復習です。

宅地建物取引士

問題 23 次の者のうち、宅地建物取引士資格登録（以下「登録」という。）を受けることができないものはどれか。

❶ 宅地建物取引業に係る営業に関し、成年者と同一の行為能力を有しない未成年者で、その法定代理人甲が3年前に建設業法違反で過料に処せられている。

❷ 3年前に乙社が不正の手段により宅地建物取引業の免許を受けたとしてその免許を取り消されたとき、乙社の政令で定める使用人であった。

❸ 6月前に丙社が宅地建物取引業法に違反したとして1年間の業務停止処分を受けたが、その丙社の取締役であった。

❹ 3年前に丁社が引き続き1年以上宅地建物取引業を休止したとしてその免許を取り消されたとき、その聴聞の期日及び場所の公示の日の30日前に、丁社の取締役を退任した。

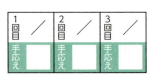

欠格事由は、業者の免許とほぼ同じ。

❶ **受けることができない**　成年者と同一の行為能力を有しない未成年者は一切登録することができません。法定代理人も関係ありません。　《宅地建物取引士》

❷ **受けることができる**　乙社の政令で定める使用人であったので欠格者にはなりません。　《宅地建物取引士》

❸ **受けることができる**　業務停止処分を受けたときに役員であったとしても、欠格者とはなりません。　《宅地建物取引士》

❹ **受けることができる**　「引き続き1年以上宅地建物取引業を休止した」ことによる免許取消しは欠格事由に該当しません。　《宅地建物取引士》

解答　❶

覚えよう！

● 未成年者と登録

	宅建業免許	宅建士登録
成年者と同一の行為能力を有する未成年者	○	○
成年者と同一の行為能力を有しない未成年者	△*	×

○：可　　×：不可　　△：条件つきで可
＊未成年者本人と法定代理人がともに欠格事由にあたらないこと

うおっ！　意外とお前ペース早いな…。
（オレもやらないと…）

宅地建物取引士

47

宅地建物取引士

1997年 問32

問題 24 宅地建物取引士資格登録（以下この問において「登録」という。）に関する次の記述のうち、宅地建物取引業法の規定によれば、正しいものはどれか。

❶ 甲県知事の登録を受けているAは、甲県知事に対して宅地建物取引士証の交付を申請することができるが、Aの登録及び宅地建物取引士証の有効期間は、5年である。

❷ 宅地建物取引士Bが、宅地建物取引士として行う事務に関し不正な行為をし、平成17年5月1日から6月間の事務の禁止の処分を受け、同年6月1日に登録の消除の申請をして消除された場合、Bは、同年12月1日以降でなければ登録を受けることができない。

❸ 宅地建物取引業者C（法人）が、不正の手段により免許を受けたとして免許を取り消された場合、当該取消しに係る聴聞の期日及び場所の公示の前日にCの役員であったDは、取消しの日から5年を経過しなければ、登録を受けることができない。

❹ 甲県知事の登録を受けているEが、不正の手段により登録を受けたことにより登録の消除の処分を受けた場合でも、当該処分の1年後、転居先の乙県で宅地建物取引士資格試験に合格したときは、Eは、いつでも乙県知事の登録を受けることができる。

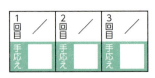

登録は一生有効！

❶ 誤　宅地建物取引士証の有効期間は5年ですが、登録は一生有効です。
《宅地建物取引士》

❷ 誤　事務禁止処分中に登録を消除した場合、その事務禁止期間が満了するまでの間は登録を受けることができません。事務禁止期間は5月1日から6カ月間（＝10月31日まで）なので、11月1日以降は登録を受けることができます。
《宅地建物取引士》

❸ 正　不正手段で免許取得を行い、免許取消処分になった場合、聴聞の公示日前60日以内に役員であった者も欠格者となります。よって、Cの免許取消処分後5年間Dは欠格者となり、登録を受けることができません。
《宅地建物取引士》

❹ 誤　不正手段で登録をした場合、登録を消除されてから5年間は登録を受けることができません。別の都道府県で試験に合格しても関係ありません。
《宅地建物取引士》

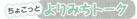

宅地建物取引士

 次の記述のうち、宅地建物取引業法（以下この問において「法」という。）の規定によれば、正しいものはどれか。

❶ 禁錮以上の刑に処せられた宅地建物取引士は、登録を受けている都道府県知事から登録の消除の処分を受け、その処分の日から5年を経過するまで、宅地建物取引士の登録をすることはできない。

❷ 宅地建物取引士資格試験に合格した者で、宅地建物の取引に関し2年以上の実務経験を有するもの、又は都道府県知事がその実務経験を有するものと同等以上の能力を有すると認めたものは、法第18条第1項の登録を受けることができる。

❸ 甲県知事から宅地建物取引士証の交付を受けている宅地建物取引士は、その住所を変更したときは、遅滞なく、変更の登録の申請をするとともに、宅地建物取引士証の書換え交付の申請を甲県知事に対してしなければならない。

❹ 宅地建物取引士が心身の故障により宅地建物取引士の事務を適正に行うことができない者として国土交通省令で定めるものに該当することになったときは、その日から30日以内にその旨を登録している都道府県知事に本人が届け出なければならない。

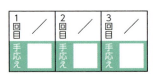

書換え交付は、宅建士証に書かれている内容が変わったとき。

❶ 誤　禁錮以上の刑に処せられた場合、**刑の執行後** 5 年間は登録できません。登録消除処分の日から 5 年ではありません。　　　　　　　　　　《宅地建物取引士》

❷ 誤　都道府県知事ではなくて、**国土交通大臣**が実務経験を有する者と同等以上の能力を有すると認めた者です。　　　　　　　　　　《宅地建物取引士》

❸ 正　宅地建物取引士証に記載されている事項（＝氏名・住所）が変更となったときには、変更の登録とともに**宅地建物取引士証の書換え交付**の申請をしなければなりません。　　　　　　　　　　　　　　　　　　　　　　　《宅地建物取引士証》

❹ 誤　宅地建物取引士が心身の故障により宅地建物取引士の事務を適正に行うことができない者として国土交通省令で定めるものになったときは、**本人またはその法定代理人もしくは同居の親族が届出**をします。　　　　　《登録と届出》

覚えよう！

● **廃業等の届出と死亡等の届出**

	廃業等の届出（業者）	死亡等の届出（宅建士）
時期	30 日以内 （死亡の場合のみ、相続人が知った日から 30 日以内）	
届出先	免許権者	登録先の都道府県知事
内容	①死亡（相続人） ②合併による消滅 　（消滅会社の代表社員） ③破産（破産管財人） ④解散（清算人） ⑤廃業（代表役員）	①死亡（相続人） ②心身故障 　（本人／法定代理人／同居の親族） ③破産（本人） ④その他（本人）

宅地建物取引士

重要度 B

2016年 問38

問題 26 宅地建物取引士資格登録（以下この問において「登録」という。）又は宅地建物取引士に関する次の記述のうち、宅地建物取引業法の規定によれば、正しいものはいくつあるか。

ア 宅地建物取引士（甲県知事登録）が、乙県で宅地建物取引業に従事することとなったため乙県知事に登録の移転の申請をしたときは、移転後新たに5年を有効期間とする宅地建物取引士証の交付を受けることができる。

イ 宅地建物取引士は、取引の関係者から宅地建物取引士証の提示を求められたときは、宅地建物取引士証を提示しなければならないが、従業者証明書の提示を求められたときは、宅地建物取引業者の代表取締役である宅地建物取引士は、当該証明書がないので提示をしなくてよい。

ウ 宅地建物取引士が家庭裁判所から後見を開始する旨の審判を受けたときは、その後見人は、3月以内に、その旨を登録をしている都道府県知事に届け出なければならない。

エ 宅地建物取引士の氏名等が登載されている宅地建物取引士資格登録簿は一般の閲覧に供されることはないが、専任の宅地建物取引士は、その氏名が宅地建物取引業者名簿に登載され、当該名簿が一般の閲覧に供される。

❶ 一つ
❷ 二つ
❸ 三つ
❹ なし

死亡等の届出は 30 日以内。

ア　誤　新しい宅地建物取引士証の有効期間は、前の宅地建物取引士証の有効期間となります。新たに5年ではありません。　《登録と届出》

イ　誤　従業者証明書は、取引の関係者から請求があったときには見せなければなりません。代表取締役も従業者であり、従業者証明書を携帯して業務に従事します。　《事務所》

ウ　誤　3カ月以内ではなくて 30 日以内に届出が必要です。　《登録と届出》

エ　正　宅地建物取引士資格登録簿は一般の閲覧に供されませんが、宅地建物取引業者名簿は一般の閲覧に供され、その中に専任の宅地建物取引士の氏名の項目があります。　《事務所》

以上のことから、正しい選択肢はエのみですから、❶が正解となります。

解答　❶

覚えよう！

● 免許換えと登録の移転

	免許換え（業者）	登録の移転（宅建士）
場合	事務所の新設・廃止・移転により、現在の免許が不適当になる場合	登録先以外の都道府県で業務に従事する場合
方法	新しい免許権者に直接	現在の登録先の都道府県知事経由
義務／任意	義務	任意

宅地建物取引士

1998年 問44

問題27 Aが、甲県知事の宅地建物取引士資格登録（以下この問において「登録」という。）を受けている場合に関する次の記述のうち、正しいものはどれか。なお、B社及びC社は、いずれも宅地建物取引業者である。

❶ Aが、乙県に自宅を購入し、甲県から住所を移転した場合、Aは、遅滞なく、甲県知事を経由して乙県知事に登録の移転を申請しなければならない。

❷ Aが、乙県に自宅を購入し、甲県から住所を移転した場合、Aは、30日以内に、甲県知事に変更の登録を申請しなければならない。

❸ Aが、甲県に所在するB社の事務所に従事していたが、転職して乙県に所在するC社の事務所で業務に従事した場合、Aは、30日以内に、甲県知事を経由して乙県知事に登録の移転を申請しなければならない。

❹ Aが、甲県に所在するB社の事務所に従事していたが、転職して乙県に所在するC社の事務所で業務に従事した場合、Aは、遅滞なく、甲県知事に変更の登録を申請しなければならない。

登録の移転は義務ではありません。

❶ 誤　勤務先が移転した場合に登録の移転が可能であって、住所の移転では登録の移転はできません。また、**登録の移転は義務ではありません**ので「登録の移転を申請しなければならない」ということもありません。《登録と届出》

❷ 誤　30日以内ではなく、**遅滞なく**変更の登録を申請しなければなりません。《登録と届出》

❸ 誤　**登録の移転は義務ではありません**ので「登録の移転を申請しなければならない」ということはありません。また、義務ではないので「30日以内」という期間の制限も存在しません。《登録と届出》

❹ 正　勤務先が変更になった場合には変更の登録を申請しなければなりません。《登録と届出》

覚えよう！

● 変更の届出と変更の登録

	廃業等の届出（業者）	死亡等の届出（宅建士）
義務者	宅建業者	宅地建物取引士登録を受けている者
時期	変更後30日以内	変更後遅滞なく
届出先	免許権者	登録先の都道府県知事
内容	①商号または名称 ②事務所の名称・所在地 ③法人業者の役員および政令で定める使用人の氏名 ④個人業者およびその政令で定める使用人の氏名 ⑤事務所ごとに置かれる成年者である専任の宅地建物取引士の氏名	①氏名 ②住所 ③本籍 宅建業者の業務に従事している場合当該業者の ④商号または名称 ⑤免許証番号

宅地建物取引士

55

宅地建物取引士

 宅地建物取引業法（以下この問において「法」という。）に規定する宅地建物取引士に関する次の記述のうち、正しいものはどれか。

❶ 都道府県知事は、宅地建物取引士資格試験を不正の手段で受験したため合格決定が取り消された者について、同試験の受験を以後5年間禁止する措置をすることができる。

❷ 宅地建物取引士資格試験に合格した者でも、3年間以上の実務経験を有しなければ、法第18条第1項の登録を受けることができない。

❸ 甲県内に所在する事務所の専任の宅地建物取引士は、甲県知事による法第18条第1項の登録を受けている者でなければならない。

❹ 宅地建物取引士証を滅失した宅地建物取引士は、宅地建物取引士証の再交付を受けるまで、法第35条の規定による重要事項の説明をすることができない。

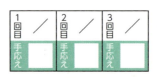

重要事項説明のときは、宅地建物取引士証を見せなければならない。

❶ 誤　受験禁止は5年間ではなくて**3年**以内の期間です。　　《宅地建物取引士》

❷ 誤　実務経験は3年以上ではなく**2年以上**です。また、実務経験がなくても、国土交通大臣の登録実務講習を受講し修了すれば登録を受けることができます。
《宅地建物取引士》

❸ 誤　宅地建物取引士の登録は**全国で有効**なので、どこの都道府県知事に登録していても甲県で勤務することは可能です。　　《登録と届出》

❹ 正　宅地建物取引士証を提示しなければ、重要事項説明はできません。
《宅地建物取引士証》

解答 ❹

ちょこっと よりみちトーク

うーん…ここも細かい内容を聞いているね。

この単元は細かい部分まで出題されるイメージがあるな。

そうだね。ひっかからないように要復習だね！

過去問プラスアルファ

問　宅地建物取引士は、勤務先を変更したとき、宅地建物取引士証の書換え交付の申請を行わなければならない。(1994-37-4)

答　×：勤務先は宅建士証に記載がないので、書換え交付は不要。

宅地建物取引士

 宅地建物取引士資格登録（以下この問において「登録」という。）及び宅地建物取引士証に関する次の記述のうち、宅地建物取引業法の規定によれば、正しいものはどれか。

❶ 甲県知事の登録を受けて、甲県に所在する宅地建物取引業者Aの事務所の業務に従事する者が、乙県に所在するAの事務所の業務に従事することとなったときは、速やかに、甲県知事を経由して、乙県知事に対して登録の移転の申請をしなければならない。

❷ 登録を受けている者で宅地建物取引士証の交付を受けていない者が重要事項説明を行い、その情状が特に重いと認められる場合は、当該登録の消除の処分を受け、その処分の日から5年を経過するまでは、再び登録を受けることができない。

❸ 丙県知事から宅地建物取引士証の交付を受けている宅地建物取引士が、宅地建物取引士証の有効期間の更新を受けようとするときは、丙県知事に申請し、その申請前6月以内に行われる国土交通大臣の指定する講習を受講しなければならない。

❹ 丁県知事から宅地建物取引士証の交付を受けている宅地建物取引士が、宅地建物取引士証の亡失によりその再交付を受けた後において、亡失した宅地建物取引士証を発見したときは、速やかに、再交付された宅地建物取引士証をその交付を受けた丁県知事に返納しなければならない。

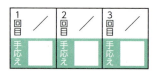

> 宅地建物取引士証の交付を受けた人が宅地建物取引士。

❶ 誤　登録の移転の申請は義務ではありませんので「登録の移転を申請しなければならない」ということはありません。
　　　　　　　　　　　　　　　　　　　　　《登録と届出》

❷ 正　宅地建物取引士証の交付を受けていないのであれば宅地建物取引士ではありません（登録だけでは宅地建物取引士ではありません）。当然のことながら宅地建物取引士でない以上、重要事項説明はできないので、情状が特に重いと認められる場合は登録消除処分となります。　　　　《宅地建物取引士証》

❸ 誤　宅地建物取引士証の交付を受けるためには、都道府県知事の指定する講習を受ける必要があります。国土交通大臣の指定する講習ではありません。
　　　　　　　　　　　　　　　　　　　　　《宅地建物取引士証》

❹ 誤　宅地建物取引士証を亡失して再交付を受け、古い宅地建物取引士証が発見された場合、古い宅地建物取引士証を返納します。　　《宅地建物取引士証》

 　解答　❷

●紛失再発行の後、古い宅建士証が見つかった場合

ちょこっと よりみちトーク

宅建士証の効力がなくなったり、登録が消されたら返せよな！

営業保証金

 宅地建物取引業者Ａ（甲県知事免許）の営業保証金に関する次の記述のうち、正しいものはどれか。

❶ Ａが有価証券を営業保証金に充てるときは、国債証券についてはその額面金額を、地方債証券又はそれら以外の債券についてはその額面金額の百分の九十を有価証券の価額としなければならない。

❷ Ａは、取引の相手方の権利の実行により営業保証金の額が政令で定める額に不足することとなったときは、甲県知事から不足額を供託すべき旨の通知書の送付を受けた日から2週間以内にその不足額を供託しなければならない。

❸ Ａが販売する宅地建物についての販売広告を受託した者は、その広告代金債権に関し、Ａが供託した営業保証金について弁済を受ける権利を有する。

❹ Ａが、営業保証金を金銭と有価証券で供託している場合で、本店を移転したためもよりの供託所が変更したとき、Ａは、金銭の部分に限り、移転後の本店のもよりの供託所への営業保証金の保管替えを請求することができる。

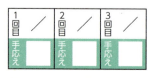

保管替えは、金銭のみで供託のとき。

❶ 誤　国債証券は 100 分の 100（＝額面通り）、地方債証券と政府保証債証券は 100 分の 90、それら以外の債券については 100 分の 80 となります。

《営業保証金制度とは》

❷ 正　**不足の通知を受けた日から** 2 週間以内に不足額を供託する必要があります。

《営業保証金制度とは》

❸ 誤　営業保証金から還付を受けることができるのは、宅建業の取引によって生じた債権（＝つまりお客様）に限られます。広告代金債権は還付対象外です。

《営業保証金制度とは》

❹ 誤　有価証券が少しでも含まれている場合、保管替えの請求はできません。

《営業保証金制度とは》

 ❷

覚えよう！

- 有価証券で営業保証金を供託する場合の評価額
- ・国債証券　　　　　　　　→ 額面通り（100%）
- ・地方債証券・政府保証債証券　→ 額面の 90%
- ・その他の有価証券　　　　　→ 額面の 80%

ちょこっと よりみちトーク

営業保証金は、お金でも有価証券でも、どちらでもいいんだよ。

先祖代々伝わる巻物がありますんで、お納めくだされ…。

さすがにそれはダメー！

営業保証金

 宅地建物取引業者A（甲県知事免許）が本店と2つの支店を有する場合、Aの営業保証金に関する次の記述のうち、宅地建物取引業法の規定によれば、正しいものはどれか。

❶ Aは新たに2つの支店を設置し、同時に1つの支店を廃止したときは、500万円の営業保証金を本店のもよりの供託所に供託し、業務を開始した後、遅滞なくその旨を甲県知事に届け出なければならない。

❷ Aが2つの支店を廃止し、その旨の届出をしたときは、営業保証金の額が政令で定める額を超えることとなるので、その超過額1,000万円について公告をせずに直ちに取り戻すことができる。

❸ Aが営業保証金を取り戻すために公告をしたときは、2週間以内にその旨を甲県知事に届け出なければならず、所定の期間内に債権の申出がなければその旨の証明書の交付を甲県知事に請求できる。

❹ Aは営業保証金の還付がなされ、甲県知事から政令で定める額に不足が生じた旨の通知を受け、その不足額を供託したときは、2週間以内にその旨を甲県知事に届け出なければならない。

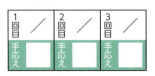

手続きの順番に気をつけよう！

❶ **誤** 順番は「供託→届出→事業開始」の順番です。業務開始後に届け出るのではありません。 《営業保証金制度とは》

❷ **誤** 支店の廃止をする場合、超過額を取り戻すには **6カ月以上の期間を定めて公告**をしなければなりません。 《営業保証金制度とは》

❸ **誤** 業者が公告した場合には、遅滞なく、その旨を免許権者に届け出なければなりません。 《営業保証金制度とは》

❹ **正** 不足分の供託をした場合、**その日から2週間以内に免許権者に届出**をしなければなりません。 《営業保証金制度とは》

営業保証金

問題32 宅地建物取引業者Ａ社（甲県知事免許）の営業保証金に関する次の記述のうち、宅地建物取引業法の規定によれば、正しいものはどれか。

❶ Ａ社は、甲県の区域内に新たに支店を設置し宅地建物取引業を営もうとする場合、甲県知事にその旨の届出を行うことにより事業を開始することができるが、当該支店を設置してから３月以内に、営業保証金を供託した旨を甲県知事に届け出なければならない。

❷ 甲県知事は、Ａ社が宅地建物取引業の免許を受けた日から３月以内に営業保証金を供託した旨の届出をしないときは、その届出をすべき旨の催告をしなければならず、その催告が到達した日から１月以内にＡ社が届出をしないときは、Ａ社の免許を取り消すことができる。

❸ Ａ社は、宅地建物取引業の廃業により営業保証金を取り戻すときは、営業保証金の還付を請求する権利を有する者（以下この問において「還付請求権者」という。）に対して公告しなければならないが、支店の廃止により営業保証金を取り戻すときは、還付請求権者に対して公告する必要はない。

❹ Ａ社は、宅地建物取引業の廃業によりその免許が効力を失い、その後に自らを売主とする取引が結了した場合、廃業の日から10年経過していれば、還付請求権者に対して公告することなく営業保証金を取り戻すことができる。

「義務」と「任意」は違う！

❶ 誤　支店を新設した場合、届出の期間に制限はありません。供託してその旨を届け出た後でないとその事務所で業務が開始できないということです。
《営業保証金制度とは》

❷ 正　免許権者は、**免許を与えた日から3カ月以内に営業保証金を供託した旨の届出がない場合には、催告をしなければなりません**。また、**その催告後1カ月経過しても届出がない場合、免許を取り消すことができます**。
《営業保証金制度とは》

❸ 誤　支店の廃止をする場合、**6カ月以上の期間を定めて公告**をしなければなりません。
《営業保証金制度とは》

❹ 誤　取戻しの原因が生じて10年経過した場合には、公告なしで取戻しをすることができます。廃業の日は取戻しの原因が生じた日ではありません。
《営業保証金制度とは》

解答　❷

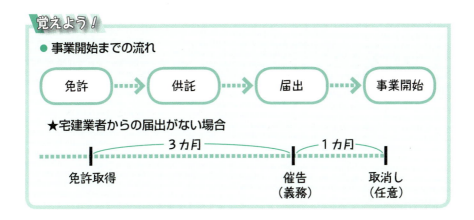

営業保証金

問題 33 宅地建物取引業法に規定する営業保証金に関する次の記述のうち、正しいものはどれか。

❶ 国土交通大臣又は都道府県知事は、免許をした日から1月以内に営業保証金を供託した旨の届出がない場合、当該免許を受けた宅地建物取引業者に対して届出をすべき旨の催告をしなければならない。

❷ 宅地建物取引業者（事務所数1）がその事業を開始するため営業保証金として金銭及び地方債証券を供託する場合で、地方債証券の額面金額が1,000万円であるときは、金銭の額は、100万円でなければならない。

❸ 宅地建物取引業者は、事業開始後支店を1つ新設した場合には、当該支店のもよりの供託所に営業保証金500万円を供託しなければならない。

❹ 宅地建物取引業者は、営業保証金が還付されたためその額に不足を生じた場合、不足が生じた日から2週間以内に、その不足額を供託しなければならない。

営業保証金は、主たる事務所の最寄りの供託所に供託！

❶ **誤** 免許権者は、免許を与えた日から3カ月以内に営業保証金を供託した旨の届出がない場合には、催告をしなければなりません。また、その催告後1カ月経過しても届出がない場合、免許を取り消すことができます。

《営業保証金制度とは》

❷ **正** 地方債は評価額が100分の90となるので、額面金額が1,000万円であれば900万円として扱います。本店のみで事業開始するためには営業保証金が1,000万円必要なので、金銭を追加する際には100万円でなければなりません。

《営業保証金制度とは》

- 有価証券で営業保証金を供託する場合の評価額
- ・国債証券　　　　　　　　　→ 額面通り（100％）
- ・地方債証券・政府保証債証券　→ 額面の90％
- ・その他の有価証券　　　　　　→ 額面の80％

❸ **誤** 営業保証金は主たる事務所の最寄りの供託所にまとめて供託します。支店の最寄りの供託所ではありません。　《営業保証金制度とは》

❹ **誤** 不足の通知を受けた日から2週間以内に不足額を供託する必要があります。

《営業保証金制度とは》

営業保証金

営業保証金

重要度 B

2007年 問37

問題 34 宅地建物取引業者A（甲県知事免許）の営業保証金に関する次の記述のうち、宅地建物取引業法の規定によれば、誤っているものはどれか。なお、Aは、甲県内に本店と一つの支店を設置して事業を営んでいるものとする。

❶ Aが販売する新築分譲マンションの広告を受託した広告代理店は、その広告代金債権に関し、Aが供託した営業保証金からその債権の弁済を受ける権利を有しない。

❷ Aは、免許の有効期間の満了に伴い、営業保証金の取戻しをするための公告をしたときは、遅滞なく、その旨を甲県知事に届け出なければならない。

❸ Aは、マンション3棟を分譲するための現地出張所を甲県内に設置した場合、営業保証金を追加して供託しなければ、当該出張所でマンションの売買契約を締結することはできない。

❹ Aの支店でAと宅地建物取引業に関する取引をした者（宅地建物取引業者に該当する者を除く）は、その取引により生じた債権に関し、1,500万円を限度として、Aが供託した営業保証金からその債権の弁済を受ける権利を有する。

事務所でないなら、追加供託は不要。

❶ 正　営業保証金から還付を受けることができるのは、宅建業の取引によって生じた債権（＝つまりお客様）に限られます。広告代金債権は還付対象外です。
《営業保証金制度とは》

❷ 正　業者が公告した場合には、遅滞なく、その旨を免許権者に届け出なければなりません。
《営業保証金制度とは》

❸ 誤　現地出張所は事務所ではありません。よって、営業保証金の追加供託も必要ありません。
《営業保証金制度とは》

❹ 正　業者Aは本店と支店1つを設置しているので、営業保証金は1,500万円供託しています。還付は供託している営業保証金の額までなので、1,500万円まで弁済を受けることができます。
《営業保証金制度とは》

解答　❸

❶、❸、❹は正誤判定できるようにしましょう。現地出張所は事務所ではない点にも気をつけましょう。

営業保証金

問題 35 宅地建物取引業法に規定する営業保証金に関する次の記述のうち、正しいものはどれか。

❶ 新たに宅地建物取引業を営もうとする者は、営業保証金を金銭又は国土交通省令で定める有価証券により、主たる事務所の最寄りの供託所に供託した後に、国土交通大臣又は都道府県知事の免許を受けなければならない。

❷ 宅地建物取引業者は、既に供託した額面金額1,000万円の国債証券と変換するため1,000万円の金銭を新たに供託した場合、遅滞なく、その旨を免許を受けた国土交通大臣又は都道府県知事に届け出なければならない。

❸ 宅地建物取引業者は、事業の開始後新たに従たる事務所を設置したときは、その従たる事務所の最寄りの供託所に政令で定める額を供託し、その旨を免許を受けた国土交通大臣又は都道府県知事に届け出なければならない。

❹ 宅地建物取引業者が、営業保証金を金銭及び有価証券をもって供託している場合で、主たる事務所を移転したためその最寄りの供託所が変更したときは、金銭の部分に限り、移転後の主たる事務所の最寄りの供託所への営業保証金の保管替えを請求することができる。

「免許→供託→届出→事業開始」の順番。

❶ 誤　順番は「**免許→供託→届出→事業開始**」の順番です。供託した後に免許を受けるのではありません。　　　　　　　　　　　　　　《営業保証金制度とは》

❷ 正　営業保証金の供託方法を変える（例：国債から金銭に変える）場合には、遅滞なく、免許権者にその旨を届け出なければなりません。《営業保証金制度とは》

❸ 誤　営業保証金は**主たる事務所の最寄りの**供託所にまとめて供託します。支店の最寄りの供託所ではありません。　　　　　　　　　　《営業保証金制度とは》

❹ 誤　有価証券が少しでも含まれている場合には保管替え請求はできません。
　　　　　　　　　　　　　　　　　　　　　　　　　　　　《営業保証金制度とは》

解答　❷

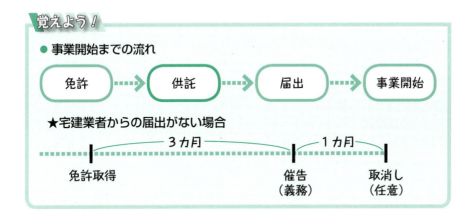

営業保証金

問題 36 宅地建物取引業者の営業保証金に関する次の記述のうち、宅地建物取引業法（以下この問において「法」という。）の規定によれば、正しいものはどれか。

❶ 宅地建物取引業者は、不正の手段により法第3条第1項の免許を受けたことを理由に免許を取り消された場合であっても、営業保証金を取り戻すことができる。

❷ 信託業法第3条の免許を受けた信託会社で宅地建物取引業を営むものは、国土交通大臣の免許を受けた宅地建物取引業者とみなされるため、営業保証金を供託した旨の届出を国土交通大臣に行わない場合は、国土交通大臣から免許を取り消されることがある。

❸ 宅地建物取引業者は、本店を移転したためその最寄りの供託所が変更した場合、国債証券をもって営業保証金を供託しているときは、遅滞なく、従前の本店の最寄りの供託所に対し、営業保証金の保管替えを請求しなければならない。

❹ 宅地建物取引業者は、その免許を受けた国土交通大臣又は都道府県知事から、営業保証金の額が政令で定める額に不足することとなった旨の通知を受けたときは、供託額に不足を生じた日から2週間以内に、その不足額を供託しなければならない。

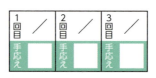

営業保証金は、悪いことをしても没収はされない。

❶ 正　営業保証金を供託する必要がなくなった場合、取戻しをすることができます。廃業の場合も免許取消しの場合も、宅建業をしなくなるのだから取戻しは可能です。
《営業保証金制度とは》

❷ 誤　信託会社は宅建業の免許は必要ありません。よって、宅建業の免許がないのですから、当然、宅建業の免許が取り消されることもありません。《宅建業の意味》

❸ 誤　有価証券が少しでも含まれている場合には保管替え請求はできません。
《営業保証金制度とは》

❹ 誤　不足の通知を受けた日から2週間以内に不足額を供託する必要があります。
《営業保証金制度とは》

解答　❶

ちょこっと よりみちトーク

営業保証金

 宅地建物取引業法に規定する営業保証金に関する次の記述のうち、誤っているものはどれか。

❶ 宅地建物取引業者は、主たる事務所を移転したことにより、その最寄りの供託所が変更となった場合において、金銭のみをもって営業保証金を供託しているときは、従前の供託所から営業保証金を取り戻した後、移転後の最寄りの供託所に供託しなければならない。

❷ 宅地建物取引業者は、事業の開始後新たに事務所を設置するため営業保証金を供託したときは、供託物受入れの記載のある供託書の写しを添附して、その旨を免許を受けた国土交通大臣又は都道府県知事に届け出なければならない。

❸ 宅地建物取引業者は、一部の事務所を廃止し営業保証金を取り戻そうとする場合には、供託した営業保証金につき還付を請求する権利を有する者に対し、6月以上の期間を定めて申し出るべき旨の公告をしなければならない。

❹ 宅地建物取引業者は、営業保証金の還付があったために営業保証金に不足が生じたときは、国土交通大臣又は都道府県知事から不足額を供託すべき旨の通知書の送付を受けた日から2週間以内に、不足額を供託しなければならない。

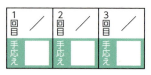

金銭のみで有価証券がないなら保管替え！

❶ **誤** 金銭のみで供託所に供託している場合には保管替えを請求しなければなりません。もし有価証券が含まれていても、「新供託所に供託→旧供託所から取戻し」の順番であって、「旧供託所から取戻し→新供託所へ供託」の順番ではありません。　《営業保証金制度とは》

❷ **正** 難しい言い回しになっていますが、結局は「供託→届出」の順番で手続きを行うことがわかっていれば大丈夫です。　《営業保証金制度とは》

❸ **正** 支店の廃止により営業保証金を取り戻す場合、6カ月以上の期間を定めて公告をしなければなりません。　《営業保証金制度とは》

❹ **正** 不足の通知を受けた日から2週間以内に、不足額を供託しなければなりません。　《営業保証金制度とは》

営業保証金の供託所の変更は、金銭のみで供託をしている場合と、供託金に有価証券を含んでいる場合の2ケースを区別してね。

弁済業務保証金

問題 38 宅地建物取引業保証協会(以下「保証協会」という。)に関する次の記述のうち、宅地建物取引業法の規定によれば、正しいものはどれか。

❶ 保証協会の社員は、宅地建物取引業者に限られる。

❷ 保証協会は、一般財団法人でなければならない。

❸ 一の保証協会の社員が、同時に他の保証協会の社員となっても差し支えない。

❹ 保証協会は、弁済業務保証金分担金の納付を受けたときは、その日から2週間以内に弁済業務保証金を供託しなければならない。

保証協会は宅建業者のための制度！

❶ 正　保証協会は宅建業者のみを社員とします。　《弁済業務保証金とは》

❷ 誤　保証協会は一般財団法人ではなく**一般社団法人**です。　《弁済業務保証金とは》

❸ 誤　宅建業者は**同時に２つの保証協会に加入することはできません**。
　　　　　　　　　　　　　　　　　　　　　　　　　　　《弁済業務保証金とは》

❹ 誤　業者が弁済業務保証金分担金を保証協会に納付したら、保証協会は**１週間以内**に弁済業務保証金を供託所に供託しなければなりません。
　　　　　　　　　　　　　　　　　　　　　　　　　　　《弁済業務保証金とは》

解答 ❶

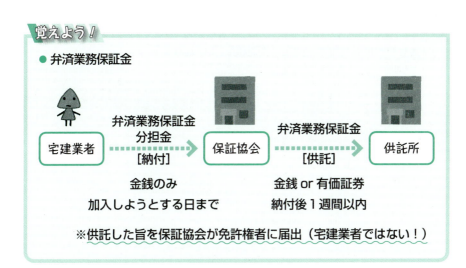

弁済業務保証金

 宅地建物取引業保証協会（以下この問において「保証協会」という。）に関する次の記述のうち、宅地建物取引業法の規定によれば、正しいものはどれか。

❶ 保証協会に加入することは宅地建物取引業者の任意であるが、一の保証協会の社員となった後に、重ねて他の保証協会の社員となることはできない。

❷ 宅地建物取引業者で保証協会に加入しようとする者は、その加入の日から2週間以内に、弁済業務保証金分担金を保証協会に納付しなければならない。

❸ 宅地建物取引業者で保証協会に加入しようとする者は、その加入に際して、加入前の宅地建物取引業に関する取引により生じたその者の債務に関し、保証協会から担保の提供を求められることはない。

❹ 保証協会に加入した宅地建物取引業者は、直ちに、その旨を免許を受けた国土交通大臣又は都道府県知事に報告しなければならない。

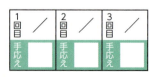

保証協会は任意加入。加入せず営業保証金で営業することも可能！

❶ 正　保証協会への加入は**義務ではなく任意**であり、加入せずに営業保証金を供託して開業することも可能です。また、保証協会の社員になった場合、重ねて他の保証協会に加入することはできません。　　　　　　　　　　《弁済業務保証金とは》

❷ 誤　業者は、**保証協会に加入しようとする日までに、**弁済業務保証金分担金を納付しなければなりません。　　　　　　　　　　　　　　　　《弁済業務保証金とは》

❸ 誤　業者が保証協会の社員となる前に行った取引による債権も還付対象です。また、保証協会から担保の提供を求められることもあります。

《弁済業務保証金とは》

❹ 誤　業者ではなく保証協会が報告を行います。　　　《弁済業務保証金とは》

 ❶

ちょこっと よりみちトーク

選択肢❸で迷った。「担保の提供」って何？

僕もわからなかったけれど、❶が正しいことが自信をもってわかれば、気にしなくてもいいよね。

弁済業務保証金

 宅地建物取引業保証協会(以下この問において「保証協会」という。)に関する次の記述のうち、宅地建物取引業法の規定によれば、誤っているものはどれか。

❶ 保証協会は、弁済業務保証金分担金の納付を受けたときは、その納付を受けた額に相当する額の弁済業務保証金を供託しなければならない。

❷ 保証協会は、弁済業務保証金の還付があったときは、当該還付額に相当する額の弁済業務保証金を供託しなければならない。

❸ 保証協会の社員との宅地建物取引業に関する取引により生じた債権を有する者(宅地建物取引業者に該当する者を除く)は、当該社員が納付した弁済業務保証金分担金の額に相当する額の範囲内で、弁済を受ける権利を有する。

❹ 保証協会の社員との宅地建物取引業に関する取引により生じた債権を有する者(宅地建物取引業者に該当する者を除く)は、弁済を受ける権利を実行しようとする場合、弁済を受けることができる額について保証協会の認証を受けなければならない。

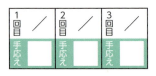

弁済業務保証金は60万円。還付金としては少なすぎ？

❶ 正　業者が弁済業務保証金分担金を保証協会に納付したら、保証協会は**1週間以内**に分担金と同額の弁済業務保証金を供託所に供託しなければなりません。

《弁済業務保証金とは》

❷ 正　保証協会は、弁済業務保証金の還付があった場合、その額に相当する弁済業務保証金を供託しなければなりません。　　　　《弁済業務保証金とは》

❸ 誤　弁済業務保証金分担金の額ではなく、その業者が保証協会の社員でなかった場合に供託すべき営業保証金の額に相当する額までとなります。つまり、弁済業務保証金分担金を90万円納付している業者であれば、本店1つと支店1つであるから、1,500万円まで弁済を受けることができます。

《弁済業務保証金とは》

❹ 正　還付を受ける者は、**保証協会の認証**を受けてから、供託所に還付請求をします。

《弁済業務保証金とは》

解答　❸

ちょこっと よりみちトーク

宅建業を始めるには営業保証金をあらかじめ供託所に預けておかなければならないんだよ。これは、宅建業者がお客様に大きな損害を与えてしまうかもしれないからなんだ。

ふーん。

でも、営業保証金はお高い！　そこで、保証協会という制度があって、そこに加入すれば弁済業務保証金分担金を納付する代わりに営業保証金が免除になるんだよ。

つかれた…

弁済業務保証金

問題 41 甲県知事の免許を受けている宅地建物取引業者Aが、宅地建物取引業保証協会(以下この問において「保証協会」という。)の社員となった場合に関する次の記述のうち、宅地建物取引業法の規定によれば、正しいものはどれか。

❶ Aは、社員となった日から2週間以内に、保証協会に対して弁済業務保証金分担金を納付しなければならず、この期間内に納付しないときは社員としての地位を失う。

❷ Aと宅地建物取引業に関し取引をした者(宅地建物取引業者に該当する者を除く)は、Aが保証協会の社員になる前に取引をした者を除き、その取引により生じた債権について、保証協会に対し弁済業務保証金の還付を請求することができる。

❸ Aが保証協会の社員としての地位を失ったときは、その地位を失った日から1週間以内に営業保証金を供託しなければならず、この期間内に供託しないときは甲県知事から業務停止処分を受けることがある。

❹ Aが保証協会の社員としての地位を失ったため営業保証金を供託したときは、保証協会は、弁済業務保証金の還付請求権者に対する公告を行うことなく、Aに対し弁済業務保証金分担金を返還することができる。

社員となる前に行った取引も還付対象。

❶ 誤　弁済業務保証金分担金は加入しようとする日までに納付しなければなりません。
《弁済業務保証金とは》

❷ 誤　業者が保証協会の社員となる前に行った取引による債権も還付対象です。
《弁済業務保証金とは》

❸ 正　業者は、社員の地位を失った場合、1週間以内に営業保証金を供託しなければなりません。違反した場合には業務停止処分を受けることがあります。
《弁済業務保証金とは》

❹ 誤　社員の地位を失った場合、弁済業務保証金は取り戻して社員であった者に返還しますが、この際にも公告が必要となります。営業保証金を供託したとしても、公告を免れるわけではありません。
《弁済業務保証金とは》

解答　❸

❸と❹が少し難しいですね。❸は、前半の内容は正しいので、後半の真偽が問題。❹は、「社員でなくなったのだからやはり公告は必要だ」と考えられたかが正解の分かれ目です。

弁済業務保証金

問題 42 宅地建物取引業者A（事務所数1）が、宅地建物取引業保証協会（以下この問において「保証協会」という。）に加入しようとし、又は加入した場合に関する次の記述のうち、正しいものはどれか。

❶ Aは、保証協会に加入するため弁済業務保証金分担金を納付する場合、国債証券、地方債証券その他一定の有価証券をもってこれに充てることができ、国債証券を充てるときは、その額面金額は60万円である。

❷ Aが保証協会に加入した後、新たに支店を1ヵ所設置した場合、Aは、その日から2週間以内に、弁済業務保証金分担金30万円を供託所に供託しなければならない。

❸ Aは、保証協会から還付充当金を納付すべき旨の通知を受けた場合、その日から2週間以内に、当該還付充当金を納付しなければ社員の地位を失う。

❹ Aが保証協会の社員の地位を失い、弁済業務保証金分担金の返還を受けようとする場合、Aは、一定期間以内に保証協会の認証を受けるため申し出るべき旨の公告をしなければならない。

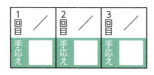

起算点に気をつけよう。「いつ」から２週間？

❶ 誤　弁済業務保証金分担金は**必ず金銭**で納付しなければなりません。
《弁済業務保証金とは》

❷ 誤　業者が直接供託所に供託するのではなく、業者は保証協会に追加の弁済業務保証金分担金を納付します。そして、納付された後、保証協会が弁済業務保証金を供託所に供託します。
《弁済業務保証金とは》

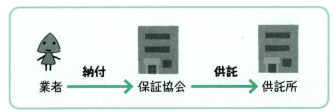

❸ 正　保証協会から還付充当金の納付の**通知を受けた日から２週間以内**に納付しなければなりません。
《弁済業務保証金とは》

❹ 誤　弁済業務保証金分担金の返還にあたって公告を行うのは業者Ａではなく保証協会です。
《弁済業務保証金とは》

解答　❸

過去問プラスアルファ

問　宅地建物取引業保証協会に加入している宅地建物取引業者Ａが、その一部の事務所を廃止したため、保証協会が弁済業務保証金分担金をＡに返還しようとするときは、保証協会は、弁済業務保証金の還付請求権者に対し、一定期間内に認証を受けるため申し出るべき旨の公告を行う必要はない。(2005-45-3)

答　○：一部の事務所の廃止の場合には公告不要。

弁済業務保証金

問題43 宅地建物取引業保証協会(以下この問において「保証協会」という。)に関する次の記述のうち、宅地建物取引業法(以下この問において「法」という。)の規定によれば、正しいものはどれか。

❶ 宅地建物取引業者が保証協会に加入しようとするときは、当該保証協会に弁済業務保証金分担金を金銭又は有価証券で納付することができるが、保証協会が弁済業務保証金を供託所に供託するときは、金銭でしなければならない。

❷ 保証協会は、宅地建物取引業の業務に従事し、又は、従事しようとする者に対する研修を行わなければならないが、宅地建物取引士については、法第22条の2の規定に基づき都道府県知事が指定する講習をもって代えることができる。

❸ 保証協会に加入している宅地建物取引業者(甲県知事免許)は、甲県の区域内に新たに支店を設置する場合、その日までに当該保証協会に追加の弁済業務保証金分担金を納付しないときは、社員の地位を失う。

❹ 保証協会は、弁済業務保証金から生ずる利息又は配当金、及び、弁済業務保証金準備金を弁済業務保証金の供託に充てた後に社員から納付された還付充当金は、いずれも弁済業務保証金準備金に繰り入れなければならない。

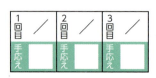

保証協会もお金を貯めておく必要がある。

❶ 誤　逆です。**弁済業務保証金分担金（業者→保証協会）は金銭のみ**、**弁済業務保証金（保証協会→供託所）は金銭でも有価証券でも構いません。**

《弁済業務保証金とは》

❷ 誤　保証協会は、宅建業の業務に従事している者やこれから宅建業の業務に従事しようとする者に対する研修を行わなければなりません。この研修は他の研修で代用することはできません。

《弁済業務保証金とは》

❸ 誤　支店を新設した場合、**設置した日から2週間以内**に弁済業務保証金分担金を納付しなければなりません。

《弁済業務保証金とは》

❹ 正　保証協会は、いざという時のために、**弁済業務保証金準備金**を用意しておかなければなりません。そのお金は利息や配当金などを用いて積み立てることとなります。

《弁済業務保証金とは》

解答　❹

覚えよう！

● 営業保証金と弁済業務保証金

	営業保証金	弁済業務保証金分担金
方法	金銭・有価証券	金銭のみ
期限	免許→供託→届出→(事業)開始の順番	保証協会に加入しようとする日まで
事務所新設	供託し届出をしない限り、新設した事務所で業務開始不可	設置日から2週間以内
事務所廃止	公告必要	公告不要

❷は難しいですが、その他の選択肢は正誤判定できるようにしましょう！

弁済業務保証金

 宅地建物取引業保証協会（以下この問において「保証協会」という。）又はその社員に関する次の記述のうち、正しいものはどれか。

❶ 300万円の弁済業務保証金分担金を保証協会に納付して当該保証協会の社員となった者と宅地建物取引業に関し取引をした者（宅地建物取引業者に該当する者を除く）は、その取引により生じた債権に関し、6,000万円を限度として、当該保証協会が供託した弁済業務保証金から弁済を受ける権利を有する。

❷ 保証協会は、弁済業務保証金の還付があったときは、当該還付に係る社員又は社員であった者に対し、当該還付額に相当する額の還付充当金を主たる事務所の最寄りの供託所に供託すべきことを通知しなければならない。

❸ 保証協会の社員は、保証協会から特別弁済業務保証金分担金を納付すべき旨の通知を受けた場合で、その通知を受けた日から1か月以内にその通知された額の特別弁済業務保証金分担金を保証協会に納付しないときは、当該保証協会の社員の地位を失う。

❹ 宅地建物取引業者は、保証協会の社員の地位を失ったときは、当該地位を失った日から2週間以内に、営業保証金を主たる事務所の最寄りの供託所に供託しなければならない。

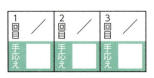

> 自分の責任ではないので、納付までは2週間ではなく1カ月！

❶ 誤　300万円の弁済業務保証金分担金を納付していたということは、本店の他に支店を8つ有していることとなります。還付金額はその業者が保証協会の社員でなかった場合に供託すべき営業保証金の額に相当する額までとなります。ということは、この業者は5,000万円までとなります。　《弁済業務保証金とは》

❷ 誤　保証協会は、還付充当金に相当する額を保証協会に納付すべきことを通知しなければなりません。供託所に供託するのではなく、**保証協会に納付**します。

《弁済業務保証金とは》

❸ 正　保証協会から特別弁済業務保証金分担金を納付すべき通知があった場合、**1カ月以内**に納付しないときは社員の地位を失います。　《弁済業務保証金とは》

❹ 誤　業者は、社員の地位を失った場合、**1週間以内**に営業保証金を供託しなければなりません。違反した場合には業務停止処分を受けることがあります。

《弁済業務保証金とは》

解答　❸

弁済業務保証金では、業者と供託所の直接のやり取りは基本的にありません。保証協会を介して行うのが原則です。

もう少ししたら宅建業法も折り返しだよ！

弁済業務保証金

 宅地建物取引業保証協会（以下この問において「保証協会」という。）に関する次の記述のうち、正しいものはどれか。

❶ 宅地建物取引業者が保証協会の社員となる前に、当該宅地建物取引業者と宅地建物取引業に関し取引をした者（宅地建物取引業者に該当する者を除く）は、その取引により生じた債権に関し、弁済業務保証金について弁済を受ける権利を有する。

❷ 保証協会の社員である宅地建物取引業者と宅地建物取引業に関し取引をした者（宅地建物取引業者に該当する者を除く）が、その取引により生じた債権に関し、弁済業務保証金について弁済を受ける権利を実行するときは、当該保証協会の認証を受けるとともに、当該保証協会に対し、還付請求をしなければならない。

❸ 保証協会から還付充当金を納付すべきことの通知を受けた社員は、その通知を受けた日から1月以内に、その通知された額の還付充当金を当該保証協会に納付しなければならない。

❹ 保証協会は、新たに宅地建物取引業者がその社員として加入しようとするときは、あらかじめ、その旨を宅地建物取引業者が免許を受けた国土交通大臣又は都道府県知事に報告しなければならない。

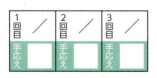

復習事項が多いので、1つ1つしっかりと！

❶ 正　業者が保証協会の社員となる前に行った取引による債権も還付対象です。
《弁済業務保証金とは》

❷ 誤　**保証協会の認証**を受けたうえで、供託所に対して還付請求をします。保証協会に還付請求をするのではありません。
《弁済業務保証金とは》

❸ 誤　保証協会から還付充当金の**納付の通知を受けた日から2週間以内**に納付しなければなりません。
《弁済業務保証金とは》

❹ 誤　保証協会は、新しい業者が加入したら、直ちにその旨をその業者の免許権者に報告しなければなりません。あらかじめではなく、**加入後直ちに**報告します。
《弁済業務保証金とは》

解答　❶

こうしてみると、宅建士試験って同じポイントが何回も出題されてるんですね。

過去問って大事でしょ？

媒介・代理

問題 46 宅地建物取引業者Aが、B所有の宅地の売却の媒介の依頼を受け、Bと専任媒介契約（以下この問において「媒介契約」という。）を締結した場合に関する次の記述のうち、宅地建物取引業法の規定によれば、正しいものはどれか。

❶ Aは、媒介により、売買契約を成立させたが、Bから媒介報酬を受領するまでは、指定流通機構への当該契約成立の通知をしなくてもよい。

❷ Bから指定流通機構には登録しなくてもよい旨の承諾を得ていれば、Aは当該宅地に関する所定の事項について、指定流通機構に登録しなくてもよい。

❸ Aは契約の相手方を探索するため、当該宅地に関する所定の事項を媒介契約締結日から7日（休業日を含む）以内に指定流通機構に登録する必要がある。

❹ 媒介契約の有効期間の満了に際して、BからAに更新の申出があった場合（その後の更新についても同様）、3月を限度として更新することができる。

業者の休業日は含むか除くか？

❶ **誤** 契約が成立した場合、遅滞なく、**登録番号・取引価格・契約成立年月日**を通知しなければなりません。 《媒介と代理》

❷ **誤** 専任媒介契約の場合、指定流通機構への登録は義務ですのでしなければなりません。依頼者からの承諾があろうと、依頼者から頼まれても、義務である以上は登録しなければなりません。 《媒介と代理》

❸ **誤** 専任媒介契約の場合、指定流通機構への登録は **7日以内**ですが、**休業日は除く**こととなっています。 《媒介と代理》

❹ **正** 専任媒介契約は有効期間が最大**3カ月**となります。依頼者からの申出により更新が可能ですが、その際にも有効期間は最大3カ月となります。《媒介と代理》

覚えよう！

● 媒介契約

	一般媒介契約	専任媒介契約	専属専任媒介契約
他の業者への依頼	可	不可	不可
自己発見取引	可	可	不可
有効期間	制限なし	3カ月以内（更新後も同じ） 自動更新不可（依頼者からの申出必要）	
業務処理状況報告	制限なし	2週間に1回以上 （休業日含む）	1週間に1回以上 （休業日含む）
指定流通機構 登録期間		契約締結日から7日以内 （休業日除く）	契約締結日から5日以内 （休業日除く）
売買・交換の申込 があった旨の報告	遅滞なく		

媒介・代理

 宅地建物取引業者Ａが、Ｂの所有する宅地の売却の依頼を受け、Ｂと媒介契約を締結した場合に関する次の記述のうち、宅地建物取引業法の規定によれば、正しいものはどれか。

❶ 媒介契約が専任媒介契約以外の一般媒介契約である場合、Ａは、媒介契約を締結したときにＢに対し交付すべき書面に、当該宅地の指定流通機構への登録に関する事項を記載する必要はない。

❷ 媒介契約が専任媒介契約（専属専任媒介契約を除く。）である場合、Ａは、契約の相手方を探索するため、契約締結の日から5日（休業日を除く。）以内に、当該宅地につき所定の事項を指定流通機構に登録しなければならない。

❸ 媒介契約が専任媒介契約である場合で、指定流通機構への登録後当該宅地の売買の契約が成立したとき、Ａは、遅滞なく、登録番号、宅地の取引価格及び売買の契約の成立した年月日を当該指定流通機構に通知しなければならない。

❹ 媒介契約が専属専任媒介契約である場合で、当該契約に「Ａは、Ｂに対し業務の処理状況を10日ごとに報告しなければならない」旨の特約を定めたとき、その特約は有効である。

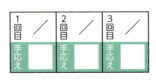

登録番号・取引価格・契約成立年月日を通知！

❶ 誤　確かに一般媒介契約では指定流通機構への登録は必須ではありませんが、指定流通機構への登録に関する事項については媒介契約書に記載しなければなりません。　　　　　　　　　　　　　　　　　　　　　　《媒介と代理》

❷ 誤　専任媒介契約の場合、指定流通機構への登録は**7日以内**です。　《媒介と代理》

❸ 正　契約が成立した場合、遅滞なく、**登録番号・取引価格・契約成立年月日**を通知しなければなりません。　　　　　　　　　　　　　　　　　　　《媒介と代理》

❹ 誤　特約を定める場合、**業者に有利な特約は無効、お客様に有利な特約は有効**というのが原則です。本来であれば、業務処理状況は専属専任媒介契約の場合1週間に1回以上報告しなければならないのに、10日ごとになってしまうと業者有利となってしまいますので、この特約は無効となります。　《媒介と代理》

解答　❸

ちょこっとよりみちトーク

なんで登録番号まで知らせるんですか？

登録番号を言ってくれないと、担当者は探さなきゃいけないのはどの物件か検索に時間がかかっちゃうんだ。スムーズに進めるために、登録番号は必要なんだよ。

媒介・代理

 宅地建物取引業者Ａが行う宅地又は建物の売買又は交換の媒介の契約（以下この問において「媒介契約」という。）に関する次の記述のうち、宅地建物取引業法（以下この問において「法」という。）の規定によれば、正しいものはどれか。

❶ 法第34条の2に規定する依頼者（以下この問において「依頼者」という。）とは、宅地建物取引業者でない者をいい、同条の規定は、宅地建物取引業者相互間の媒介契約については適用されない。

❷ Ａが依頼者と専任媒介契約を締結したときは、Ａは法第34条の2に規定する契約内容を記載した書面を依頼者に交付しなければならないが、一般媒介契約を締結したときは、当該書面の交付をしなくてもよい。

❸ 専任媒介契約の有効期間は3月を超えることができず、3月より長い期間を定めたときは、その期間は3月とされるが、当該有効期間は、依頼者の申出があれば、更新の時から3月を超えない範囲で更新してもよい。

❹ Ａが依頼者に対して業務の処理状況を20日に1回以上報告することを定めた専任媒介契約が締結された場合であっても、依頼者の同意が得られているのであるから、当該特約は無効とはならない。

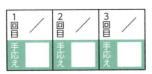

媒介・代理の規制は、業者間取引でも適用される。

❶ 誤　宅建業者間であっても媒介契約の規制は適用されます。　　　《媒介と代理》

❷ 誤　一般媒介契約であっても、媒介契約書面は作成しなければなりません。
　　　　　　　　　　　　　　　　　　　　　　　　　　　　　　《媒介と代理》

❸ 正　専任媒介契約は有効期間が**最大3カ月**となります。それより長い期間を設定しても3カ月に短縮されます。更新も可能ですが、その際にも有効期間は最大3カ月となります。　　　　　　　　　　　　　　　　　　　　　《媒介と代理》

❹ 誤　特約を定める場合、**業者に有利な特約は無効、お客様に有利な特約は有効**というのが原則です。本来であれば、業務処理状況は専任媒介契約の場合2週間に1回以上報告しなければならないのに、20日ごとになってしまうと業者有利となってしまいますので、この特約は無効となります。　　　《媒介と代理》

解答　❸

93ページの表（「媒介契約」）よりも買主（お客様）に不利な特約は無効だよ。

媒介・代理

2012年 問29

 宅地建物取引業者Ａ社が、宅地建物取引業者でないＢから自己所有の土地付建物の売却の媒介を依頼された場合における次の記述のうち、宅地建物取引業法（以下この問において「法」という。）の規定によれば、誤っているものはどれか。

❶ Ａ社がＢと専任媒介契約を締結した場合、当該土地付建物の売買契約が成立したときは、Ａ社は、遅滞なく、登録番号、取引価格及び売買契約の成立した年月日を指定流通機構に通知しなければならない。

❷ Ａ社がＢと専属専任媒介契約を締結した場合、Ａ社は、Ｂに当該媒介業務の処理状況の報告を電子メールで行うことはできない。

❸ Ａ社が宅地建物取引業者Ｃ社から当該土地付建物の購入の媒介を依頼され、Ｃ社との間で一般媒介契約（専任媒介契約でない媒介契約）を締結した場合、Ａ社は、Ｃ社に法第34条の２の規定に基づく書面を交付しなければならない。

❹ Ａ社がＢと一般媒介契約（専任媒介契約でない媒介契約）を締結した場合、Ａ社がＢに対し当該土地付建物の価額又は評価額について意見を述べるときは、その根拠を明らかにしなければならない。

> 根拠を言ってくれないと納得できないよね。

❶ 正　契約が成立した場合、遅滞なく、**登録番号・取引価格・契約成立年月日**を通知しなければなりません。　　　　　　　　　　　　　　　　　《媒介と代理》

❷ 誤　業務処理状況の報告は口頭でも電子メールでも問題ありません。《媒介と代理》

❸ 正　宅建業者間であっても媒介契約の規制は適用されます。また、一般媒介契約であっても媒介契約書は作成します。　　　　　　　　　　　　《媒介と代理》

❹ 正　売買価格について意見を述べるときには**根拠を明らかにする必要があります。**
　　　　　　　　　　　　　　　　　　　　　　　　　　　　　　　《媒介と代理》

　　　　　　　　　　　　　　　　　　　　　　　　　　　　　解答　❷

> 根拠は何？と聞いたときに、「長年の勘」とか言われても納得できませんよね。根拠は明示してほしいですね。

媒介・代理

 宅地建物取引業者Aが、B所有の宅地の売却の媒介依頼を受け、Bと専任媒介契約を締結した場合に関する次の記述のうち、宅地建物取引業法の規定によれば、正しいものはどれか。

❶ AがBに交付した媒介契約書が国土交通大臣が定めた標準媒介契約約款に基づかない書面である場合、その旨の表示をしなければ、Aは業務停止処分を受けることがある。

❷ 媒介契約の有効期間の満了に際し、BからAに更新の申出があった場合、Aは更新を拒むことはできない。

❸ AがBに宅地の価額について意見を述べる際に、Bからその根拠を明らかにする旨の請求がなければ、Aはその根拠を明らかにする必要はない。

❹ 媒介契約の締結にあたって、業務処理状況を5日に1回報告するという特約は無効である。

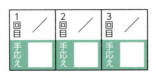

買主に有利な特約であれば有効！

❶ 正　国土交通大臣が定める標準媒介契約約款に基づくか否かは記載必須です。基づかないのであれば「基づかない」という旨を記載しなければなりません。記載しなかった場合には業務停止処分を受けることがあります。　《媒介と代理》

❷ 誤　更新には依頼者からの申出が必要です。また、依頼者から申出があったとしても、業者はそれを断ることができます。　《媒介と代理》

❸ 誤　売買価格について意見を述べるときには根拠を明らかにする必要があります。
　　《媒介と代理》

❹ 誤　特約を定める場合、業者に有利な特約は無効、お客様に有利な特約は有効というのが原則です。本来であれば、業務処理状況は専任媒介契約の場合2週間に1回以上報告しなければならないのに、5日ごとであればお客様が有利となりますので、この特約は有効となります。　《媒介と代理》

媒介・代理

 宅地建物取引業者Aが行う業務に関する次の記述のうち、宅地建物取引業法（以下この問において「法」という。）の規定によれば、正しいものはいくつあるか。

ア　Aは、Bが所有する甲宅地の売却に係る媒介の依頼を受け、Bと専任媒介契約を締結した。このとき、Aは、法第34条の2第1項に規定する書面に記名押印し、Bに交付のうえ、宅地建物取引士をしてその内容を説明させなければならない。

イ　Aは、Cが所有する乙アパートの売却に係る媒介の依頼を受け、Cと専任媒介契約を締結した。このとき、Aは、乙アパートの所在、規模、形質、売買すべき価額、依頼者の氏名、都市計画法その他の法令に基づく制限で主要なものを指定流通機構に登録しなければならない。

ウ　Aは、Dが所有する丙宅地の貸借に係る媒介の依頼を受け、Dと専任媒介契約を締結した。このとき、Aは、Dに法第34条の2第1項に規定する書面を交付しなければならない。

❶　一つ
❷　二つ
❸　三つ
❹　なし

貸借でも媒介契約書面は必要か？

ア　誤　媒介契約書を作成し交付する必要はありますが、その内容を宅地建物取引士に説明させる必要はありません。　　　　　　　　　　《媒介と代理》

イ　誤　専任媒介契約なので指定流通機構への登録はしなければなりません。その際、宅地または建物の所在・規模・形質・売買すべき価格や法令上の制限などの一定事項については登録をしなければなりませんが、**依頼者の氏名は登録事項ではありません。**　　　　　　　　　　　　　　　　　　　　　　《媒介と代理》

ウ　誤　**貸借の場合、媒介契約書の作成は不要です。**　　　　　《媒介と代理》

以上のことから、正しい選択肢は1つもないですから、❹が正解となります。

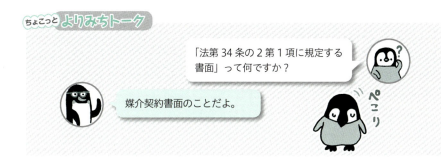

媒介・代理

 宅地建物取引業者Aは、BからB所有の宅地の売却について媒介の依頼を受けた。この場合における次の記述のうち、宅地建物取引業法（以下この問において「法」という。）の規定によれば、誤っているものはいくつあるか。

ア　AがBとの間で専任媒介契約を締結し、Bから「売却を秘密にしておきたいので指定流通機構への登録をしないでほしい」旨の申出があった場合、Aは、そのことを理由に登録をしなかったとしても法に違反しない。

イ　AがBとの間で媒介契約を締結した場合、Aは、Bに対して遅滞なく法第34条の2第1項の規定に基づく書面を交付しなければならないが、Bが宅地建物取引業者であるときは、当該書面の交付を省略することができる。

ウ　AがBとの間で有効期間を3月とする専任媒介契約を締結した場合、期間満了前にBから当該契約の更新をしない旨の申出がない限り、当該期間は自動的に更新される。

エ　AがBとの間で一般媒介契約（専任媒介契約でない媒介契約）を締結し、当該媒介契約において、重ねて依頼する他の宅地建物取引業者を明示する義務がある場合、Aは、Bが明示していない他の宅地建物取引業者の媒介又は代理によって売買の契約を成立させたときの措置を法第34条の2第1項の規定に基づく書面に記載しなければならない。

❶　一つ
❷　二つ
❸　三つ
❹　四つ

義務であるものは、必ずしなければならない。

ア 誤　専任媒介契約の場合、指定流通機構への登録は義務ですのでしなければなりません。依頼者からの申出があろうと、依頼者から頼まれても、義務である以上は登録しなければなりません。　　　　　　　　　　　《媒介と代理》

イ 誤　宅建業者間であっても媒介契約の規制は適用されます。　　《媒介と代理》

ウ 誤　専任媒介契約の有効期間は3カ月が限度です。更新はできますが、その際にも依頼者からの申出が必要です。自動更新はできません。　　《媒介と代理》

エ 正　違反した場合の措置については媒介契約書に書かなければなりません。
　　　　　　　　　　　　　　　　　　　　　　　　　　　　　《媒介と代理》

以上のことから、誤っている選択肢は**ア・イ・ウ**の3つですから、❸が正解となります。

 ❸

専任媒介契約なのに
他の業者にも依頼していたとなると、
約束違反ですよね。
そうした約束違反の場合の措置については、
契約書に書いておく必要があります。
一般媒介契約でも、重ねて依頼する他の業者
を明示する義務がある場合は同じです。

媒介・代理

問題 53 宅地建物取引業者Aが、Bから自己所有の宅地の売買の媒介を依頼された場合における当該媒介に係る契約に関する次の記述のうち、宅地建物取引業法（以下この問において「法」という。）の規定によれば、正しいものはどれか。

❶ Aは、Bとの間で専任媒介契約を締結したときは、宅地建物取引士に法第34条の2第1項の規定に基づき交付すべき書面の記載内容を確認させた上で、当該宅地建物取引士をして記名押印させなければならない。

❷ Aは、Bとの間で有効期間を2月とする専任媒介契約を締結した場合、Bの申出により契約を更新するときは、更新する媒介契約の有効期間は当初の契約期間を超えてはならない。

❸ Aは、Bとの間で一般媒介契約（専任媒介契約でない媒介契約）を締結する際、Bから媒介契約の有効期間を6月とする旨の申出があったとしても、当該媒介契約において3月を超える有効期間を定めてはならない。

❹ Aは、Bとの間で締結した媒介契約が一般媒介契約であるか、専任媒介契約であるかにかかわらず、宅地を売買すべき価額をBに口頭で述べたとしても、法第34条の2第1項の規定に基づき交付すべき書面に当該価額を記載しなければならない。

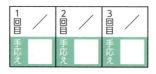

媒介契約書面には、宅建士の記名押印は不要！

❶ 誤　媒介契約書に**宅地建物取引士の記名押印は必要ありません**。宅建業者の記名押印が必要となります。　　　　　　　　　　　《媒介と代理》

❷ 誤　**専任媒介契約の有効期間は３カ月以内**なので、２カ月で契約することは問題ありません。しかし、更新後の有効期間も３カ月以内であればよく、当初の契約期間を超えてはならないという決まりはありません。　《媒介と代理》

❸ 誤　**一般媒介契約では有効期間の規制はありません**ので、６カ月で契約しても問題ありません。　　　　　　　　　　　　　　　　　　《媒介と代理》

❹ 正　価格は媒介契約書に書かなければなりません。たとえ口頭で述べたとしても、それとは別に契約書にも記載しなければなりません。　《媒介と代理》

覚えよう！

● 媒介契約書面の記載事項
① 物件を特定するために必要な表示
② 売買すべき価格または評価額
③ 媒介の種類
④ 既存建物の建物状況調査（いわゆるインスペクション）を実施する者のあっせんに関する事項
⑤ 報酬
⑥ 有効期間
⑦ 解除・契約違反の場合の措置
⑧ 標準媒介契約約款に基づくか否か
⑨ 指定流通機構への登録に関する事項
　（一般媒介でも省略不可）

広告・業務上の規制

 宅地建物取引業者Ａが行う広告に関する次の記述のうち、宅地建物取引業法の規定によれば、正しいものはどれか。

❶ Ａが宅地又は建物の売買に関する広告をする場合、自己所有の物件で自ら契約の当事者となる場合においては、取引態様の別を記載する必要はない。

❷ Ａが県知事からその業務の全部の停止を命ぜられた期間中であっても、当該停止処分が行われる前に印刷した広告の配布活動のみは認められている。

❸ Ａは、土地付き建物の売買に係る広告に際し、建築基準法第6条第1項の建築確認の申請中であれば、「建築確認申請中のため、建築確認を受けるまでは、売買契約はできません。」と表示すれば広告をすることができる。

❹ Ａは、その業務に関する広告について著しく事実に相違する表示を行った場合、取引の成立に至らなくとも、懲役又は罰金に処せられることがある。

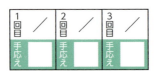

取引態様の明示は重要！

❶ 誤　広告をする場合には、取引態様の別を明示しなければなりません。　《広告》

❷ 誤　業務停止処分の期間中は、広告をすることも契約を締結することもできません。　《広告》

❸ 誤　必要な許可・確認が下りる前には、広告をすることができません。申請中ということは、まだ建築確認は下りていないということなので、広告をすることはできません。　《広告》

❹ 正　取引が成立せずに実害がなかったとしても、誇大広告を行った時点で宅建業法違反となります。　《広告》

覚えよう！

● 建築確認（建物）・開発許可（宅地）の前に広告・契約ができるか

	売買	交換	貸借
広告	×	×	×
契約	×	×	○

○：できる　×：できない

109

広告・業務上の規制

問題 55 次の記述のうち、宅地建物取引業法の規定によれば、正しいものはどれか。

❶ 新たに宅地建物取引業の免許を受けようとする者は、当該免許の取得に係る申請をしてから当該免許を受けるまでの間においても、免許申請中である旨を表示すれば、免許取得後の営業に備えて広告をすることができる。

❷ 宅地建物取引業者は、宅地の造成又は建物の建築に関する工事の完了前においては、当該工事に必要な都市計画法に基づく開発許可、建築基準法に基づく建築確認その他法令に基づく許可等の申請をした後でなければ、当該工事に係る宅地又は建物の売買その他の業務に関する広告をしてはならない。

❸ 宅地建物取引業者は、宅地又は建物の売買、交換又は貸借に関する広告をするときに取引態様の別を明示していれば、注文を受けたときに改めて取引態様の別を明らかにする必要はない。

❹ 宅地建物取引業者は、販売する宅地又は建物の広告に著しく事実に相違する表示をした場合、監督処分の対象となるほか、6月以下の懲役又は100万円以下の罰金に処せられることがある。

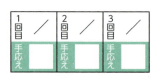

申請しても却下されることもあるのだから…。

❶ 誤　免許申請中ということは、まだ無免許の状態ということです。まだ宅建業者ではないので、契約も広告もすることはできません。　　　　《広告》

❷ 誤　**許可や確認が下りた後でなければ、広告をすることはできません**。申請すればそれでよいというわけではありません。　　　　　　　　　　《広告》

❸ 誤　広告をした際に取引態様の別を明示していたとしても、注文を受けた際には再度取引態様の別を明示する必要があります。　　　　　　　　　《広告》

❹ 正　誇大広告をすると、**監督処分の対象となり、さらに罰則もあります**。　《広告》

「建築確認申請中の場合、申請中である旨を表示すれば広告ができる」とあったら答えは×。申請中ということは許可が下りていないということ。まだ広告をしてはなりません。

広告・業務上の規制

問題 56 宅地建物取引業者が行う広告に関する次の記述のうち、宅地建物取引業法（以下この問において「法」という。）の規定によれば、正しいものはいくつあるか。

ア 建物の所有者と賃貸借契約を締結し、当該建物を転貸するための広告をする際は、当該広告に自らが契約の当事者となって貸借を成立させる旨を明示しなければ、法第34条に規定する取引態様の明示義務に違反する。

イ 居住用賃貸マンションとする予定の建築確認申請中の建物については、当該建物の貸借に係る媒介の依頼を受け、媒介契約を締結した場合であっても、広告をすることができない。

ウ 宅地の売買に関する広告をインターネットで行った場合において、当該宅地の売買契約成立後に継続して広告を掲載していたとしても、最初の広告掲載時点で当該宅地に関する売買契約が成立していなければ、法第32条に規定する誇大広告等の禁止に違反することはない。

エ 新築分譲住宅としての販売を予定している建築確認申請中の物件については、建築確認申請中である旨を表示をすれば、広告をすることができる。

❶ 一つ
❷ 二つ
❸ 三つ
❹ 四つ

「申請中」ということは、まだ許可・確認は下りていない！

ア 誤 自ら貸借は取引にあたらないので、宅建業法の適用はありません。
《宅建業の意味》

イ 正 必要な許可・確認が下りる前には、広告をすることができません。申請中ということは、まだ建築確認は下りていないということなので、広告をすることはできません。
《広告》

ウ 誤 インターネット広告で、契約成立後に広告掲載を継続していた場合、誇大広告等の禁止に違反します。契約が成立したら、速やかに当該広告をインターネットから削除しなければなりません。
《広告》

エ 誤 必要な許可・確認が下りる前には、広告をすることができません。申請中ということは、まだ建築確認は下りていないということなので、広告をすることはできません。
《広告》

以上のことから、正しい選択肢は**イ**のみですから、**❶**が正解となります。

解答 ❶

選択肢❶は第1コースの復習です。

ちょこっと**よりみちトーク**

イとエは同じことを言っている選択肢なんですね。

貸借だろうが売買だろうが、建築確認申請中では広告はできないよ！ 気をつけてね。

広告・業務上の規制

2007年 問38

 問題 57 宅地建物取引業者Aの業務に関する次の記述のうち、宅地建物取引業法の規定によれば、正しいものはどれか。

❶ Aは、実在しない宅地について広告又は虚偽の表示を行ってはならないが、実在する宅地については、実際に販売する意思がなくても、当該宅地の広告の表示に誤りがなければ、その広告を行うことができる。

❷ Aは、新築分譲マンションを建築工事の完了前に売却する場合、建築基準法第6条第1項の確認を受ける前において、当該マンションの売買の広告及び売買契約の締結のいずれもすることはできない。

❸ 都市計画法第29条第1項の許可を必要とする宅地について、Bが開発行為を行い貸主として貸借をしようとする場合、Aは、Bがその許可を受ける前であっても、Bの依頼により当該宅地の貸借の広告をすることができるが、当該宅地の貸借の媒介をすることはできない。

❹ Aは、都市計画法第29条第1項の許可を必要とする宅地について開発行為を行いCに売却する場合、Cが宅地建物取引業者であれば、その許可を受ける前であっても当該宅地の売買の予約を締結することができる。

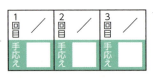

許可・確認が下りる前でも、貸借の契約は可能！

❶ 誤　おとり広告を行うことは禁止されています。実際に販売する意思がないのであれば、広告してはいけません。　《広告》

❷ 正　必要な許可・確認が下りるまでは、広告も契約もすることができません。《広告》

❸ 誤　必要な許可・確認が下りる前なので、広告をすることはできません。しかし、**貸借の契約だけは例外的に認められています。**　《広告》

❹ 誤　必要な許可・確認が下りる前は、広告も契約もすることができません。業者間であっても例外ではありません。　《広告》

覚えよう！

● 建築確認（建物）・開発許可（宅地）の前に広告・契約ができるか

	売買	交換	貸借
広　告	×	×	×
契　約	×	×	○

○：できる　×：できない

115

広告・業務上の規制

問題 58 次に記述する宅地建物取引業者Aが行う業務に関する行為のうち、宅地建物取引業法の規定に違反しないものはどれか。

❶ 宅地の売買の媒介において、当該宅地の周辺環境について買主の判断に重要な影響を及ぼす事実があったため、買主を現地に案内した際に、宅地建物取引士でないAの従業員が当該事実について説明した。

❷ 建物の貸借の媒介において、申込者が自己都合で申込みを撤回し賃貸借契約が成立しなかったため、Aは、既に受領していた預り金から媒介報酬に相当する金額を差し引いて、申込者に返還した。

❸ Aの従業員は、宅地の販売の勧誘に際し、買主に対して「この付近に鉄道の新駅ができる」と説明したが、実際には新駅設置計画は存在せず、当該従業員の思い込みであったことが判明し、契約の締結には至らなかった。

❹ Aは、自ら売主として、宅地の売却を行うに際し、買主が手付金100万円を用意していなかったため、後日支払うことを約して、手付金を100万円とする売買契約を締結した。

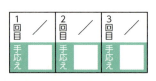

実害が発生していないから、セーフというわけではない！

❶ **違反しない**　重要事項説明ではないので、宅地建物取引士がしなければならないということもありません。　《業務上の規制》

❷ **違反する**　契約が成立していないのだから、報酬を受領することはできません。預り金は全額返還しなければなりません。　《業務上の規制》

❸ **違反する**　交通の利便について、誤解させるべき断定的判断を提供してはなりません。実害がなかったとしても、そういう行為を行った時点で宅建業法違反となります。　《業務上の規制》

❹ **違反する**　**手付の貸与等は禁止**されています。　《業務上の規制》

　❶

過去問プラスアルファ

問　宅地建物取引業者の従業者である宅地建物取引士は、本人の同意がある場合を除き、正当な理由がある場合でも、宅地建物取引業の業務を補助したことについて知り得た秘密を他に漏らしてはならない。（2005-32-3）

答　×：正当な理由があれば漏らしてもよい。

広告・業務上の規制

 宅地建物取引業者Aが行う業務に関する次の記述のうち、宅地建物取引業法の規定に違反しないものはどれか。

❶ Aは、買主Bとの間で建物の売買契約を締結する当日、Bが手付金を一部しか用意できなかったため、やむを得ず、残りの手付金を複数回に分けてBから受領することとし、契約の締結を誘引した。

❷ Aの従業者は、投資用マンションの販売において、相手方に事前の連絡をしないまま自宅を訪問し、その際、勧誘に先立って、業者名、自己の氏名、契約締結の勧誘が目的である旨を告げた上で勧誘を行った。

❸ Aの従業者は、マンション建設に必要な甲土地の買受けに当たり、甲土地の所有者に対し、電話により売買の勧誘を行った。その際、売却の意思は一切ない旨を告げられたが、その翌日、再度の勧誘を行った。

❹ Aの従業者は、宅地の売買を勧誘する際、相手方に対して「近所に幹線道路の建設計画があるため、この土地は将来的に確実に値上がりする」と説明したが、実際には当該建設計画は存在せず、当該従業者の思い込みであったことが判明した。

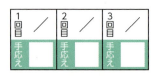

迷惑なことをしてはいけない！

❶ **違反する** 手付の貸与等は禁止されています。　　　　　　《業務上の規制》

❷ **違反しない** 業者名・勧誘を行う者の氏名・契約締結目的の勧誘である旨を伝えているので、勧誘することは構いません。事前のアポイントまで要求されていません。　　　　　　　　　　　　　　　　　　　　　　　　《業務上の規制》

❸ **違反する** 相手方が契約しない旨の意思表示をしているのだから、勧誘を継続してはいけません。　　　　　　　　　　　　　　　　　　　　　《業務上の規制》

❹ **違反する** 「確実に値上がりする」などのように断定的判断をしてはいけません。
　　　　　　　　　　　　　　　　　　　　　　　　　　　　　《業務上の規制》

  ❷

過去問プラスアルファ

問 宅地建物取引業者Aは、建物の売買の媒介をするに当たり、買主が手付金を支払えなかったので、手付金に関し銀行との間の金銭の貸借のあっせんをして、当該建物の売買契約を締結させた。Aは、宅地建物取引業法に違反しない。(2000-35-4)

答 ○：銀行との間の金銭の貸借のあっせんは禁止されていない。

広告・業務上の規制

問題 60 宅地建物取引業者Aがその業務に関して行う広告に関する次の記述のうち、宅地建物取引業法(以下この問において「法」という。)の規定によれば、正しいものはいくつあるか。

ア Aが行う広告については、実際のものよりも著しく優良又は有利であると人を誤認させるような表示をしてはならないが、誤認させる方法には限定がなく、宅地又は建物に係る現在又は将来の利用の制限の一部を表示しないことにより誤認させることも禁止される。

イ Aがテレビやインターネットを利用して行う広告は、新聞の折込チラシや配布用のチラシと異なり法の規制の対象とならない。

ウ Aが行う広告については、実際のものより著しく優良又は有利であると人を誤認させるような表示であっても、誤認による損害が実際に発生しなければ、監督処分の対象とならない。

❶ 一つ
❷ 二つ
❸ 三つ
❹ なし

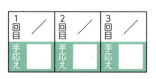

インターネットの広告も規制の対象となります

ア　正　誤認させる方法に限定はありません。そのため、一部を表示しないために誤認させることも禁止されています。　《広告》

イ　誤　テレビやインターネットを利用して行う広告も規制の対象となります。　《広告》

ウ　誤　実害が生じなかったとしても、実際に行為を行うことで監督処分の対象となります。　《広告》

「損害が発生しなかった」「実際には受け取らなかった」などと書かれていても、違反行為を行っただけで、結果はどうであれ、監督処分の対象となります。

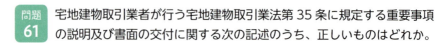

重要事項説明

問題 61 宅地建物取引業者が行う宅地建物取引業法第35条に規定する重要事項の説明及び書面の交付に関する次の記述のうち、正しいものはどれか。

❶ 宅地建物取引業者ではない売主に対しては、買主に対してと同様に、宅地建物取引士をして、契約締結時までに重要事項を記載した書面を交付して、その説明をさせなければならない。

❷ 重要事項の説明及び書面の交付は、取引の相手方の自宅又は勤務する場所等、宅地建物取引業者の事務所以外の場所において行うことができる。

❸ 宅地建物取引業者が代理人として売買契約を締結し、建物の購入を行う場合は、代理を依頼した者に対して重要事項の説明をする必要はない。

❹ 重要事項の説明を行う宅地建物取引士は専任の宅地建物取引士でなくてもよいが、書面に記名押印する宅地建物取引士は専任の宅地建物取引士でなければならない。

重要事項説明はこれから商品を使う人にするもの。

❶ 誤　重要事項の説明は、これからその土地や建物を買おうとする人に対してするものです。ですから、売主には必要ありません。　　《重要事項説明とは》

❷ 正　重要事項説明はどこで行っても構いません。　　《重要事項説明とは》

❸ 誤　宅地建物取引業者は、買主である代理を依頼した者に対して、重要事項説明をしなければなりません。　　《重要事項説明とは》

❹ 誤　重要事項説明も書面への押印も、宅地建物取引士であればよく、専任である必要はありません。　　《重要事項説明とは》

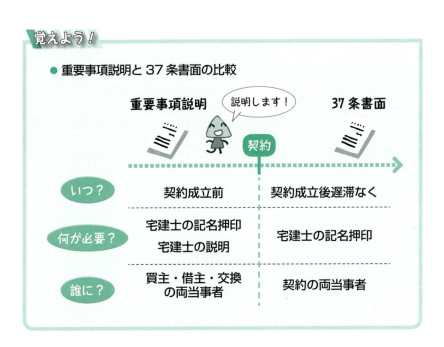

重要事項説明

問題 62 宅地建物取引業者が行う宅地建物取引業法第35条に規定する重要事項の説明（以下この問において「重要事項説明」という。）及び同条の規定により交付すべき書面（以下この問において「35条書面」という。）に関する次の記述のうち、正しいものはどれか。

❶ 宅地建物取引業者は、宅地又は建物の売買について売主となる場合、買主が宅地建物取引業者であっても、重要事項説明は行わなければならないが、35条書面の交付は省略してよい。

❷ 宅地建物取引業者が、取引士をして取引の相手方に対し重要事項説明をさせる場合、当該取引士は、取引の相手方から請求がなくても、宅地建物取引士証を相手方に提示しなければならず、提示しなかったときは、20万円以下の罰金に処せられることがある。

❸ 宅地建物取引業者は、貸借の媒介の対象となる建物（昭和56年5月31日以前に新築）が、指定確認検査機関、建築士、登録住宅性能評価機関又は地方公共団体による耐震診断を受けたものであっても、その内容を重要事項説明において説明しなくてもよい。

❹ 宅地建物取引業者は、重要事項説明において、取引の対象となる宅地又は建物が、津波防災地域づくりに関する法律の規定により指定された津波災害警戒区域内にあるときは、その旨を説明しなければならない。

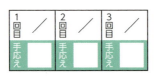

> 相手が業者でも、その物件の情報は欲しいから書面は必要。

❶ 誤　相手が宅地建物取引業者の場合、重要事項説明をする必要はありませんが、**重要事項説明書面の交付は必要です。** 《重要事項説明とは》

❷ 誤　宅地建物取引士証を提示しなかった場合、**10万円以下の過料**に処せられることがあるのであって、20万円以下の罰金ではありません。《重要事項説明とは》

❸ 誤　**昭和56年6月1日以降**に新築工事に着手した建物を**除いて**、耐震診断を受けている場合には、その結果を説明しなければなりません。

《重要事項説明の説明内容》

❹ 正　津波災害警戒区域内にある場合には、その旨を重要事項として説明しなければなりません。《重要事項説明の説明内容》

解答　❹

ちょこっと よりみちトーク

土地や建物は、災害の影響を考えないとね。だから、土砂災害（土砂災害警戒区域内にあるとき）や津波（津波災害警戒区域内にあるとき）、地震（耐震診断を受けたか）については、重要事項の説明に入っているんだよ。

なるほどー。35条書面の記載事項をよく読んで整理してみます。

重要事項説明

問題 63 宅地建物取引業法第35条に規定する重要事項の説明を宅地建物取引士が行う場合における次の記述のうち、同条の規定に違反しないものはどれか。

❶ 中古マンションの売買の媒介において、当該マンションに係る維持修繕積立金については説明したが、管理組合が保管している維持修繕の実施状況についての記録の内容については説明しなかった。

❷ 自ら売主となる新築住宅の売買において、重要事項の説明の時点で契約内容不適合担保責任の履行に関する責任保険の契約を締結する予定であることは説明したが、当該責任保険の概要については説明しなかった。

❸ 宅地の売買の媒介において、当該宅地が急傾斜地の崩壊による災害の防止に関する法律第3条の規定に基づく急傾斜地崩壊危険区域内にあることは説明したが、立木竹の伐採には都道府県知事の許可を受けなければならないことについては説明しなかった。

❹ 建物の売買の媒介において、登記された権利の種類及び内容については説明したが、移転登記の申請の時期については説明しなかった。

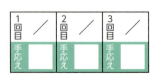

何が説明必要なのか、しっかり覚えよう！

❶ **違反する** 維持修繕の実施状況の記録についても説明する必要があります。
《重要事項説明の説明内容》

❷ **違反する** 契約内容不適合担保履行措置の概要については説明しなければなりません。講じるか否かのみならず、講じるのであればその内容も説明しなければなりません。
《重要事項説明の説明内容》

❸ **違反する** 急傾斜地崩壊危険区域内であればその旨と、その制限の内容についても説明しなければなりません。
《重要事項説明の説明内容》

❹ **違反しない** 登記の申請時期については重要事項で説明する必要はありません。
《重要事項説明の説明内容》

解答 ❹

ちょこっと よりみちトーク

 重要事項説明で「時期」について説明するものはありません。

 重説に「時期」なし！

 そう覚えておくと便利だね！

❸が難しいです

重要事項説明

問題 64 宅地建物取引業者が行う宅地建物取引業法第35条に規定する重要事項の説明に関する次の記述のうち、正しいものはどれか。なお、説明の相手方は宅地建物取引業者でないものとする。

❶ 建物の貸借の媒介を行う場合、当該建物が住宅の品質確保の促進等に関する法律に規定する住宅性能評価を受けた新築住宅であるときは、その旨について説明しなければならないが、当該評価の内容までを説明する必要はない。

❷ 建物の売買の媒介を行う場合、飲用水、電気及びガスの供給並びに排水のための施設が整備されていないときは、その整備の見通し及びその整備についての特別の負担に関する事項を説明しなければならない。

❸ 建物の貸借の媒介を行う場合、当該建物について、石綿の使用の有無の調査の結果が記録されているときは、その旨について説明しなければならないが、当該記録の内容までを説明する必要はない。

❹ 昭和55年に竣工した建物の売買を行う場合、当該建物について耐震診断を実施した上で、その内容を説明しなければならない。

売買か貸借か、よく確認して解こう！

❶ 誤　住宅性能評価を受けた新築住宅の場合、売買であればその旨を説明しなければなりませんが、貸借の場合は説明不要です。　　　《重要事項説明の説明内容》

❷ 正　上下水道・電気・ガスの整備状況については説明しなければなりません。整備されていない場合には、その整備の見通しや、特別の負担がある場合にはそれについても説明しなければなりません。　　　《重要事項説明の説明内容》

❸ 誤　石綿使用についての調査結果が残っている場合には、その内容を説明しなければなりません。　　　《重要事項説明の説明内容》

❹ 誤　耐震診断については、調査結果がある場合にはその内容を説明する必要がありますが、業者が耐震診断を実施する必要まではありません。　　　《重要事項説明の説明内容》

  ❷

　売買か貸借か確認しないと…。

　　ツンツン、さっきからそこを読まないで間違えているもんね…。

重要事項説明

 宅地建物取引業者が、宅地建物取引業法第35条に規定する重要事項について説明をする場合に関する次の記述のうち、正しいものはどれか。

❶ 建物の貸借の媒介において、当該貸借が借地借家法第38条第1項の定期建物賃貸借である場合は、貸主がその内容を書面で説明したときでも、定期建物賃貸借である旨を借主に説明しなければならない。

❷ 建物の売買の媒介において、売主が契約内容不適合担保責任を負わない旨の定めをする場合は、その内容について買主に説明しなければならない。

❸ 建物の貸借の媒介において、借賃以外の金銭の授受に関する定めがあるときは、その額及びその目的のほか、当該金銭の授受の時期についても借主に説明しなければならない。

❹ 建物の売買の媒介において、買主が天災その他不可抗力による損害を負担する旨の定めをする場合は、その内容について買主に説明しなければならない。

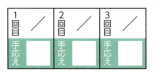

説明しなくてもよいものもある。

❶ 正　**定期建物賃貸借であれば、その旨の説明も必要です。**貸主が説明したとしても、それとは別に重要事項でも説明しなければなりません。

《重要事項説明の説明内容》

❷ 誤　契約内容不適合担保責任の内容については、重要事項として説明をする必要はありません。

《重要事項説明の説明内容》

❸ 誤　**借賃以外の金銭については、額と目的は重要事項として説明しなければなりませんが、**授受の時期については説明する必要はありません。

《重要事項説明の説明内容》

❹ 誤　買主が天災その他不可抗力による損害を負担（＝危険負担）する旨の定めについては、重要事項として説明をする必要はありません。

《重要事項説明の説明内容》

  ❶

危険負担や契約内容不適合担保責任の内容については説明不要です。「何を説明しなければならないか」というだけでなく、「何は説明不要か」という視点も大切です。

重要事項説明

問題66 宅地建物取引業者Aが、マンションの分譲に際して行う宅地建物取引業法第35条の規定に基づく重要事項の説明に関する次の記述のうち、正しいものはどれか。なお、説明の相手方は宅地建物取引業者でないものとする。

❶ 当該マンションの建物又はその敷地の一部を特定の者にのみ使用を許す旨の規約の定めがある場合、Aは、その内容だけでなく、その使用者の氏名及び住所について説明しなければならない。

❷ 建物の区分所有等に関する法律第2条第4項に規定する共用部分に関する規約がまだ案の段階である場合、Aは、規約の設定を待ってから、その内容を説明しなければならない。

❸ 当該マンションの建物の計画的な維持修繕のための費用の積立を行う旨の規約の定めがある場合、Aは、その内容を説明すれば足り、既に積み立てられている額については説明する必要はない。

❹ 当該マンションの建物の計画的な維持修繕のための費用を特定の者にのみ減免する旨の規約の定めがある場合、Aは、買主が当該減免対象者であるか否かにかかわらず、その内容を説明しなければならない。

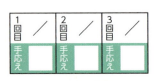

マンション購入希望者が知りたい情報は？

❶ 誤　敷地の一部を特定の者にのみ使用を許す旨の規約の定めがある場合、その内容を説明しなければなりませんが、使用者の氏名や住所は説明する必要がありません。　　　　　　　　　　　　　　　　　　　《重要事項説明の説明内容》

❷ 誤　共用部分に関する規約がまだ案の段階であっても、その案を説明する必要があります。　　　　　　　　　　　　　　　　　　　　　　《重要事項説明の説明内容》

❸ 誤　修繕積立金については、すでに積み立てられている額も説明しなければなりません。　　　　　　　　　　　　　　　　　　　　　　　《重要事項説明の説明内容》

❹ 正　減免規約がある場合には、買主が減免規約の対象者であるか否かにかかわらず、その内容を説明しなければなりません。　　《重要事項説明の説明内容》

 ❹

重要事項説明

過去問プラスアルファ

問　宅地の売買の媒介において、当該宅地の契約内容不適合を担保すべき責任の履行に関し保証保険契約の締結等の措置を講じないときは、その旨を、宅地建物取引業法第35条に規定する重要事項として買主に説明しなくてもよい。(2007-35-4改)

答　×：講じないときは講じない旨を説明しなければならない。

133

重要事項説明

1999年 問41

問題 67 1棟の建物に属する区分所有建物の貸借の媒介を行う場合の宅地建物取引業法第35条の規定に基づく重要事項の説明に関する次の記述のうち、誤っているものはどれか。なお、説明の相手方は宅地建物取引業者でないものとする。

❶ 当該1棟の建物の敷地に関する権利の種類及び内容を説明しなければならない。

❷ 台所、浴室、便所その他の当該区分所有建物の設備の整備の状況について説明しなければならない。

❸ 当該1棟の建物及びその敷地の管理がA（個人）に委託されている場合には、Aの氏名及び住所を説明しなければならない。

❹ 貸借契約終了時における敷金その他の金銭の精算に関する事項が定まっていない場合には、その旨を説明しなければならない。

マンション貸借希望者が知りたい情報は？

❶ 誤　敷地利用権については、売買であれば説明が必要ですが、貸借では必要ありません。　　《重要事項説明の説明内容》

❷ 正　**建物の貸借**の場合、**台所・浴室・便所などの設備の整備状況**について説明しなければなりません。　　《重要事項説明の説明内容》

❸ 正　管理が委託されている場合、**その委託を受けている管理会社（個人であれば管理者）の主たる事務所の所在地、商号または名称（個人であれば住所、氏名）**は、売買でも貸借でも説明しなければなりません。　　《重要事項説明の説明内容》

❹ 正　敷金の精算方法は、貸借の場合には必ず説明しなければなりません。
　　《重要事項説明の説明内容》

解答　❶

区分所有建物特有のものが選択肢❶と❸。貸借でも必要なのは専有部分の利用制限の規約と管理会社でした。選択肢❷と❹は、区分所有建物に限らず、建物貸借では説明が必要なものですね。

37 条書面

 宅地建物取引業者 A 社が宅地建物取引業法第 37 条の規定により交付すべき書面（以下この問において「37 条書面」という。）に関する次の記述のうち、宅地建物取引業法の規定によれば、正しいものの組合せはどれか。

ア A 社は、建物の貸借に関し、自ら貸主として契約を締結した場合に、その相手方に 37 条書面を交付しなければならない。

イ A 社は、建物の売買に関し、その媒介により契約が成立した場合に、当該売買契約の各当事者のいずれに対しても、37 条書面を交付しなければならない。

ウ A 社は、建物の売買に関し、その媒介により契約が成立した場合に、天災その他不可抗力による損害の負担に関する定めがあるときは、その内容を記載した 37 条書面を交付しなければならない。

エ A 社は、建物の売買に関し、自ら売主として契約を締結した場合に、その相手方が宅地建物取引業者であれば、37 条書面を交付する必要はない。

❶ ア・イ
❷ イ・ウ
❸ ウ・エ
❹ ア・エ

37条書面は契約書と考えよう！

ア　誤　**自ら貸借は取引にあたりません**。よって、宅建業法の適用がないので、37条書面の交付義務もありません。　　　　　　　　　　　《宅建業の意味》

イ　正　37条書面は売主と買主（＝**契約の両当事者**）に交付しなければなりません。
　　　　　　　　　　　　　　　　　　　　　　　　　　　　　　《37条書面》

ウ　正　天災その他不可抗力による損害の負担（＝危険負担）についての**定めがあるときは**、37条書面に記載しなければなりません。　　　　　　《37条書面》

エ　誤　業者間取引であっても、37条書面の交付を省略することはできません。
　　　　　　　　　　　　　　　　　　　　　　　　　　　　　　《37条書面》

以上のことから、正しい選択肢は**イ・ウ**ですから、❷が正解となります。

　❷

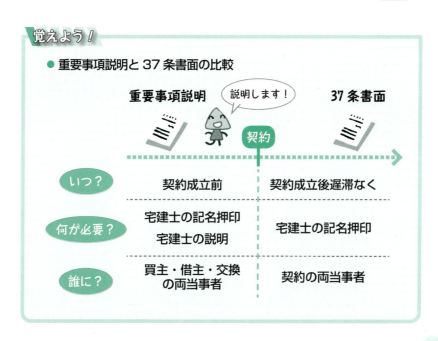

重要度 **37 条書面**

問題 69　宅地建物取引業者Aは、宅地の売買を媒介し、契約が成立した場合、宅地建物取引業法第37条の規定により、その契約の各当事者に書面を交付しなければならないが、次の事項のうち、当該書面に記載しなくてもよいものはどれか。

❶　代金以外の金銭の授受に関する定めがあるときは、その額並びに当該金銭の授受の時期及び目的

❷　当該宅地上に存する登記された権利の種類及び内容並びに登記名義人又は登記簿の表題部に記載された所有者の氏名（法人にあっては、その名称）

❸　損害賠償額の予定又は違約金に関する定めがあるときは、その内容

❹　当該宅地に係る租税その他の公課の負担に関する定めがあるときは、その内容

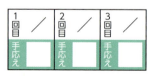

特約は書いておかないと、トラブルになるかもしれない。

❶ **記載しなければならない**　代金以外の金銭の授受に関する**定めがある場合**には、記載しなければなりません。
《37条書面》

❷ **記載しなくてもよい**　登記された権利については記載する必要はありません。
《37条書面》

❸ **記載しなければならない**　損害賠償額の予定または違約金に関する**定めがある場合**には、記載しなければなりません。
《37条書面》

❹ **記載しなければならない**　租税公課の負担に関する**定めがある場合**には、記載しなければなりません。
《37条書面》

 ❷

ちょこっと よりみちトーク

契約書は後で「言った」「言わない」でもめないように記しておくものだよね。

そう考えると、もめそうなものは記載が必要だと判断できるわけか！

37条書面

2006年 問37 改

問題 70 宅地建物取引業者が建物の貸借の媒介を行う場合、宅地建物取引業法第37条に規定する書面に必ず記載しなければならないとされている事項の組合せとして、正しいものはどれか。

ア 当該建物の契約内容不適合を担保すべき責任についての定めがあるときは、その内容

イ 損害賠償額の予定又は違約金に関する定めがあるときは、その内容

ウ 天災その他不可抗力による損害の負担に関する定めがあるときは、その内容

❶ ア、イ
❷ ア、ウ
❸ イ、ウ
❹ ア、イ、ウ

貸借では、書かなくてもよいものがある。

ア　記載しなくてよい　貸借の場合、契約内容不適合担保責任についての定めがあった場合でも記載する必要はありません。　　　《37条書面》

イ　必ず記載しなければならない　損害賠償額の予定や違約金について**定めがある場合**には記載しなければなりません。　　　《37条書面》

ウ　必ず記載しなければならない　天災その他不可抗力による損害の負担（＝危険負担）について**定めがある場合**には記載しなければなりません。　《37条書面》

以上のことから、必ず記載しなければならないものは**イ・ウ**ですので、❸が正解となります。

 ❸

覚えよう！

- 定めがある場合でも記載しなくてもよいもの

  貸借の場合の　**1**　ローン（代金・交換差金に関する貸借）のあっせんに関する定め
  　　　　　　　2　契約内容不適合担保責任に関する定め
  　　　　　　　3　公租公課の負担に関する定め

うおっ！
お前もうここまで来たのか！
（オレも負けられねーな…）

37条書面

2013年 問35

問題 71 宅地建物取引業者が媒介により建物の貸借の契約を成立させた場合、宅地建物取引業法第37条の規定により当該貸借の契約当事者に対して交付すべき書面に必ず記載しなければならない事項の組合せとして、正しいものはどれか。

ア 保証人の氏名及び住所

イ 建物の引渡しの時期

ウ 借賃の額並びにその支払の時期及び方法

エ 媒介に関する報酬の額

オ 借賃以外の金銭の授受の方法

❶ ア・イ
❷ イ・ウ
❸ ウ・エ・オ
❹ ア・エ・オ

「必ず」記載しなければならないとあることに注意！

ア　記載事項ではない　保証人の氏名や住所は37条書面の記載事項ではありません。
《37条書面》

イ　必ず記載する　建物の引渡しの時期については必ず記載しなければなりません。
《37条書面》

ウ　必ず記載する　借賃の額ならびにその支払いの時期および方法については必ず記載しなければなりません。
《37条書面》

エ　記載事項ではない　媒介に関する報酬の額は37条書面の記載事項ではありません。
《37条書面》

オ　記載事項ではない　借賃以外の金銭の授受に関しては、額・時期・目的は定めがある場合には記載しますが、方法は記載する必要がありません。また、額・時期・目的についても、定めがある場合のみ記載する任意的記載事項であって、必ず記載しなければならない必要的記載事項ではありません。
《37条書面》

以上のことから、必ず記載しなければならないものは**イ・ウ**ですので、❷が正解となります。

解答　❷

イとウが必要だとわかれば、他がわからなくても正解は出ますね。

143

自ら売主制限

 宅地建物取引業者Aが自ら売主として締結した建物の売買契約について、買主が宅地建物取引業法第37条の2の規定に基づき売買契約の解除をする場合に関する次の記述のうち、正しいものはどれか。

❶ 宅地建物取引業者でない買主Bは、建物の物件の説明を自宅で受ける申し出を行い、自宅でこの説明を受け、即座に買受けを申し込んだ。後日、勤務先の近くのホテルのロビーで売買契約を締結した場合、Bは売買契約の解除はできない。

❷ 宅地建物取引業者でない買主Cは、建物の物件の説明をAの事務所で受け、翌日、出張先から電話で買受けを申し込んだ。後日、勤務先の近くの喫茶店で売買契約を締結した場合、Cは売買契約の解除はできない。

❸ 宅地建物取引業者である買主Dは、建物の物件の説明をAの事務所で受けた。後日、Aの事務所近くの喫茶店で買受けを申し込むとともに売買契約を締結した場合、Dは売買契約の解除はできる。

❹ 宅地建物取引業者でない買主Eから売買契約の解除があった場合で、この契約の解除が法的要件を満たし、かつ、Aが手付金を受領しているとき、Aは契約に要した費用を手付金から控除して返還することができる。

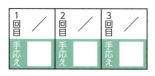

自ら売主制限は、業者間取引に適用なし！

❶ 正　申込みの場所と契約の場所が違う場合には、クーリング・オフできるかどうかは申込みの場所で判断します。買主が自ら申し出た買主の自宅で申込みをしているので、クーリング・オフはできません。　　　　　　《クーリング・オフ》

❷ 誤　申込みは出張先から電話で行っています。これは事務所などではないので、クーリング・オフは可能です。　　　　　　《クーリング・オフ》

❸ 誤　買主も業者である点に注意しましょう。自ら売主制限は、業者間取引には適用されません。つまり、業者間取引にはクーリング・オフという制度自体がありません。　　　　　　《自ら売主制限》

❹ 誤　クーリング・オフは無条件解除であり、受領した手付金はそのまま速やかに返還しなければなりません。別途損害賠償請求や違約金の請求はできませんから、契約に要した費用を控除することはできません。　　　　　　《クーリング・オフ》

解答　❶

覚えよう！

● 自ら売主制限の適用

自ら売主制限
 業者（売主）　適用　 素人（買主）

自ら売主制限
 業者（売主）　適用なし　 業者（買主）

自ら売主制限

 宅地建物取引業者Ａが自ら売主として宅地建物取引業者でない買主Ｂと土地付建物の売買契約を締結した場合における、宅地建物取引業法（以下この問において「法」という。）第37条の2の規定による売買契約の解除に関する次の記述のうち、誤っているものはどれか。

❶　ＢがＡのモデルルームにおいて買受けの申込みをし、Ｂの自宅周辺の喫茶店で売買契約を締結した場合は、Ｂは売買契約を解除することができない。

❷　ＢがＡの事務所において買受けの申込みをした場合は、売買契約を締結した場所がＡの事務所であるか否かにかかわらず、Ｂは売買契約を解除することができない。

❸　Ｂがホテルのロビーにおいて買受けの申込みをし、当該場所において売買契約を締結した場合、既に当該土地付建物の引渡しを受け、かつ、代金の全部を支払った場合でも、Ａが法第37条の2に規定する内容について書面で説明していないときは、Ｂは当該契約を解除することができる。

❹　Ｂがレストランにおいて買受けの申込みをし、当該場所において売買契約を締結した場合、Ａが法第37条の2に規定する内容について書面で説明し、その説明の日から起算して8日を経過した場合は、Ｂは当該契約を解除することができない。

クーリング・オフが、可能か不可能かという問題。

❶ 正　申込みの場所と契約の場所が違う場合には、クーリング・オフできるかどうかは**申込みの場所で判断**します。モデルルームで申込みをしているので、クーリング・オフはできません。　　　　　　　　　　　　　　　《クーリング・オフ》

❷ 正　ＢはＡの事務所で買受けの申込みをしています。よって、クーリング・オフはできません。　　　　　　　　　　　　　　　　　　　　　　　《クーリング・オフ》

❸ 誤　確かにクーリング・オフできる場所で契約し、書面でのクーリング・オフについての説明も行っていません。ですが、**買主が引渡しを受け、かつ代金全額を支払った場合**にはクーリング・オフはできません。　《クーリング・オフ》

❹ 正　クーリング・オフができることを**書面で告げられた日から起算して8日**経過すると、クーリング・オフはできなくなります。　　　　《クーリング・オフ》

解答 ❸

ちょこっと よりみちトーク

クーリング・オフってすごい！

クーリング・オフ＝無条件キャンセルだからね。

何か、力がついてきた気がする！

自ら売主制限

問題 74 宅地建物取引業者Aが、自ら売主となり、宅地建物取引業者でない買主Bとの間で締結した宅地の売買契約について、Bが宅地建物取引業法第37条の2の規定に基づき、いわゆるクーリング・オフによる契約の解除をする場合における次の記述のうち、正しいものはどれか。

❶ Bが、自ら指定したホテルのロビーで買受けの申込みをし、その際にAからクーリング・オフについて何も告げられず、その3日後、Aのモデルルームで契約を締結した場合、Bは売買契約を解除することができる。

❷ Bは、テント張りの案内所で買受けの申込みをし、その際にAからクーリング・オフについて書面で告げられ、契約を締結した。その5日後、代金の全部を支払い、翌日に宅地の引渡しを受けた。この場合、Bは売買契約を解除することができる。

❸ Bは、喫茶店で買受けの申込みをし、その際にAからクーリング・オフについて書面で告げられ、翌日、喫茶店で契約を締結した。その5日後、契約解除の書面をAに発送し、その3日後に到達した。この場合、Bは売買契約を解除することができない。

❹ Bは、自ら指定した知人の宅地建物取引業者C（CはAから当該宅地の売却についての代理又は媒介の依頼を受けていない。）の事務所で買受けの申込みをし、その際にAからクーリング・オフについて何も告げられず、翌日、Cの事務所で契約を締結した場合、Bは売買契約を解除することはできない。

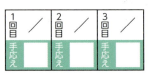

クーリング・オフできる場所をよく思い出して！

❶ 正　**買主が自ら申し出た場合の自宅・勤務先**で買受けの申込みをした場合は、クーリング・オフができませんが、ホテルは自宅でも勤務先でもありませんのでクーリング・オフは可能です。　　　　　　　　　　　　《クーリング・オフ》

❷ 誤　買主が**引渡しを受け、かつ代金全額を支払った場合**にはクーリング・オフはできません。　　　　　　　　　　　　　　　　　　　　　《クーリング・オフ》

❸ 誤　クーリング・オフは書面を**発した時**に効力が生じます。Bが書面を発したのは5日後であり、8日を経過していません。よって、クーリング・オフができます。　　　　　　　　　　　　　　　　　　　　　　　　　《クーリング・オフ》

❹ 誤　業者Cがこの取引に関わっていれば（代理や媒介を依頼されているなど）クーリング・オフができなくなりますが、この契約とは関係のない業者なので、クーリング・オフは可能です。　　　　　　　　　　　　　　　《クーリング・オフ》

【解答】　❶

選択肢❹が少し難しかったかもしれませんが、できれば全選択肢の正誤判定をしてもらいたいです。

自ら売主制限

 宅地建物取引業者A社が、自ら売主として宅地建物取引業者でない買主Bとの間で締結した投資用マンションの売買契約について、Bが宅地建物取引業法第37条の2の規定に基づき、いわゆるクーリング・オフによる契約の解除をする場合における次の記述のうち、誤っているものの組合せはどれか。

ア　A社は、契約解除に伴う違約金の定めがある場合、クーリング・オフによる契約の解除が行われたときであっても、違約金の支払を請求することができる。

イ　A社は、クーリング・オフによる契約の解除が行われた場合、買受けの申込み又は売買契約の締結に際し受領した手付金その他の金銭の倍額をBに償還しなければならない。

ウ　Bは、投資用マンションに関する説明を受ける旨を申し出た上で、喫茶店で買受けの申込みをした場合、その5日後、A社の事務所で売買契約を締結したときであっても、クーリング・オフによる契約の解除をすることができる。

❶　ア・イ
❷　ア・ウ
❸　イ・ウ
❹　ア・イ・ウ

クーリング・オフは、無条件でキャンセルするってこと。

ア 誤 クーリング・オフは無条件解除であり、別途損害賠償請求や違約金の請求はできません。　　《クーリング・オフ》

イ 誤 クーリング・オフは無条件解除であり、契約はなかったこととなるので、売主が金銭等を預かっていた場合には、それを速やかに返還しなければなりません。しかし、倍額返す必要はありません。　　《クーリング・オフ》

ウ 正 申込みの場所と契約の場所が違う場合には、クーリング・オフできるかどうかは申込みの場所で判断します。買主Ｂは喫茶店で申込みをしているので、クーリング・オフは可能です。　　《クーリング・オフ》

以上のことから、誤っている選択肢はア・イですので、❶が正解となります。

解答 ❶

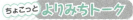

「このたびはクーリング・オフまことにありがとうございます！ 倍額お返しします！」って感じなのか？

イの倍額返すって、サービス良すぎだよ…。

うーん、それはありえないね（笑）

151

自ら売主制限

 宅地建物取引業者Aが、自ら売主となり、宅地建物取引業者でない買主との間で締結した宅地の売買契約について、買主が宅地建物取引業法第37条の2の規定に基づき、いわゆるクーリング・オフによる契約の解除をする場合に関する次の記述のうち、正しいものはどれか。

❶ 買主Bは自らの希望により勤務先で売買契約に関する説明を受けて買受けの申込みをし、その際にAからクーリング・オフについて何も告げられずに契約を締結した。この場合、Bは、当該契約の締結の日から8日を経過するまでは、契約の解除をすることができる。

❷ 買主Cは喫茶店において買受けの申込みをし、その際にAからクーリング・オフについて何も告げられずに契約を締結した。この場合、Cは、当該契約の締結をした日の10日後においては、契約の解除をすることができない。

❸ 買主Dはレストランにおいて買受けの申込みをし、その際にAからクーリング・オフについて書面で告げられ、契約を締結した。この場合、Dは、当該契約の締結をした日の5日後においては、書面を発しなくても契約の解除をすることができる。

❹ 買主Eはホテルのロビーにおいて買受けの申込みをし、その際にAからクーリング・オフについて書面で告げられ、契約を締結した。この場合、Eは、当該宅地の代金の80%を支払っていたが、当該契約の締結の日から8日を経過するまでは、契約の解除をすることができる。

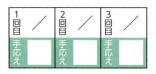

クーリング・オフは書面！

❶ 誤　買主が申し出た場合の、買主の自宅・勤務先で買受けの申込みをしているので、クーリング・オフはできません。　　　　　　　　　　　　　《クーリング・オフ》

❷ 誤　クーリング・オフは書面で告げられた日から起算して8日経過するとできなくなります。今回は書面で告げられていないので、8日を経過してもクーリング・オフは可能です。　　　　　　　　　　　　　　　　　　　　《クーリング・オフ》

❸ 誤　クーリング・オフは必ず書面で行います。　　　　　　　《クーリング・オフ》

❹ 正　引渡しを受け、代金全額支払った場合は、クーリング・オフはできなくなります。今回はまだ80％しか支払っていませんので、クーリング・オフは可能です。
　　　　　　　　　　　　　　　　　　　　　　　　　　　　　《クーリング・オフ》

【解答】 ❹

自ら売主制限

 宅地建物取引業者A社が、自ら売主として宅地建物取引業者でない買主Bとの間で締結した建物の売買契約について、Bが宅地建物取引業法第37条の2の規定に基づき、いわゆるクーリング・オフによる契約の解除をする場合における次の記述のうち、正しいものはどれか。

❶ Bは、モデルルームにおいて買受けの申込みをし、後日、A社の事務所において売買契約を締結した。この場合、Bは、既に当該建物の引渡しを受け、かつ、その代金の全部を支払ったときであっても、A社からクーリング・オフについて何も告げられていなければ、契約の解除をすることができる。

❷ Bは、自らの希望により自宅近くの喫茶店において買受けの申込みをし、売買契約を締結した。その3日後にA社から当該契約に係るクーリング・オフについて書面で告げられた。この場合、Bは、当該契約締結日から起算して10日目において、契約の解除をすることができる。

❸ Bは、ホテルのロビーにおいて買受けの申込みをし、その際にA社との間でクーリング・オフによる契約の解除をしない旨の合意をした上で、後日、売買契約を締結した。この場合、仮にBがクーリング・オフによる当該契約の解除を申し入れたとしても、A社は、当該合意に基づき、Bからの契約の解除を拒むことができる。

❹ Bは、A社の事務所において買受けの申込みをし、後日、レストランにおいてA社からクーリング・オフについて何も告げられずに売買契約を締結した。この場合、Bは、当該契約締結日から起算して10日目において、契約の解除をすることができる。

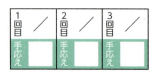

> クーリング・オフを、特約で回避することはできない。

❶ 誤　Bはモデルルームで申込みをしているから、クーリング・オフはできません。仮にできたとしても、引渡しを受け、かつ代金全額を支払っているので、クーリング・オフはできません。　　　　　　　　　　　《クーリング・オフ》

❷ 正　クーリング・オフは**書面で告げられた日から起算して8日**経過するとできなくなります。今回は書面で告げられたのが契約の3日後なので、そこから8日間となります。契約締結日から10日後であれば、まだ8日経過していないので、クーリング・オフは可能です。　　　　　　　　　　　《クーリング・オフ》

❸ 誤　クーリング・オフに関する特約で、**買主に不利なものは無効**となります。
　　　　　　　　　　　　　　　　　　　　　　　　　　　　《クーリング・オフ》

❹ 誤　A社の事務所で申込みをしているので、クーリング・オフはできません。
　　　　　　　　　　　　　　　　　　　　　　　　　　　　《クーリング・オフ》

解答 ❷

過去問プラスアルファ

問　宅地建物取引業者A社が、自ら売主として宅地建物取引業者でない買主Bとの間で宅地の売買契約を締結した。Bは、月曜日にホテルのロビーにおいて買受けの申込みをし、その際にクーリング・オフについて書面で告げられ、契約を締結した。Bは、翌週の火曜日までであれば、契約の解除をすることができる。
（2013-34-2）

答　×：8日には告げられた日も含まれる。

自ら売主制限

 宅地建物取引業者Aが自ら売主としてマンション（販売価額3,000万円）の売買契約を締結した場合における次の記述のうち、民法及び宅地建物取引業法の規定によれば、正しいものはどれか。

❶ Aは、宅地建物取引業者であるBとの売買契約の締結に際して、当事者の債務不履行を理由とする契約の解除に伴う損害賠償の予定額を1,200万円とする特約を定めた。この特約は無効である。

❷ Aは、宅地建物取引業者でないCとの売買契約の締結に際して、当事者の債務不履行を理由とする契約の解除に伴う損害賠償の予定額を1,200万円とする特約を定めることができる。

❸ Aは、宅地建物取引業者であるDとの売買契約の締結に際して、当事者の債務不履行を理由とする契約の解除に伴う損害賠償の予定額の定めをしなかった場合、実際に生じた損害額1,000万円を立証により請求することができる。

❹ Aは、宅地建物取引業者でないEとの売買契約の締結に際して、当事者の債務不履行を理由とする契約の解除に伴う損害賠償の予定額を600万円、それとは別に違約金を600万円とする特約を定めた。これらの特約はすべて無効である。

損害賠償額と違約金は、合算で2割!

❶ 誤　**自ら売主制限は、業者間取引には適用されません**。つまり、損害賠償の予定額に制限は特にありません。　　　　　　　　　　　《自ら売主制限》

❷ 誤　損害賠償の予定額と違約金は**合算して売買代金の2割まで**となります。今回の場合は600万円を超えることはできません。　《損害賠償額の予定等の制限》

❸ 正　損害賠償の予定額を定めなかった場合には、実際に生じた損害額を請求することができます。　　　　　　　　　　　　　　　　《損害賠償額の予定等の制限》

❹ 誤　損害賠償の予定額と違約金を定める場合は**合算して2割まで**であり、超える部分は無効となります。あくまで超える部分が無効となるのであり、特約そのものが無効となるのではありません。　　　　　　　　《損害賠償額の予定等の制限》

 ❸

ちょこっと **よりみちトーク**

 選択肢❶の業者間取引に気づかなかった。

 自ら売主制限の問題を解くときには常に気をつけてください！

自ら売主制限

問題 79 宅地建物取引業者Aが行う建物の売買又は売買の媒介に関する次の記述のうち、宅地建物取引業法の規定に違反しないものはどれか。なお、買主は宅地建物取引業者ではないものとする。

❶ Aは、建物の売買の媒介に際し、買主に対して手付の貸付けを行う旨を告げて契約の締結を勧誘したが、売買契約は成立しなかった。

❷ 建物の売買の媒介に際し、買主から売買契約の申込みを撤回する旨の申出があったが、Aは、申込みの際に受領した預り金を既に売主に交付していたため、買主に返還しなかった。

❸ Aは、自ら売主となる建物（代金5,000万円）の売買に際し、あらかじめ買主の承諾を得た上で、代金の30％に当たる1,500万円の手付金を受領した。

❹ Aは、自ら売主として行う中古建物の売買に際し、当該建物の契約内容不適合担保責任について、Aがその責任を負う期間を引渡しの日から2年間とする特約をした。

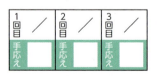

復習の内容も入っている。頭の切り換えを！

❶ **違反する**　**手付の貸与等は禁止**されています。実際に契約が成立しなかったとしても、そういう行為を行った時点で宅建業法違反です。　《広告・業務上の規制》

❷ **違反する**　買主が売買契約を解除したのだから、預かっているお金は返還しなければなりません。預り金の返還を拒むことは宅建業法違反です。

《広告・業務上の規制》

❸ **違反する**　自ら売主制限では、**手付は2割まで**しか受け取ることができません。今回は5,000万円の2割だから1,000万円までです。それを超える手付を受け取っても、超える部分は無効となりますし、受け取った時点で宅建業法違反となります。　《手付の額・性質の制限》

❹ **違反しない**　自ら売主制限では、契約内容不適合担保責任について、**民法の規定より不利な特約は無効**となります。しかし、責任を負う期間が引渡しの日から2年以上とする特約は有効です。　《契約内容不適合担保責任の特約制限》

解答　❹

❶、❷は第8コース「広告・業務上の規制」の復習です。できましたか？

自ら売主制限

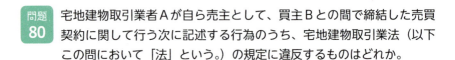

問題 80 宅地建物取引業者Aが自ら売主として、買主Bとの間で締結した売買契約に関して行う次に記述する行為のうち、宅地建物取引業法(以下この問において「法」という。)の規定に違反するものはどれか。

❶ Aは、宅地建物取引業者でないBとの間で建築工事完了前の建物を5,000万円で販売する契約を締結し、法第41条に規定する手付金等の保全措置を講じずに、200万円を手付金として受領した。

❷ Aは、宅地建物取引業者でないBとの間で建築工事が完了した建物を5,000万円で販売する契約を締結し、法第41条の2に規定する手付金等の保全措置を講じずに、当該建物の引渡し前に700万円を手付金として受領した。

❸ Aは、宅地建物取引業者でないBとの間で建築工事完了前の建物を1億円で販売する契約を締結し、法第41条に規定する手付金等の保全措置を講じた上で、1,500万円を手付金として受領した。

❹ Aは、宅地建物取引業者であるBとの間で建築工事が完了した建物を1億円で販売する契約を締結し、法第41条の2に規定する手付金等の保全措置を講じずに、当該建物の引渡し前に2,500万円を手付金として受領した。

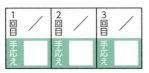

保全措置は必要？ 不要？

❶ **違反しない** 未完成物件の場合、**手付金が 5％以下でかつ 1,000 万円以下**であれば、保全措置を講じることなく受領することができます。5,000 万円の 5％（＝ 250 万円）以下で、かつ、1,000 万円以下なので、保全措置を講じることなく受け取ることができます。　　　　　　　　　　　《手付金等の保全措置》

❷ **違反する** 完成物件の場合、**手付金が 10％以下でかつ 1,000 万円以下**であれば、保全措置を講じることなく受領することができます。5,000 万円の 10％（＝ 500 万円）以下で、かつ、1,000 万円以下であれば受領できますが、今回は 700 万円と超えていますので、保全措置を講じなければ受領できません。　《手付金等の保全措置》

❸ **違反しない** Aは手付金を受け取る前に保全措置を講じているので問題ありません。ちなみに、手付の額も 2 割以内ですので、「手付金の額・性質」の問題も生じません。　　　　　　　　　　　　　　　　　　　　　　　《手付金等の保全措置》

❹ **違反しない** **自ら売主制限は、業者間取引には適用されません**。つまり、いくらであっても保全措置は不要です。　　　　　　　　　　　　　《自ら売主制限》

解答 ❷

覚えよう！

● 保全措置不要の場合

① 手付金等の合計額が少額の場合

　　未完成物件 ➡ 代金の **5％以下** かつ **1,000 万円以下**
　　完成物件　 ➡ 代金の **10％以下** かつ **1,000 万円以下**

② 買主が所有権の登記をしたとき

自ら売主制限

 宅地建物取引業者Ａが、自ら売主として買主との間で建築工事完了前の建物を 5,000 万円で売買する契約をした場合において、宅地建物取引業法第 41 条第 1 項に規定する手付金等の保全措置（以下この問において「保全措置」という。）に関する次の記述のうち、同法に違反するものはどれか。

❶　Ａは、宅地建物取引業者であるＢと契約を締結し、保全措置を講じずに、Ｂから手付金として 1,000 万円を受領した。

❷　Ａは、宅地建物取引業者でないＣと契約を締結し、保全措置を講じた上でＣから 1,000 万円の手付金を受領した。

❸　Ａは、宅地建物取引業者でないＤと契約を締結し、保全措置を講じることなくＤから手付金 100 万円を受領した後、500 万円の保全措置を講じた上で中間金 500 万円を受領した。

❹　Ａは、宅地建物取引業者でないＥと契約を締結し、Ｅから手付金 100 万円と中間金 500 万円を受領したが、既に当該建物についてＡからＥへの所有権移転の登記を完了していたため、保全措置を講じなかった。

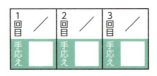

以前に受け取った金銭と合わせて保全措置！

❶ **違反しない** 自ら売主制限は、業者間取引には適用されません。つまり、いくらであっても保全措置は不要です。　《自ら売主制限》

❷ **違反しない** Ａは手付金を受け取る前に保全措置を講じているので問題ありません。ちなみに、手付の額も２割以内ですので、「手付金の額・性質」の問題も生じません。　《手付金等の保全措置》

❸ **違反する** 未完成物件の場合、5％（今回は250万円）を超える場合には、保全措置は全額について講じなければなりません。すでに受け取った手付金100万円と、これから受け取る中間金500万円の計600万円分の保全措置を講じる必要があります。　《手付金等の保全措置》

❹ **違反しない** 買主のもとに所有権移転登記があれば、保全措置を講じることなく受け取ることができます。　《手付金等の保全措置》

 解答 ❸

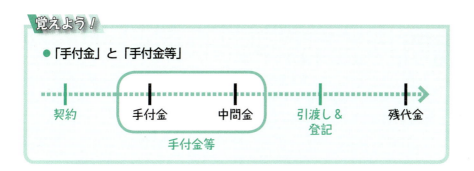

覚えよう！
●「手付金」と「手付金等」

自ら売主制限

問題 82
宅地建物取引業者Aが、自ら売主として買主との間で締結する売買契約に関する次の記述のうち、宅地建物取引業法（以下この問において「法」という。）の規定によれば、正しいものはどれか。なお、この問において「保全措置」とは、法第41条に規定する手付金等の保全措置をいうものとする。

❶ Aは、宅地建物取引業者でない買主Bとの間で建築工事完了前の建物を4,000万円で売却する契約を締結し300万円の手付金を受領する場合、銀行等による連帯保証、保険事業者による保証保険又は指定保管機関による保管により保全措置を講じなければならない。

❷ Aは、宅地建物取引業者Cに販売代理の依頼をし、宅地建物取引業者でない買主Dと建築工事完了前のマンションを3,500万円で売却する契約を締結した。この場合、A又はCのいずれかが保全措置を講ずることにより、Aは、代金の額の5％を超える手付金を受領することができる。

❸ Aは、宅地建物取引業者である買主Eとの間で建築工事完了前の建物を5,000万円で売却する契約を締結した場合、保全措置を講じずに、当該建物の引渡前に500万円を手付金として受領することができる。

❹ Aは、宅地建物取引業者でない買主Fと建築工事完了前のマンションを4,000万円で売却する契約を締結する際、100万円の手付金を受領し、さらに200万円の中間金を受領する場合であっても、手付金が代金の5％以内であれば保全措置を講ずる必要はない。

未完成物件では、できないものもある！

❶ 誤　未完成物件の場合、指定保管機関との手付金等寄託契約は使えません。
《手付金等の保全措置》

❷ 誤　手付金等の保全措置を講じなければならないのは売主（＝Ａ）です。代理業者のＣではありません。
《手付金等の保全措置》

❸ 正　自ら売主制限は業者間取引には適用されません。ですから、保全措置を講じずに手付金を受領しても問題ありません。
《自ら売主制限》

❹ 誤　未完成物件の場合、5％（今回は200万円）を超える場合には、保全措置は全額について講じなければなりません。すでに受け取った手付金100万円と、これから受け取る中間金200万円の計300万円分の保全措置を講じる必要があります。
《手付金等の保全措置》

解答　❸

覚えよう！

● 保全措置の方法

	銀行等との保証委託契約	保険事業者との保証保険契約	指定保管機関との手付金等寄託契約
未完成物件	○	○	×
完成物件	○	○	○

○：可　×：不可

自ら売主制限

 宅地建物取引業者Ａが自ら売主となって宅地建物の売買契約を締結した場合に関する次の記述のうち、宅地建物取引業法の規定に違反するものはどれか。なお、この問において、ＡとＣ以外の者は宅地建物取引業者ではないものとする。

❶　Ｂの所有する宅地について、ＢとＣが売買契約を締結し、所有権の移転登記がなされる前に、ＣはＡに転売し、Ａは更にＤに転売した。

❷　Ａの所有する土地付建物について、Ｅが賃借していたが、Ａは当該土地付建物を停止条件付でＦに売却した。

❸　Ｇの所有する宅地について、ＡはＧとの売買契約の予約をし、Ａは当該宅地をＨに転売した。

❹　Ｉの所有する宅地について、ＡはＩと停止条件付で取得する売買契約を締結し、その条件が成就する前に当該物件についてＪと売買契約を締結した。

契約・予約をしていれば、他人物でも販売可能！

❶ **違反しない** 売主Aは、B（仕入れ先）と売買契約をしたCと売買契約をしているので、Dに販売することが可能です。　《自己所有でない物件の契約締結制限》

❷ **違反しない** Eに賃貸していてもAの物であり、他人物ではないので問題なく売却できます。　《自己所有でない物件の契約締結制限》

❸ **違反しない** 売主Aは、G（仕入れ先）と予約をしているので、Hに販売することが可能です。　《自己所有でない物件の契約締結制限》

❹ **違反する** 停止条件付契約の場合、Aは確実にその宅地を入手できるとは限りません。よって、自ら売主制限では売買契約を締結してはいけないこととなっています。　《自己所有でない物件の契約締結制限》

解答 ❹

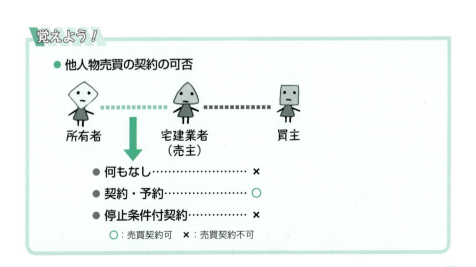

自ら売主制限

1997年 問41 改

 宅地建物取引業者Ａが、自ら売主として、宅地建物取引業者でないＢと建物の売買契約を締結した場合の契約内容不適合担保責任（以下この問において単に「担保責任」という。）に関する次の記述のうち、宅地建物取引業法及び民法の規定によれば、正しいものはどれか。なお、建物の引渡しの日は、契約締結の日の１月後とする。

❶ 「Ａが担保責任を負う期間は建物の引渡しの日から２年間とし、Ｂは、その期間内に、契約を解除することはできないが、損害賠償を請求することができる」旨の特約は無効である。

❷ 「建物が種類又は品質に関して契約の内容に適合しない場合でも、その契約内容の不適合がＡの責めに帰すものでないとき、Ａは担保責任を負わない」旨の特約は有効である。

❸ 「Ａが担保責任を負う期間は契約締結の日から２年間とし、Ｂは、その期間内に瑕疵修補請求権も行使できる」旨の特約は有効である。

❹ 「Ａが担保責任を負う期間は建物の引渡しの日から１年間とする」旨の特約は無効であり、Ａは、引渡しの日から２年間担保責任を負う。

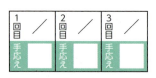

民法の契約内容不適合担保責任も思い出しつつ解こう！

❶ 正　自ら売主制限では、民法の規定よりも買主に不利な特約は無効となります。引渡しから2年という特約は例外的に有効となりますが、解除できないとするのは買主に不利となりますので、特約は無効となります。

《契約内容不適合担保責任の特約制限》

❷ 誤　民法では契約内容不適合担保責任について、解除、追完請求及び代金減額請求は売主の責めに帰すべき事由がなくても売主が担保責任を負います。民法の規定よりも買主に不利な特約となっていますので、この特約は無効となります。

《契約内容不適合担保責任の特約制限》

❸ 誤　責任追及期間を引渡しから2年以上とする特約は例外的に有効ですが、契約締結から2年間とすると、さらにそれより期間が1カ月短くなるので、この特約は無効となります。　　《契約内容不適合担保責任の特約制限》

❹ 誤　確かに、引渡しから1年とするこの特約は無効となりますが、無効になったら民法の規定（＝知った時から1年）に戻ります。

《契約内容不適合担保責任の特約制限》

引渡しから2年ならOKですが、契約から2年だと、さらにそれより短くなるので特約は無効になります。

自ら売主制限

2011年 問39 改

 問題 85

宅地建物取引業者A社が、自ら売主として行う宅地（代金3,000万円）の売買に関する次の記述のうち、宅地建物取引業法の規定に違反するものはどれか。

❶ A社は、宅地建物取引業者である買主B社との間で売買契約を締結したが、B社は支払期日までに代金を支払うことができなかった。A社は、B社の債務不履行を理由とする契約解除を行い、契約書の違約金の定めに基づき、B社から1,000万円の違約金を受け取った。

❷ A社は、宅地建物取引業者でない買主Cとの間で、割賦販売の契約を締結したが、Cが賦払金の支払を遅延した。A社は20日の期間を定めて書面にて支払を催告したが、Cがその期間内に賦払金を支払わなかったため、契約を解除した。

❸ A社は、宅地建物取引業者でない買主Dとの間で、割賦販売の契約を締結し、引渡しを終えたが、Dは300万円しか支払わなかったため、宅地の所有権の登記をA社名義のままにしておいた。

❹ A社は、宅地建物取引業者である買主E社との間で、売買契約を締結したが、契約内容不適合担保責任について、「契約内容不適合による契約の解除、代金減額、追完又は損害賠償の請求は、契約対象物件である宅地の引渡しの日から1年を経過したときはできない」とする旨の特約を定めていた。

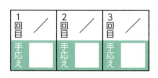

30日以上の期間を定めて書面で催告！

❶ **違反しない**　自ら売主制限は業者間取引には適用されません。違約金を1,000万円と契約書で定めていても宅建業法違反とはなりません。
《自ら売主制限》

❷ **違反する**　自ら売主制限では、30日以上の期間を定めて書面にて催告しなければなりません。
《割賦販売契約》

❸ **違反しない**　自ら売主制限では、所有権の留保は原則禁止していますが、代金の30％の支払いを受けるまでの間は登記を移さず所有権を留保しても構わないとしています。
《割賦販売契約》

❹ **違反しない**　自ら売主制限は業者間取引には適用されません。契約内容不適合担保責任で民法より不利な特約をしていても宅建業法違反とはなりません。
《自ら売主制限》

解答　❷

自ら売主制限は、売主が宅建業者、買主が宅建業者じゃない場合に適用されるので、それさえわかっていたら解けるよね。

確かに！

少なくとも2つの肢は消せるよ！

うんうん、その調子！

自ら売主制限

2009年 問37

 自らが売主である宅地建物取引業者Ａと、宅地建物取引業者でないＢとの間での売買契約に関する次の記述のうち、宅地建物取引業法（以下この問において「法」という。）の規定によれば、正しいものはどれか。

❶ Ａは、Ｂとの間における建物の売買契約（代金2,000万円）の締結に当たり、手付金として100万円の受領を予定していた。この場合において、損害賠償の予定額を定めるときは、300万円を超えてはならない。

❷ ＡとＢが締結した建物の売買契約において、Ｂが手付金の放棄による契約の解除ができる期限について、金融機関からＢの住宅ローンの承認が得られるまでとする旨の定めをした。この場合において、Ａは、自らが契約の履行に着手する前であれば、当該承認が得られた後は、Ｂの手付金の放棄による契約の解除を拒むことができる。

❸ Ａは、喫茶店でＢから宅地の買受けの申込みを受けたことから、翌日、前日と同じ喫茶店で当該宅地の売買契約を締結し、代金の全部の支払を受けた。その4日後に、Ｂから法第37条の2の規定に基づくいわゆるクーリング・オフによる当該契約を解除する旨の書面による通知を受けた場合、Ａは、当該宅地をＢに引き渡していないときは、代金の全部が支払われたことを理由に当該解除を拒むことはできない。

❹ Ａは、Ｂとの間で宅地の割賦販売の契約（代金3,000万円）を締結し、当該宅地を引き渡した。この場合において、Ａは、Ｂから1,500万円の賦払金の支払を受けるまでに、当該宅地に係る所有権の移転登記をしなければならない。

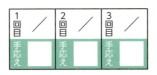

自ら売主制限の総合問題！

❶ **誤** 自ら売主制限では、<u>損害賠償の予定額と違約金を合算して2割まで</u>としています。2割は400万円なので、そこまでは予定額とすることができます。

《損害賠償額の予定等の制限》

❷ **誤** 自ら売主制限では、民法の規定よりも買主に不利な特約は無効となります。今回の特約は買主Bに不利なので無効となります。民法通り、Aが履行に着手するまではBは手付解除をすることが可能です。　《手付の額・性質の制限》

❸ **正** 喫茶店で買受けの申込みを受けたのでクーリング・オフは可能です。しかし、その場合でも、<u>引渡しを受け、かつ代金全額を支払った場合</u>にはクーリング・オフができなくなります。今回はまだ引渡しを受けていないので、クーリング・オフは可能です。　《クーリング・オフ》

❹ **誤** 自ら売主制限では、所有権の留保は原則禁止していますが、<u>代金の30％の支払いを受けるまでの間は留保しても構わない</u>としています。代金の50％である1,500万円の賦払金の支払いを受けるまでではありません。　《割賦販売契約》

解答 ❸

 解けたかな？

こんがらかってます…。

 まずは「自ら売主制限」＝「8種制限」をおさえて、そこから1つ1つ知識を確認していこう！

住宅瑕疵担保履行法

 特定住宅瑕疵担保責任の履行の確保等に関する法律に基づく住宅販売瑕疵担保保証金の供託又は住宅販売瑕疵担保責任保険契約の締結に関する次の記述のうち、正しいものはどれか。

❶ 宅地建物取引業者は、自ら売主として宅地建物取引業者である買主との間で新築住宅の売買契約を締結し、その住宅を引き渡す場合、住宅販売瑕疵担保保証金の供託又は住宅販売瑕疵担保責任保険契約の締結を行う義務を負う。

❷ 自ら売主として新築住宅を販売する宅地建物取引業者は、住宅販売瑕疵担保保証金の供託をする場合、宅地建物取引業者でない買主へのその住宅の引渡しまでに、買主に対し、保証金を供託している供託所の所在地等について記載した書面を交付して説明しなければならない。

❸ 自ら売主として新築住宅を宅地建物取引業者でない買主に引き渡した宅地建物取引業者は、基準日に係る住宅販売瑕疵担保保証金の供託及び住宅販売瑕疵担保責任保険契約の締結の状況について届出をしなければ、当該基準日以後、新たに自ら売主となる新築住宅の売買契約を締結することができない。

❹ 住宅販売瑕疵担保責任保険契約を締結している宅地建物取引業者は、当該保険に係る新築住宅に、構造耐力上主要な部分及び雨水の浸入を防止する部分の隠れた瑕疵（構造耐力又は雨水の浸入に影響のないものを除く。）がある場合に、特定住宅販売瑕疵担保責任の履行によって生じた損害について保険金を請求することができる。

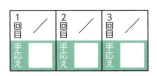

自ら売主制限と同様に、業者間取引には適用されない！

❶ 誤　住宅瑕疵担保履行法は、売主が業者で買主が業者以外の場合に適用されます。今回は買主も宅建業者ですので、住宅瑕疵担保履行法の適用はありません。

《住宅瑕疵担保履行法》

❷ 誤　供託所の説明は、契約成立前に書面を交付して行わなければなりません。引渡し前ではありません。　　　　　　　　《住宅瑕疵担保履行法》

❸ 誤　基準日の翌日から起算して50日経過した日以後は、自ら売主として新築住宅の売買契約ができなくなります。基準日以後ではありません。

《住宅瑕疵担保履行法》

❹ 正　新築住宅の構造耐力上主要な部分と雨水の浸入を防止する部分に瑕疵があれば、売主は責任を取らなければなりません。そのために供託か保険などの資力確保措置が義務付けられています。業者が保険に入っているのであれば、売主は保険金の請求ができます。　　　　　　　　《住宅瑕疵担保履行法》

 ❹

覚えよう！

● 宅建業者間取引で適用のないもの
　1　営業保証金・弁済業務保証金の還付
　2　供託所の説明
　3　重要事項説明（書面交付は必要）
　4　自ら売主制限
　5　住宅瑕疵担保履行法の資力確保措置

住宅瑕疵担保履行法

2011年 問45

問題88 特定住宅瑕疵担保責任の履行の確保等に関する法律に基づく住宅販売瑕疵担保保証金の供託又は住宅販売瑕疵担保責任保険契約の締結（以下この問において「資力確保措置」という。）に関する次の記述のうち、正しいものはどれか。

❶ 宅地建物取引業者は、自ら売主として建設業者である買主との間で新築住宅の売買契約を締結し、当該住宅を引き渡す場合、資力確保措置を講じる必要はない。

❷ 自ら売主として新築住宅を宅地建物取引業者でない買主に引き渡した宅地建物取引業者は、基準日に係る資力確保措置の状況の届出をしなければ、当該基準日以後、新たに自ら売主となる新築住宅の売買契約を締結することができない。

❸ 自ら売主として新築住宅を販売する宅地建物取引業者は、住宅販売瑕疵担保保証金の供託をする場合、当該住宅の売買契約を締結するまでに、当該住宅の買主に対し、供託所の所在地等について記載した書面を交付して説明しなければならない。

❹ 住宅販売瑕疵担保責任保険契約は、新築住宅の買主が保険料を支払うことを約し、住宅瑕疵担保責任保険法人と締結する保険契約であり、当該住宅の引渡しを受けた時から10年間、当該住宅の瑕疵によって生じた損害について保険金が支払われる。

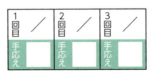

建設業者は宅建業者ではない！

❶ 誤　建設業者は宅建業者ではありません。よって、住宅瑕疵担保履行法が適用され、資力確保措置が義務付けられます。
《住宅瑕疵担保履行法》

❷ 誤　**基準日の翌日から起算して 50 日経過**した日以後は、自ら売主として新築住宅の売買契約ができなくなります。基準日以後ではありません。
《住宅瑕疵担保履行法》

❸ 正　供託所の説明は、**契約成立前**に**書面を交付して**行わなければなりません。
《住宅瑕疵担保履行法》

❹ 誤　保険料を支払うのは**業者**です。　　《住宅瑕疵担保履行法》

覚えよう！

- 資力確保措置（保険への加入）
  1. 宅建業者が保険料を支払う
  2. 保険金額が 2,000 万円以上であること
  3. 有効期間が 10 年以上であること

住宅瑕疵担保履行法

2017年 問45

 宅地建物取引業者Aが自ら売主として、宅地建物取引業者でない買主Bに新築住宅を販売する場合における次の記述のうち、特定住宅瑕疵担保責任の履行の確保等に関する法律の規定によれば、正しいものはどれか。

❶ Aは、住宅販売瑕疵担保保証金の供託をする場合、Bに対し、当該住宅を引き渡すまでに、供託所の所在地等について記載した書面を交付して説明しなければならない。

❷ 自ら売主として新築住宅をBに引き渡したAが、住宅販売瑕疵担保保証金を供託する場合、その住宅の床面積が55㎡以下であるときは、新築住宅の合計戸数の算定に当たって、床面積55㎡以下の住宅2戸をもって1戸と数えることになる。

❸ Aは、基準日に係る住宅販売瑕疵担保保証金の供託及び住宅販売瑕疵担保責任保険契約の締結の状況についての届出をしなければ、当該基準日から1月を経過した日以後においては、新たに自ら売主となる新築住宅の売買契約を締結してはならない。

❹ Aは、住宅販売瑕疵担保責任保険契約の締結をした場合、当該住宅を引き渡した時から10年間、当該住宅の給水設備又はガス設備の瑕疵によって生じた損害について保険金の支払を受けることができる。

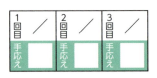

契約前に供託所について説明しておきましょう！

❶ 誤　供託所の説明は、<u>契約成立前</u>に書面を交付して行わなければなりません。引渡し前ではありません。
《住宅瑕疵担保履行法》

❷ 正　<u>住宅の床面積が 55㎡以下の場合には、2 戸で 1 戸分とします。</u>
《住宅瑕疵担保履行法》

❸ 誤　<u>基準日の翌日から起算して 50 日経過</u>した日以後は、自ら売主として新築住宅の売買契約ができなくなります。基準日から 1 カ月を経過した日以後ではありません。
《住宅瑕疵担保履行法》

❹ 誤　新築住宅の<u>構造耐力上主要な部分</u>と<u>雨水の浸入を防止する部分</u>に瑕疵があれば、売主は責任を取らなければなりません。給水設備やガス設備の瑕疵は対象外です。
《住宅瑕疵担保履行法》

売主は責任を取らなくちゃならなくなったらお金が必要だよね。だから資力確保措置があるんだ。

報酬額の制限

2009年 問41 改

宅地建物取引業者Ａ（消費税課税事業者）が売主Ｂ（消費税課税事業者）からＢ所有の土地付建物の媒介の依頼を受け、買主Ｃとの間で売買契約を成立させた場合、ＡがＢから受領できる報酬の上限額は、次のうちどれか。なお、土地付建物の代金は 8,800 万円（うち、土地代金は 5,500 万円）で、消費税額及び地方消費税額を含むものとする。

❶ 2,610,000 円

❷ 2,818,000 円

❸ 2,871,000 円

❹ 2,970,000 円

土地付建物の代金＝土地の代金＋建物の代金

　土地代金が 5,500 万円であれば、建物代金は 3,300 万円となります。土地は非課税なのでそのまま、建物は税抜価格に直して 3,000 万円となります。すると、土地付建物は 8,500 万円となります。

8,500 万円 × 3％ ＋ 6 万円 ＝ 261 万円

この数値に、消費税を加えます。課税事業者なので 10％として計算します。

261 万円 × 1.1 ＝ 287 万 1,000 円

よって、答えは❸となります。　　　　　　　　　《報酬額の制限（売買・交換）》

覚えよう！

● 報酬額の制限（売買）　速算法

代金額	計算式
200 万円以下	代金の 5％
200 万円超 400 万円以下	代金の 4％ ＋ 2 万円
400 万円超	代金の 3％ ＋ 6 万円

宅建士試験では電卓が使用できません。基本的な計算はできるようにしておいてください！

報酬額の制限

 宅地建物取引業者A及び宅地建物取引業者B（共に消費税課税事業者）が受け取る報酬に関する次の記述のうち、正しいものはいくつあるか。

ア　Aが居住用建物の貸借の媒介をするに当たり、依頼者からの依頼に基づくことなく広告をした場合でも、その広告が貸借の契約の成立に寄与したとき、Aは、報酬とは別に、その広告料金に相当する額を請求できる。

イ　Aは売主から代理の依頼を受け、Bは買主から媒介の依頼を受けて、代金4,000万円の宅地の売買契約を成立させた場合、Aは売主から277万2,000円、Bは買主から138万6,000円の報酬をそれぞれ受けることができる。

ウ　Aは貸主から、Bは借主から、それぞれ媒介の依頼を受けて、共同して居住用建物の賃貸借契約を成立させた場合、貸主及び借主の承諾を得ていれば、Aは貸主から、Bは借主からそれぞれ借賃の1.1か月分の報酬を受けることができる。

❶　一つ
❷　二つ
❸　三つ
❹　なし

依頼者からの依頼があれば、料金を別途請求可能。

ア　誤　依頼者からの依頼があれば別に広告料金を請求できますが、今回は依頼者の依頼に基づいているわけではないので、請求することはできません。

《報酬額の制限》

イ　誤　4,000万円×3％＋6万円＝126万円、2倍まで受け取れるので252万円、これに消費税を加えて277万2,000円が限度となります。今回は合計で415万8,000円受け取ろうとしていますが、受け取ることはできません。

《報酬額の制限（売買・交換）》

ウ　誤　貸借の媒介で受領できるのは、**合計で借賃の1.1カ月分**（1カ月分＋消費税）までです。それぞれ1カ月分ではありません。　《報酬額の制限（貸借）》

以上のことから、正しい選択肢は1つもないですから、❹が正解となります。

覚えよう！

● 報酬額の制限（貸借）

	居住用建物	居住用建物以外 （店舗・事務所・宅地など）
媒介	貸主・借主合わせて借賃1カ月分 （承諾のない依頼者からは2分の1カ月分）	① 貸主・借主合わせて借賃1カ月分（内訳問わず） ② 権利金*の授受がある場合は、権利金を売買代金とみなして報酬計算した額 ①②のうち、いずれか高いほう
代理	貸主・借主合わせて借賃1カ月分 （内訳問わず）	

＊権利金とは、権利設定の対価として支払われる金銭で、返還されないものをいう。

報酬額の制限

 宅地建物取引業者A及びB（ともに消費税課税事業者）が受領した報酬に関する次の記述のうち、宅地建物取引業法の規定に違反するものの組合せはどれか。なお、この問において「消費税等相当額」とは、消費税額及び地方消費税額に相当する金額をいうものとする。

ア 土地付新築住宅（代金3,000万円。消費税等相当額を含まない。）の売買について、Aは売主から代理を、Bは買主から媒介を依頼され、Aは売主から211万2,000円を、Bは買主から105万6,000円を報酬として受領した。

イ Aは、店舗用建物について、貸主と借主双方から媒介を依頼され、借賃1か月分20万円（消費税等相当額を含まない。）、権利金500万円（権利設定の対価として支払われる金銭であって返還されないもので、消費税等相当額を含まない。）の賃貸借契約を成立させ、貸主と借主からそれぞれ23万円を報酬として受領した。

ウ 居住用建物（借賃1か月分10万円）について、Aは貸主から媒介を依頼され、Bは借主から媒介を依頼され、Aは貸主から8万円、Bは借主から5万5,000円を報酬として受領した。なお、Aは、媒介の依頼を受けるに当たって、報酬が借賃の0.55か月分を超えることについて貸主から承諾を得ていた。

❶ ア、イ
❷ イ、ウ
❸ ア、ウ
❹ ア、イ、ウ

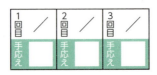

売買・交換は1つの取引につき基準額の2倍まで！

ア 違反する 複数業者が関与したとしても、1つの取引につき基準額の2倍までなので、3,000万円×3％＋6万円＝96万円、2倍すると192万円、それに消費税を加えると211万2,000円となります。今回は合計316万8,000円受け取ろうとしていますので、宅建業法に違反します。《報酬額の制限（売買・交換）》

イ 違反しない 居住用以外の建物で、権利金の授受がある場合、それを売買代金とみなして計算することができます。500万円×3％＋6万円＝21万円、それに消費税を加えて、一方から23万1,000円を限度として受け取れるので、宅建業法には違反しません。《報酬額の制限（貸借）》

ウ 違反する 複数業者が関与する場合にも、合わせて借賃の1カ月分が限度です。つまり、消費税を加えた合計で11万円しか受け取れません。合計13万5,000円を受け取っているので、宅建業法に違反します。《報酬額の制限（貸借）》

以上のことから、違反するものは**ア・ウ**ですから、**❸**が正解となります。

解答 ❸

ちょこっと よりみちトーク

す、数字が多いっすね…（汗）

当たり前よ！ ここは報酬額のところだぜ。宅建業者がお金を間違えたらまずいだろう。さあ、頑張ろうぜ。

報酬額の制限

 宅地建物取引業者A（消費税課税事業者）は、Bが所有する建物について、B及びCから媒介の依頼を受け、Bを貸主、Cを借主とし、1か月分の借賃を10万円（消費税等相当額を含まない。）、CからBに支払われる権利金（権利設定の対価として支払われる金銭であって返還されないものであり、消費税等相当額を含まない。）を150万円とする定期建物賃貸借契約を成立させた。この場合における次の記述のうち、宅地建物取引業法の規定によれば、正しいものはどれか。

❶ 建物が店舗用である場合、Aは、B及びCの承諾を得たときは、B及びCの双方からそれぞれ11万円の報酬を受けることができる。

❷ 建物が居住用である場合、Aが受け取ることができる報酬の額は、CからBに支払われる権利金の額を売買に係る代金の額とみなして算出される16万5,000円が上限となる。

❸ 建物が店舗用である場合、Aは、Bからの依頼に基づくことなく広告をした場合でも、その広告が賃貸借契約の成立に寄与したときは、報酬とは別に、その広告料金に相当する額をBに請求することができる。

❹ 定期建物賃貸借契約の契約期間が終了した直後にAが依頼を受けてBC間の定期建物賃貸借契約の再契約を成立させた場合、Aが受け取る報酬については、宅地建物取引業法の規定が適用される。

再契約は新規の契約と同様に考える。

❶ 誤　権利金の授受があるので、これを売買代金とみなして計算します。すると、150万円×5％＝7万5000円となります。双方から依頼があるので、合計15万円となります。それと1カ月分の家賃である10万円と比較すると、高いほうは15万円となります。したがって、双方から受け取ることができる報酬は15万円に消費税を加えた16万5000円が限度となります。ちなみに、貸借の場合、合わせて家賃の1カ月分なので、選択肢の「それぞれ11万円（＝合計22万円）」を受け取ること自体ができません。

❷ 誤　**居住用の場合、権利金での計算はできません**。したがって、限度額は家賃の1カ月分に消費税を加えた11万円となります。

❸ 誤　依頼に基づくことのない広告であれば、報酬額とは別に受け取ることはできません。

❹ 正　再契約の場合、新規の契約と同様に考えます。したがって、宅地建物取引業法の適用があります。

 ❹

報酬額の制限

2018年 問31改

 宅地建物取引業者A（消費税課税事業者）が受け取ることのできる報酬の上限額に関する次の記述のうち、宅地建物取引業法の規定によれば、正しいものはどれか。

❶ 土地付中古住宅（代金500万円。消費税等相当額を含まない。）の売買について、Aが売主Bから媒介を依頼され、現地調査等の費用が通常の売買の媒介に比べ5万円（消費税等相当額を含まない。）多く要する場合、その旨をBに対し説明した上で、AがBから受け取ることができる報酬の上限額は286,000円である。

❷ 土地付中古住宅（代金300万円。消費税等相当額を含まない。）の売買について、Aが買主Cから媒介を依頼され、現地調査等の費用が通常の売買の媒介に比べ4万円（消費税等相当額を含まない。）多く要する場合、その旨をCに対し説明した上で、AがCから受け取ることができる報酬の上限額は198,000円である。

❸ 土地（代金350万円。消費税等相当額を含まない。）の売買について、Aが売主Dから媒介を依頼され、現地調査等の費用が通常の売買の媒介に比べ2万円（消費税等相当額を含まない。）多く要する場合、その旨をDに対し説明した上で、AがDから受け取ることができる報酬の上限額は198,000円である。

❹ 中古住宅（1か月分の借賃15万円。消費税等相当額を含まない。）の貸借について、Aが貸主Eから媒介を依頼され、現地調査等の費用が通常の貸借の媒介に比べ3万円（消費税等相当額を含まない。）多く要する場合、その旨をEに対し説明した上で、AがEから受け取ることができる報酬の上限額は198,000円である。

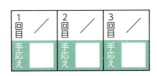

空き家等の特例の問題

❶ 誤　空き家等の特例は **400 万円以下の物件のみ** 適用されます。したがって、現地小佐藤の費用を別途受け取ることはできません。

❷ 誤　空現地調査等の費用は **売主から** 受け取ることができます。買主から受け取ることはできません。

❸ 正　350 万円 × 4％ ＋ 2 万円で 16 万円、それに現地調査等の費用 2 万円を合わせて 18 万円をとなります。それに消費税を加えて 19 万 8,000 円を受領できます。

❹ 誤　空き家等の特例は **売買のみ** であり、貸借では特例の適用はできません。

> ● 空家等の特例
>
> ① 400 万円以下の空家等の場合
> ② 報酬の他に現地調査等の費用を受取可
> 　→報酬額と調査費用を合わせて 18 万円まで
> 　→売主から受け取る（買主からの受取は不可）
> ③ 貸借では適用不可

監督・罰則

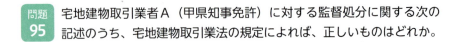

問題95 宅地建物取引業者A（甲県知事免許）に対する監督処分に関する次の記述のうち、宅地建物取引業法の規定によれば、正しいものはどれか。

❶ Aの専任の宅地建物取引士が事務禁止処分を受けた場合において、Aの責めに帰すべき理由があるときは、甲県知事は、Aに対して指示処分をすることができる。

❷ 甲県知事は、Aの事務所の所在地を確知できないときは、直ちにAの免許を取り消すことができる。

❸ Aが宅地建物取引業法の規定に違反したとして甲県知事から指示処分を受け、その指示に従わなかった場合、甲県知事は、Aの免許を取り消さなければならない。

❹ 甲県知事は、Aに対して指示処分をした場合には、甲県の公報により、その旨を公告しなければならない。

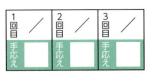

指示処分→業務停止処分→免許取消処分

❶ 正　宅地建物取引士が監督処分を受けた際、業者Aの責めに帰すべき理由がある（＝その処分の原因が業者にある）ときには、業者も監督処分を受けることがあります。　《監督》

❷ 誤　所在地を確知できない場合、公告を行い、その公告の日から30日経過しても申出がなければ免許取消しが可能なのであって、直ちに免許取消しはできません。　《監督》

❸ 誤　指示処分に従わなかった場合、その1ランク上の業務停止処分をすることができます。いきなり免許取消しができるわけではありません。　《監督》

❹ 誤　監督処分をした際の公告は、業者に対して業務停止処分と免許取消処分をした際に行います。指示処分では公告を行いません。　《監督》

解答　❶

覚えよう！

● 公告の要否

	業者
指示処分	×
業務停止処分	○
免許取消処分	○

	宅建士
指示処分	×
事務禁止処分	×
登録消除処分	×

○：要　×：不要

監督・罰則

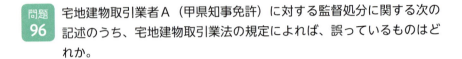

問題96 宅地建物取引業者A（甲県知事免許）に対する監督処分に関する次の記述のうち、宅地建物取引業法の規定によれば、誤っているものはどれか。

❶ Aが、乙県の区域内の業務に関し乙県知事から受けた業務停止の処分に違反した場合でも、乙県知事は、Aの免許を取り消すことはできない。

❷ Aが、乙県の区域内の業務に関し乙県知事から指示を受け、その指示に従わなかった場合でも、甲県知事は、Aに対し業務停止の処分をすることはできない。

❸ Aが、甲県の区域内の業務に関し甲県知事から指示を受け、その指示に従わなかった場合で、情状が特に重いときであっても、国土交通大臣は、Aの免許を取り消すことはできない。

❹ Aの取締役が宅地建物取引業の業務に関し、建築基準法の規定に違反したとして罰金刑に処せられた場合、甲県知事は、Aに対して必要な指示をすることができる。

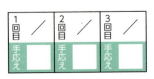

免許取消処分は免許権者のみ！

❶ 正 **免許取消処分は免許権者しかできません。** Aは甲県知事免許なので、免許取消しができるのは甲県知事のみです。乙県知事はできません。　《監督》

❷ 誤 業務停止処分は免許権者（＝甲県知事）でも現地の知事（＝乙県知事）でもできます。　《監督》

❸ 正 **免許取消処分は免許権者しかできません。** Aは甲県知事免許なので、免許取消しができるのは甲県知事のみです。国土交通大臣はできません。　《監督》

❹ 正 法令に違反した場合、それがどのような法令であっても、**宅建業の業務に関しての違反であれば、**知事は指示をすることができます。　《監督》

解答 ❷

覚えよう！

● 宅建業者に対する監督処分

	免許権者	業務地を管轄する 都道府県知事
指示処分	○	○
業務停止処分	○	○
免許取消処分	○	×

○：できる　×：できない

監督・罰則

問題 97 宅地建物取引業法の規定に基づく監督処分に関する次の記述のうち、正しいものはどれか。

❶ 国土交通大臣又は都道府県知事は、宅地建物取引業者に対して必要な指示をしようとするときは、行政手続法に規定する弁明の機会を付与しなければならない。

❷ 甲県知事は、宅地建物取引業者A社（国土交通大臣免許）の甲県の区域内における業務に関し、A社に対して指示処分をした場合、遅滞なく、その旨を国土交通大臣に通知するとともに、甲県の公報により公告しなければならない。

❸ 乙県知事は、宅地建物取引業者B社（丙県知事免許）の乙県の区域内における業務に関し、B社に対して業務停止処分をした場合は、乙県に備えるB社に関する宅地建物取引業者名簿へ、その処分に係る年月日と内容を記載しなければならない。

❹ 国土交通大臣は、宅地建物取引業者C社（国土交通大臣免許）が宅地建物取引業法第37条に規定する書面の交付をしていなかったことを理由に、C社に対して業務停止処分をしようとするときは、あらかじめ、内閣総理大臣に協議しなければならない。

監督処分の前には聴聞が必要！

❶ 誤　監督処分をする前には聴聞を開かなければなりません。弁明の機会の付与ではありません。　《監督》

❷ 誤　監督処分をした際の公告は、業者に対して業務停止処分と免許取消処分をした際に行います。指示処分の場合、公告は必要ありません。　《監督》

❸ 誤　B社の免許権者は丙県知事なので、B社の宅地建物取引業者名簿は丙県に備えています。　《監督》

❹ 正　国土交通大臣は、その免許を与えた業者に処分をする際には、あらかじめ、内閣総理大臣に協議しなければなりません。　《監督》

解答　❹

ちょこっと よりみちトーク

「聴聞」と「弁明の機会の付与」って何が違うんですか？

「弁明の機会の付与」は原則書面で、「聴聞」は原則口頭で行うことになっているよ。聴聞のほうが厳しい処分を下す場合に用いられることが多いね。

確かに、実際に呼び出されるほうが重大な感じがしますね。

聴聞が必要なものは通常は許認可の取消しレベルのものだけど、宅建業法では監督処分をする場合には、すべての監督処分で弁明の機会の付与ではなく聴聞を実施するというように変えています。

監督・罰則

問題 98 宅地建物取引業法の規定に基づく監督処分に関する次の記述のうち、誤っているものはどれか。

❶ 国土交通大臣は、すべての宅地建物取引業者に対して、宅地建物取引業の適正な運営を確保するため必要な指導、助言及び勧告をすることができる。

❷ 国土交通大臣又は都道府県知事は、宅地建物取引業者に対し、業務の停止を命じ、又は必要な指示をしようとするときは聴聞を行わなければならない。

❸ 宅地建物取引業者は、宅地建物取引業法に違反した場合に限り、監督処分の対象となる。

❹ 宅地建物取引業者は、宅地建物取引業法第31条の3第1項に規定する専任の宅地建物取引士の設置要件を欠くこととなった場合、2週間以内に当該要件を満たす措置を執らなければ監督処分の対象となる。

> 宅建士が足りなくなったら、2週間以内に補充！

❶ 正　国土交通大臣は、すべての業者に対して、必要な指導や助言や勧告をすることができます。　　《監督》

❷ 正　監督処分をするためには、あらかじめ聴聞を行わなければなりません。《監督》

❸ 誤　宅建業法以外の法令に違反した場合であっても、それが**宅建業の業務に関わる法令違反である場合**には監督処分の対象となります。　　《監督》

❹ 正　専任の宅地建物取引士に欠員が生じたら2週間以内に補充しなければなりません。それに違反した場合は業務停止処分を受けることがあります。　《監督》

解答　❸

宅建業者や宅建士に対して監督処分を行う場合、原則として、あらかじめ公開による聴聞をしなければなりません。

監督・罰則

問題99 甲県知事の宅地建物取引士資格登録（以下この問において「登録」という。）を受けている宅地建物取引士Aへの監督処分に関する次の記述のうち、宅地建物取引業法の規定によれば、正しいものはどれか。

❶ Aは、乙県内の業務に関し、他人に自己の名義の使用を許し、当該他人がその名義を使用して宅地建物取引士である旨の表示をした場合、乙県知事から必要な指示を受けることはあるが、宅地建物取引士として行う事務の禁止の処分を受けることはない。

❷ Aは、乙県内において業務を行う際に提示した宅地建物取引士証が、不正の手段により交付を受けたものであるとしても、乙県知事から登録を消除されることはない。

❸ Aは、乙県内の業務に関し、乙県知事から宅地建物取引士として行う事務の禁止の処分を受け、当該処分に違反したとしても、甲県知事から登録を消除されることはない。

❹ Aは、乙県内の業務に関し、甲県知事又は乙県知事から報告を求められることはあるが、乙県知事から必要な指示を受けることはない。

指示処分→事務禁止処分→登録消除処分

❶ 誤　登録を行った知事でなくても、指示処分と事務禁止処分は可能です。ですので、乙県知事から事務禁止処分を受けることはあります。　《監督》

❷ 正　**登録を行った知事でなければ、登録消除処分はできません**。ですので、乙県知事から登録消除処分を受けることはありません。　《監督》

❸ 誤　**登録を行った知事は、登録消除処分をしなければなりません。**　《監督》

❹ 誤　登録を行った知事でなくても、指示処分と事務禁止処分は可能です。ですので、乙県知事から指示処分を受けることはあります。　《監督》

解答　❷

覚えよう！

● 宅建士に対する監督処分

	登録をしている都道府県知事	処分対象行為を行った都道府県の知事
指示処分	○	○
事務禁止処分	○	○
登録消除処分	○	×

○：できる　×：できない

過去問プラスアルファ

問　宅地建物取引士が、宅地建物取引士として行う事務に関し不正又は著しく不当な行為をした場合で、情状が特に重いときは、その登録を消除されるとともに、消除処分があった旨の公告がなされる。(1995-38-3)

答　×：宅建士への監督処分の場合、公告は不要。

監督・罰則

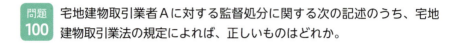

問題100 宅地建物取引業者Aに対する監督処分に関する次の記述のうち、宅地建物取引業法の規定によれば、正しいものはどれか。

❶ Aが、宅地建物取引業法の業務に関して、建築基準法の規定に違反して罰金に処せられた場合、これをもって業務停止処分を受けることはない。

❷ Aは、自ら貸主となり、借主との間でオフィスビルの一室の賃貸借契約を締結した業務において、賃貸借契約書は当該借主に対して交付したが、重要事項の説明を行わなかった場合、これをもって指示処分を受けることはない。

❸ 都道府県知事は、Aに対し、業務停止処分をしようとするときは、聴聞を行わなければならないが、指示処分をするときは、聴聞を行う必要はない。

❹ Aの取締役が宅地建物取引業の業務に関するものではないが、脱税し、所得税法に違反したとして罰金刑に処せられた場合、Aは指示処分を受けることがある。

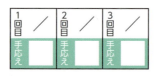

自ら貸借は、宅建業ではない！

❶ 誤　法令に違反した場合、それがどのような法令であっても、宅建業の業務に関しての違反であれば、業務停止処分を受けることがあります。　《監督》

❷ 正　自ら貸借は取引ではないので宅建業法の適用はありません。ということは、重要事項の説明も行う必要がなく、行わなかったとしても宅建業法違反ではないので、指示処分を受けることはありません。　《宅建業の意味》

❸ 誤　監督処分をするためには、あらかじめ聴聞を行わなければなりません。《監督》

❹ 誤　法令に違反した場合、それがどのような法令であっても、宅建業の業務に関しての違反であれば、監督処分を受けることがあります。しかし、宅建業の業務に関するものでないならば、監督処分を受けることはありません。　《監督》

解答　❷

選択肢❷は第1コースの復習です。

ちょこっと よりみちトーク

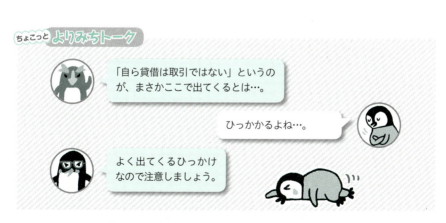

「自ら貸借は取引ではない」というのが、まさかここで出てくるとは…。

ひっかかるよね…。

よく出てくるひっかけなので注意しましょう。

MEMO

MEMO

MEMO

MEMO

MEMO

MEMO

宅建士 合格のトリセツ 基本問題集
チェックシート

● 第2編　宅建業法

1	2	3	4	5	6	7	8	9	10
11	12	13	14	15	16	17	18	19	20
21	22	23	24	25	26	27	28	29	30
31	32	33	34	35	36	37	38	39	40
41	42	43	44	45	46	47	48	49	50
51	52	53	54	55	56	57	58	59	60
61	62	63	64	65	66	67	68	69	70
71	72	73	74	75	76	77	78	79	80
81	82	83	84	85	86	87	88	89	90
91	92	93	94	95	96	97	98	99	100

日付や○△×を書いて学習状況を記録しよう！

宅建士 合格のトリセツ

分野別セパレート本の使い方

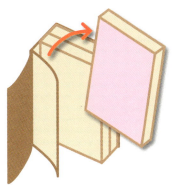

各分冊を取り外して、手軽に持ち運びできます！

①各冊子を区切っている厚紙を残し、色表紙のついた冊子をつまんでください。
②冊子をしっかりとつかんで手前に引っ張ってください。

チェックシートの作り方、活用法

各分冊の問題数と同じ100個のマス目が付いています。日付や○△×を書き入れて、学習の進捗状況を記録しましょう！

①冊子を抜き取った後の厚紙の裏表紙をミシン目に沿って切り取ってください。
②さらに三方をミシン目に沿って切り抜けば「チェックシート」の出来上がりです（分冊ごとに、計3枚付いています）。

チェックシートは、解答・解説を隠しながら学習できるブラインドシートとして使用できるほか、ウラ面のチェック欄に、日付や○△×を書き入れることにより、学習状況を記録することもできます。

【ウラ面】　　　【オモテ面】

第3編

法令上の制限

2021年版
宅建士
合格のトリセツ
基本問題集
分冊 ③

第3編 法令上の制限

本試験での出題数：8問　得点目標：6点

暗記事項も多く、学習が遅れがちになってしまい、点数がとりにくい分野と思われがちですが、合格者はここでもきっちり点数をとっています！

論　点	問題番号
都市計画法	問題1～問題16
建築基準法	問題17～問題32
国土利用計画法	問題33～問題37
農地法	問題38～問題43
土地区画整理法	問題43～問題49
その他の法令上の制限	問題50～問題54

都市計画法

 都市計画法に関する次の記述のうち、誤っているものはどれか。

❶ 都市計画区域は、一体の都市として総合的に整備し、開発し、及び保全される必要がある区域であり、2以上の都府県にまたがって指定されてもよい。

❷ 都市計画は、都市計画区域内において定められるものであるが、道路や公園などの都市施設については、特に必要があるときは当該都市計画区域外においても定めることができる。

❸ 市街化区域は、既に市街地を形成している区域であり、市街化調整区域は、おおむね10年以内に市街化を図る予定の区域及び市街化を抑制すべき区域である。

❹ 無秩序な市街化を防止し、計画的な市街化を進めるため、都市計画区域を市街化区域と市街化調整区域に区分することができるが、すべての都市計画区域において区分する必要はない。

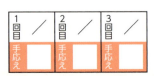

都市計画区域＝市街化区域＋市街化調整区域＋非線引き区域

❶ 正　都市計画区域は、2以上の都府県にまたがって指定することもできます。
《都市計画区域》

❷ 正　都市計画は、都市計画区域内で定められるものです。しかし、都市計画区域外であっても、特に必要があるときは、都市施設を定めることができます。
《都市計画区域》

❸ 誤　市街化区域は、すでに市街地を形成している区域およびおおむね10年以内に市街化を図る予定の区域で、市街化調整区域は、市街化を抑制すべき区域です。つまり、「おおむね10年以内に市街化を図る予定の区域」も市街化区域です。
《都市計画区域》

❹ 正　区域区分は、必ずしも定めなければならないものではありません。定めるかどうかは原則として任意です。都市計画区域に指定して区域区分を定めていない場所を、非線引き区域といいます。
《都市計画区域》

解答　❸

ちょこっと よりみちトーク

区域区分を必ず定めなければならないのであれば、非線引き区域なんて存在しないことになりますね。

よくわかってるねー。

都市計画法

 都市計画法に関する次の記述のうち、正しいものはどれか。

❶ 都市計画区域は、市又は人口、就業者数その他の要件に該当する町村の中心の市街地を含み、かつ、自然的及び社会的条件並びに人口、土地利用、交通量その他の現況及び推移を勘案して、一体の都市として総合的に整備し、開発し、及び保全する必要がある区域を当該市町村の区域の区域内に限り指定するものとされている。

❷ 準都市計画区域については、都市計画に、高度地区を定めることはできるが、高度利用地区を定めることはできないものとされている。

❸ 都市計画区域については、区域内のすべての区域において、都市計画に、用途地域を定めるとともに、その他の地域地区で必要なものを定めるものとされている。

❹ 都市計画区域については、無秩序な市街化を防止し、計画的な市街化を図るため、都市計画に必ず市街化区域と市街化調整区域との区分を定めなければならない。

市街化区域は建物を建ててほしい場所！

❶ 誤　都市計画区域の指定は、**2つ以上の市町村の区域にまたがって指定することもできます。**　　　　　　　　　　　　　　　《都市計画区域》

❷ 正　準都市計画区域では、高度地区を定めることはできますが、高度利用地区を定めることはできません。なお、高度地区も準都市計画区域では高さの最高限度が定められるのみで、最低限度を定めることはできません。《補助的地域地区》

❸ 誤　都市計画区域のうち、**市街化区域は用途地域を定めます。**しかし、市街化調整区域は**原則として定めません。**また、非線引き区域は定めることもできるのであって、必ず定めるわけではありません。　　　　　　《用途地域》

❹ 誤　区域区分は、**必ず定めなければならないものではありません。**定めるかどうかは原則として任意です。都市計画区域内の区域区分を定めていない場所を、非線引き区域といいます。　　　　　　　　　　　　　　　《都市計画区域》

選択肢の❶は文が長いけれど、結局は行政区画と無関係に定められるということが書いてあるんだよね。

オレ、選択肢が長いから途中で読むのをあきらめた。

ダメだよ、それじゃあ…。

都市計画法

 都市計画法に関する次の記述のうち、正しいものはどれか。

❶ 市街化区域については、少なくとも用途地域を定めるものとし、市街化調整区域については、原則として用途地域を定めないものとされている。

❷ 準都市計画区域は、都市計画区域以外の区域のうち、新たに住居都市、工業都市その他の都市として開発し、及び保全する必要がある区域に指定するものとされている。

❸ 区域区分は、指定都市及び中核市の区域の全部又は一部を含む都市計画区域には必ず定めるものとされている。

❹ 特定用途制限地域は、用途地域内の一定の区域における当該区域の特性にふさわしい土地利用の増進、環境の保護等の特別の目的の実現を図るため当該用途地域の指定を補完して定めるものとされている。

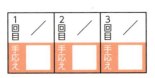

準都市計画区域は、乱開発を防止するためのもの！

❶ 正　市街化区域には、用途地域を定めます。しかし、市街化調整区域には、原則として定めません。　《用途地域》

❷ 誤　準都市計画区域は、**乱開発を防止し環境を保全するために**定める区域ですから、**都市として開発する必要がある区域には定めません**。　《都市計画区域》

❸ 誤　指定都市については原則としてそうですが、中核市についてはそのような規定はありません。　《都市計画区域》

❹ 誤　特定用途制限地域は、市街化調整区域を除く**用途地域外に定める**ものとされています。ちなみに、これは特別用途地区の定義です。　《補助的地域地区》

  ❶

過去問プラスアルファ

問　準住居地域は、主として住居の環境を保護するための地域である。(1991-18-4 改)

答　×：これは第二種住居地域の説明。

❸は難しいですが、❶、❷、❹は正誤判定できるようにしましょう！

都市計画法

 都市計画法に関する次の記述のうち、誤っているものはどれか。

❶ 都市計画区域については、用途地域が定められていない土地の区域であっても、一定の場合には、都市計画に、地区計画を定めることができる。

❷ 高度利用地区は、市街地における土地の合理的かつ健全な高度利用と都市機能の更新とを図るため定められる地区であり、用途地域内において定めることができる。

❸ 準都市計画区域においても、用途地域が定められている土地の区域については、市街地開発事業を定めることができる。

❹ 高層住居誘導地区は、住居と住居以外の用途とを適正に配分し、利便性の高い高層住宅の建設を誘導するために定められる地区であり、近隣商業地域及び準工業地域においても定めることができる。

高層住居誘導地区を住居専用地域には定められない！

❶ 正　地区計画は、用途地域が定められている土地の区域と、用途地域が定められていない土地の区域の一定の区域で定めることができます。つまり、**用途地域が定められていない区域であっても、定めることは可能**です。《地区計画》

❷ 正　高度利用地区の説明として正しいです。《補助的地域地区》

❸ 誤　準都市計画区域で**市街地開発事業を定めることはできません。**《都市計画区域》

❹ 正　高層住居誘導地区は、**第一種住居地域・第二種住居地域・準住居地域・近隣商業地域・準工業地域**で定めることができます。《補助的地域地区》

ちょこっと よりみちトーク

少々、こんがらかってきました。

補助的地域地区について2つ、地区計画についてと準都市計画区域について1つずつ問われているね。

準都市計画区域は都市計画区域じゃないから、都市をつくる目的ではなくて、乱開発を防ぐために指定されているってことを知っていれば解ける問題だね。

都市計画法

 都市計画法に関する次の記述のうち、正しいものはどれか。

❶ 高度地区は、用途地域内において市街地の環境を維持し、又は土地利用の増進を図るため、建築物の高さの最高限度又は最低限度を定める地区である。

❷ 都市計画区域については、無秩序な市街化を防止し、計画的な市街化を図るため、市街化区域と市街化調整区域との区分を必ず定めなければならない。

❸ 地区計画の区域のうち、地区整備計画が定められている区域内において、土地の区画形質の変更又は建築物の建築を行おうとする者は、当該行為に着手した後、遅滞なく、行為の種類、場所及び設計又は施行方法を市町村長に届け出なければならない。

❹ 都市計画の決定又は変更の提案をすることができるのは、当該提案に係る都市計画の素案の対象となる土地の区域について、当該土地の所有権又は建物の所有を目的とする対抗要件を備えた地上権若しくは賃借権を有する者に限られる。

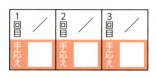

着手した後では遅いので、その前に届出をしよう！

❶ 正　高度地区の説明として正しいです。　　　　　　《補助的地域地区》

❷ 誤　区域区分は、必ず定めなければならないというものではありません。
　　　　　　　　　　　　　　　　　　　　　　　　　　《都市計画区域》

❸ 誤　「着手した後遅滞なく」ではなく、「着手の30日前まで」に市町村長に届け出なければなりません。
　　　　　　　　　　　　　　　　　　　　　　　　　　《地区計画》

❹ 誤　当該土地の所有権または建物の所有を目的とする対抗要件を備えた地上権もしくは賃借権を有する者だけでなく、特定非営利活動法人（＝ＮＰＯ法人）や都市再生機構も都市計画の決定や変更の提案をすることができます。
　　　　　　　　　　　　　　　　　　　　　　　《都市計画の決定手続き》

解答　❶

過去問プラスアルファ

問　市町村が定めた都市計画が、都道府県が定めた都市計画と抵触するときは、その限りにおいて、市町村が定めた都市計画が優先する。(2015-16-4)

答　×：都道府県の計画が優先。

都市計画法

問題6 土地の区画形質の変更に関する次の記述のうち、都市計画法による開発許可を受ける必要のないものの組合せとして、正しいものはどれか。

ア 市街化調整区域内における庭球場の建設の用に供する目的で行う5,000㎡の土地の区画形質の変更

イ 市街化調整区域内における図書館の建築の用に供する目的で行う3,000㎡の土地の区画形質の変更

ウ 市街化区域内における農業を営む者の居住の用に供する建築物の建築の用に供する目的で行う1,500㎡の土地の区画形質の変更

❶ ア、イ
❷ ア、ウ
❸ イ、ウ
❹ ア、イ、ウ

野球場、運動・レジャー施設は 10,000㎡以上が特定工作物！

ア　許可不要　庭球場は **10,000㎡未満の場合、特定工作物とはなりません**。よって開発行為にあたらず、開発許可は不要です。　《開発許可の要否》

イ　許可不要　公益上必要な建築物（= **図書館・駅舎・公民館・変電所等**）の建築のための開発行為は、常に開発許可は不要です。　《開発許可の要否》

ウ　許可を受ける必要がある　農林漁業用建築物は、市街化区域以外は常に許可不要ですが、市街化区域では、その規模によっては（= **1,000㎡以上**）開発許可が必要となります。今回は1,500㎡なので許可が必要となります。《開発許可の要否》

以上のことから、開発許可を受ける必要のないものは**ア・イ**ですので、❶が正解となります。

解答　❶

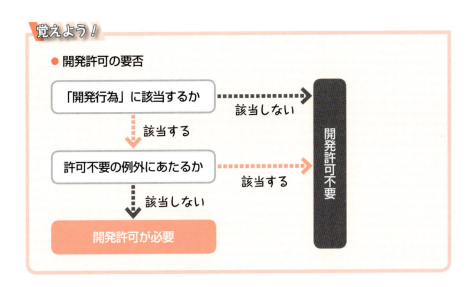

都市計画法

問題7 開発許可に関する次の記述のうち、都市計画法の規定によれば、誤っているものはどれか。

❶ 市街化調整区域における農産物の加工に必要な建築物の建築を目的とした500㎡の土地の区画形質の変更には、常に開発許可が不要である。

❷ 市街化区域における市街地再開発事業の施行として行う3,000㎡の土地の区画形質の変更には、常に開発許可が不要である。

❸ 都市計画区域でも準都市計画区域でもない区域内における住宅団地の建設を目的とした6,000㎡の土地の区画形質の変更には、常に開発許可が不要である。

❹ 準都市計画区域における医療施設の建築を目的とした2,000㎡の土地の区画形質の変更には、常に開発許可が不要である。

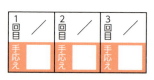

農産物の加工に必要な建築物は、農林漁業用建築物ではない！

❶ **誤** 農産物の貯蔵や加工に必要な建築物は、農林漁業用建築物にはあたりません。よって、開発許可が必要となります。　《開発許可の要否》

❷ **正** 市街地再開発事業の施行として行う開発行為では、常に開発許可は不要です。　《開発許可の要否》

❸ **正** 都市計画区域でも準都市計画区域でもない区域内では、10,000㎡未満であれば小規模開発となるため開発許可は不要です。　《開発許可の要否》

❹ **正** 学校・医療施設・社会福祉施設は、公益上必要な建築物としては扱いません。しかし、準都市計画区域内であれば3,000㎡未満は許可不要なので、開発許可は必要ありません。　《開発許可の要否》

覚えよう！

● 開発許可の例外（許可不要）

	小規模開発	農林漁業用建築物＊
市街化区域	1,000㎡未満不要	
市街化調整区域	規模にかかわらず許可必要	許可不要
非線引き区域	3,000㎡未満不要	
準都市計画区域	3,000㎡未満不要	
都市計画区域・準都市計画区域外	10,000㎡未満不要	

＊農産物の加工に必要な建築物は農林漁業用建築物に該当しないので許可必要

都市計画法

問題 8 次に掲げる開発行為（都市計画法第4条第12項に定める行為をいう。以下この問において同じ。）のうち、同法による開発許可を常に受ける必要がないものはどれか。

❶ 図書館の建築を目的として行う開発行為

❷ 農業を営む者の居住の用に供する建築物の建築を目的として行う開発行為

❸ 土地区画整理事業が行われている区域内において行う開発行為

❹ 学校教育法による大学の建築を目的として行う開発行為

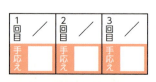

事業の区域内であっても、事業と関係なければ許可必要！

❶ **常に不要**　公益上必要な建築物（＝**図書館・駅舎・公民館・変電所等**）の建築に必要な開発行為は、常に開発許可は不要です。　　　　《開発許可の要否》

❷ **常に不要とはいえない**　農林漁業用建築物は、市街化区域以外は常に許可不要ですが、市街化区域では、その規模によっては（＝**1,000㎡以上**）開発許可が必要となります。　　　　《開発許可の要否》

❸ **常に不要とはいえない**　土地区画整理事業が行われている区域内であっても、土地区画整理事業と無関係なものであれば許可が必要となる場合があります。許可不要となるのは、「土地区画整理事業の施行として行うもの」に限ります。
　　　　《開発許可の要否》

❹ **常に不要とはいえない**　学校・医療施設・社会福祉施設は、公益上必要な建築物としては扱いません。　　　　《開発許可の要否》

覚えよう！

- **開発許可が不要な建築物や開発**
- **公益上必要な建築物**（図書館・公民館・駅舎・変電所）＊
- 非常災害の応急措置
- 「～事業の施行として行う」開発行為

＊学校・医療施設・社会福祉施設は公益上必要な建築物とは扱われないため許可が必要。

都市計画法

問題 9 次に掲げる開発行為のうち、都市計画法による開発許可を受けなければならないものはどれか。なお、開発行為の規模は、すべて 1,000 ㎡ であるものとする。

❶ 市街化区域内において、農業を営む者の居住の用に供する建築物の建築の用に供する目的で行う開発行為

❷ 市街化調整区域内において、図書館法に規定する図書館の建築の用に供する目的で行う開発行為

❸ 準都市計画区域内において、専修学校の建築の用に供する目的で行う開発行為

❹ 都市計画区域及び準都市計画区域外の区域内において、店舗の建築の用に供する目的で行う開発行為

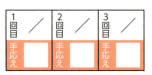

農林漁業用建築物は、市街化区域では1,000㎡以上なら許可必要！

❶ **開発許可を受けなければならない** 農林漁業用建築物は、市街化区域以外は常に許可不要ですが、市街化区域では、その規模によっては（＝1,000㎡以上）開発許可が必要となります。今回は1,000㎡なので許可が必要となります。
《開発許可の要否》

❷ **開発許可は必要ない** 公益上必要な建築物（＝図書館・駅舎・公民館・変電所等）の建築のための開発行為は、常に開発許可が不要です。《開発許可の要否》

❸ **開発許可は必要ない** 学校・医療施設・社会福祉施設は、公益上必要な建築物としては扱いません。しかし、準都市計画区域内であれば3,000㎡未満は許可不要なので、開発許可は必要ありません。《開発許可の要否》

❹ **開発許可は必要ない** 都市計画区域および準都市計画区域外の区域内であれば、10,000㎡未満は許可不要なので、1,000㎡の開発行為であれば許可は不要です。
《開発許可の要否》

解答 ❶

都市計画法

問題 10 次のアからウまでの記述のうち、都市計画法による開発許可を受ける必要のある、又は同法第34条の2の規定に基づき協議する必要のある開発行為の組合せとして、正しいものはどれか。ただし、開発許可を受ける必要のある、又は協議する必要のある開発行為の面積については、条例による定めはないものとする。

ア 市街化調整区域において、国が設置する医療法に規定する病院の用に供する施設である建築物の建築の用に供する目的で行われる1,500㎡の開発行為

イ 市街化区域において、農林漁業を営む者の居住の用に供する建築物の建築の用に供する目的で行われる1,200㎡の開発行為

ウ 区域区分が定められていない都市計画区域において、社会教育法に規定する公民館の用に供する施設である建築物の建築の用に供する目的で行われる4,000㎡の開発行為

❶ ア・イ
❷ ア・ウ
❸ イ・ウ
❹ ア・イ・ウ

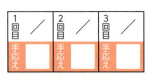

選択肢ウの許可が必要かを、まずは考えよう！

ア　協議が必要　学校・医療施設・社会福祉施設は、公益上必要な建築物としては扱いません。市街化調整区域は規模による許可の要否はありません。国と知事との協議が必要となります。　　　　　　　　　　　《開発許可の要否》

イ　許可が必要　農林漁業用建築物は、市街化区域以外は常に許可不要ですが、市街化区域では、その規模によっては（＝**1,000㎡以上**）開発許可が必要となります。今回は1,200㎡なので許可が必要となります。　　　《開発許可の要否》

ウ　協議も許可も不要　公益上必要な建築物（＝**図書館・駅舎・公民館・変電所等**）の建築のための開発行為は、常に開発許可は不要です。　《開発許可の要否》

　以上のことから、許可または協議する必要のある開発行為は**ア・イ**ですので、**❶**が正解となります。

　解答　❶

ちょこっと よりみちトーク

　へ、へえーっ！本当だ！気がつかなかった…。

ウが協議も許可も不要だと気づけば、**❶**が答えだとすぐにわかるね！

都市計画法

問題11 都市計画法に関する次の記述のうち、正しいものはどれか。ただし、許可を要する開発行為の面積について、条例による定めはないものとし、この問において「都道府県知事」とは、地方自治法に基づく指定都市、中核市及び施行時特例市にあってはその長をいうものとする。

❶ 準都市計画区域内において、工場の建築の用に供する目的で1,000㎡の土地の区画形質の変更を行おうとする者は、あらかじめ、都道府県知事の許可を受けなければならない。

❷ 市街化区域内において、農業を営む者の居住の用に供する建築物の建築の用に供する目的で1,000㎡の土地の区画形質の変更を行おうとする者は、あらかじめ、都道府県知事の許可を受けなければならない。

❸ 都市計画区域及び準都市計画区域外の区域内において、変電所の建築の用に供する目的で1,000㎡の土地の区画形質の変更を行おうとする者は、あらかじめ、都道府県知事の許可を受けなければならない。

❹ 区域区分の定めのない都市計画区域内において、遊園地の建設の用に供する目的で3,000㎡の土地の区画形質の変更を行おうとする者は、あらかじめ、都道府県知事の許可を受けなければならない。

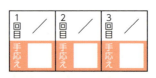

> 遊園地は、10,000㎡以上が第二種特定工作物！

❶ 誤　準都市計画区域内であれば **3,000㎡未満は許可不要**なので、開発許可は必要ありません。　　　　　　　　　　　　　　　　　《開発許可の要否》

❷ 正　農林漁業用建築物は、市街化区域以外は常に許可不要ですが、市街化区域では、その規模によっては（＝ **1,000㎡以上**）開発許可が必要となります。今回は 1,000㎡なので許可が必要となります。　　　　　　　　　　《開発許可の要否》

❸ 誤　公益上必要な建築物（＝**図書館・駅舎・公民館・変電所等**）の建築のための開発行為は、常に開発許可は不要です。　　　　　　　　　　　《開発許可の要否》

❹ 誤　**遊園地は 10,000㎡以上であれば第二種特定工作物**となりますが、3,000㎡であれば第二種特定工作物となりません。よって、開発行為にあたらず、開発許可は不要です。　　　　　　　　　　　　　　　　　　　　　　《開発許可の要否》

覚えよう！

● 開発許可の例外（許可不要）

	小規模開発	農林漁業用建築物＊
市街化区域	1,000㎡未満不要	許可不要
市街化調整区域	規模にかかわらず許可必要	
非線引き区域	3,000㎡未満不要	
準都市計画区域	3,000㎡未満不要	
都市計画区域・準都市計画区域外	10,000㎡未満不要	

＊農産物の加工に必要な建築物は農林漁業用建築物に該当しないので許可必要

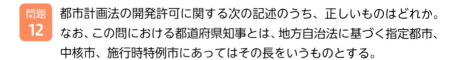

都市計画法

問題12 都市計画法の開発許可に関する次の記述のうち、正しいものはどれか。なお、この問における都道府県知事とは、地方自治法に基づく指定都市、中核市、施行時特例市にあってはその長をいうものとする。

❶ 都道府県知事は、開発許可の申請があったときは、申請があった日から21日以内に、許可又は不許可の処分をしなければならない。

❷ 開発行為とは、主として建築物の建築の用に供する目的で行う土地の区画形質の変更をいい、建築物以外の工作物の建設の用に供する目的で行う土地の区画形質の変更は開発行為には該当しない。

❸ 開発許可を受けた者は、開発行為に関する工事を廃止したときは、遅滞なく、その旨を都道府県知事に届け出なければならない。

❹ 開発行為を行おうとする者は、開発許可を受けてから開発行為に着手するまでの間に、開発行為に関係がある公共施設の管理者と協議し、その同意を得なければならない。

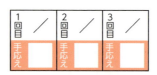

公共施設の管理者との話し合いは申請前に！

❶ 誤　申請があった場合、**遅滞なく**処分をしなければなりません。21日以内というように具体的な日数が定められているわけではありません。　《開発許可の流れ》

❷ 誤　特定工作物の建設の用に供する目的で行う土地の区画形質の変更も開発行為となります。　《開発許可の要否》

❸ 正　工事を廃止した場合には、遅滞なく、都道府県知事に**届出**をしなければなりません。　《開発許可の流れ》

❹ 誤　公共施設の管理者との協議や同意は、**申請前**に行います。　《開発許可の流れ》

解答　　❸

覚えよう！

● 開発許可後の手続き

内容の変更	知事の許可
軽微な変更	知事へ届出
許可不要な開発行為への変更	手続き不要
工事廃止	知事へ届出
一般承継（相続等）	手続き不要
特定承継（地位の譲渡等）	知事の承認

都市計画法

問題13 都市計画法に関する次の記述のうち、正しいものはどれか。なお、この問における都道府県知事とは、地方自治法に基づく指定都市、中核市及び施行時特例市にあってはその長をいうものとする。

❶ 開発許可を申請しようとする者は、あらかじめ、開発行為と関係がある公共施設の管理者と協議しなければならないが、常にその同意を得ることを求められるものではない。

❷ 市街化調整区域内において生産される農産物の貯蔵に必要な建築物の建築を目的とする当該市街化調整区域内における土地の区画形質の変更は、都道府県知事の許可を受けなくてよい。

❸ 都市計画法第33条に規定する開発許可の基準のうち、排水施設の構造及び能力についての基準は、主として自己の居住の用に供する住宅の建築の用に供する目的で行う開発行為に対しては適用されない。

❹ 非常災害のため必要な応急措置として行う開発行為は、当該開発行為が市街化調整区域内において行われるものであっても都道府県知事の許可を受けなくてよい。

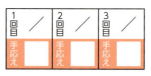

排水施設は自己居住用でも審査基準！

❶ 誤　開発行為と関係がある公共施設の管理者と**協議**して、**同意**を得なければなりません。
《開発許可の流れ》

❷ 誤　農産物の貯蔵や加工に必要な建築物は、農林漁業用建築物にはあたりません。よって、開発許可が必要となります。
《開発許可の要否》

❸ 誤　自己の居住用の場合でも、**排水施設**の基準については適用されます。
《開発許可の流れ》

❹ 正　**非常災害のため必要な応急措置**として行われる開発行為は、**常に許可不要**です。
《開発許可の要否》

自己の居住用だと、給水施設は見ないけれど排水施設は審査するんだな。

給水はいざとなったらミネラルウォーターでよいからね。でも、排水施設はちゃんと審査しないと、下水をそのまま流されたら周りの迷惑になっちゃうもんね。

都市計画法

問題 14 都市計画法に関する次の記述のうち、正しいものはどれか。なお、この問における都道府県知事とは、地方自治法に基づく指定都市、中核市及び施行時特例市にあってはその長をいうものとする。

❶ 開発許可を受けた開発区域内において、当該開発区域内の土地について用途地域等が定められていないとき、都道府県知事に届け出れば、開発行為に関する工事完了の公告があった後、当該開発許可に係る予定建築物以外の建築物を建築することができる。

❷ 開発許可を受けた土地において、地方公共団体は、開発行為に関する工事完了の公告があった後、都道府県知事との協議が成立すれば、当該開発許可に係る予定建築物以外の建築物を建築することができる。

❸ 都道府県知事は、市街化区域内における開発行為について開発許可をする場合、当該開発区域内の土地について、建築物の建蔽率に関する制限を定めることができる。

❹ 市街化調整区域のうち開発許可を受けた開発区域以外の区域内において、公民館を建築する場合は、都道府県知事の許可を受けなくてよい。

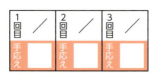

許可と届出は別物です！

❶ 誤　届出ではなく許可が必要となります。　　　　　《開発許可の流れ》

❷ 誤　地方公共団体のうち、都道府県等であれば協議が成立すれば建築可能ですが、それ以外（＝市町村）にこのような決まりはありません。よって、地方公共団体すべてがそうではないので誤りということになります。　《開発許可の流れ》

❸ 誤　用途地域が定められていない場所で開発行為を行う場合には、必要があれば知事が建蔽率を定めることはできます。しかし、市街化区域は用途地域を定める地域であり、用途地域が定められていない場所にはあたらないので、知事が定めることはできません。　　　　　　　　　　　　　　　《開発許可の流れ》

❹ 正　公益上必要な建築物（＝**図書館・駅舎・公民館・変電所等**）の建築について、知事の許可は不要です。　　　　　　　　　　　　　　　　　《開発許可の要否》

解答 ❹

❷、❸が難しいですね。
❶、❹はしっかりできるようにしておきましょう！

都市計画法

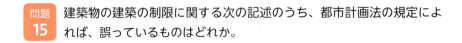

問題15 建築物の建築の制限に関する次の記述のうち、都市計画法の規定によれば、誤っているものはどれか。

❶ 都市計画施設の区域内において建築物の建築を行おうとする者は、一定の場合を除き、都道府県知事等の許可を受けなければならない。

❷ 市街地開発事業の施行区域内において建築物の建築を行おうとする者は、一定の場合を除き、都道府県知事等の許可を受けなければならない。

❸ 地区計画の区域のうち、地区整備計画が定められている区域内において、建築物の建築を行おうとする者は、一定の場合を除き、都道府県知事等の許可を受けなければならない。

❹ 都市計画事業の認可等の告示があった後に、当該事業地内において都市計画事業の施行の障害となるおそれがある建築物の建築を行おうとする者は、一定の場合を除き、都道府県知事等の許可を受けなければならない。

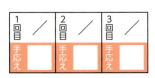

地区計画は小さな街づくり。都道府県ではなく市町村が主導！

❶ 正　都市計画施設の区域内で建築物の建築を行おうとする者は、**都道府県知事等の許可**を受けなければなりません。　　　　　　　　　《都市計画事業制限》

❷ 正　市街地開発事業の施行区域内で建築物の建築を行おうとする者は、**都道府県知事等の許可**を受けなければなりません。　　　　　《都市計画事業制限》

❸ 誤　地区計画の区域のうち地区整備計画が定められている区域内で建築物の建築を行おうとする者は、**市町村長に届出**をしなければなりません。　　《地区計画》

❹ 正　事業地内で建築物の建築を行おうとする者は、**都道府県知事等の許可**を受けなければなりません。　　　　　　　　　　　　　《都市計画事業制限》

解答　❸

選択肢❸は
第1コースの復習です。

過去問プラスアルファ

問　都市計画事業の認可の告示後、事業地内において行われる建築物の建築については、都市計画事業の施行の障害となるおそれがあるものであっても、非常災害の応急措置として行うものであれば、都道府県知事の許可を受ける必要はない。(1998-17-4)

答　×：事業地内は非常災害の応急措置であっても許可が必要。

都市計画法

 都市計画法に関する次の記述のうち、正しいものの組合せはどれか。

ア 都市計画施設の区域又は市街地開発事業の施行区域内において建築物の建築をしようとする者は、一定の場合を除き、都道府県知事（市の区域内にあっては、当該市の長）の許可を受けなければならない。

イ 地区整備計画が定められている地区計画の区域内において、建築物の建築を行おうとする者は、都道府県知事（市の区域内にあっては、当該市の長）の許可を受けなければならない。

ウ 都市計画事業の認可の告示があった後、当該認可に係る事業地内において、当該都市計画事業の施行の障害となるおそれがある土地の形質の変更を行おうとする者は、都道府県知事（市の区域内にあっては、当該市の長）の許可を受けなければならない。

エ 都市計画事業の認可の告示があった後、当該認可に係る事業地内の土地建物等を有償で譲り渡そうとする者は、当該事業の施行者の許可を受けなければならない。

❶ ア、ウ
❷ ア、エ
❸ イ、ウ
❹ イ、エ

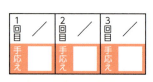

すべての正誤判定は不要。選択肢をよく見れば解けるはず！

ア　正　都市計画施設の区域内や市街地開発事業の施行区域内で建築物の建築を行おうとする者は、**都道府県知事等の許可**を受けなければなりません。

《都市計画事業制限》

イ　誤　地区整備計画が定められている地区計画の区域内で建築物の建築を行おうとする者は、**市町村長に届出**をしなければなりません。　　《地区計画》

ウ　正　事業地内で土地の形質の変更を行おうとする者は、**都道府県知事等の許可**を受けなければなりません。　《都市計画事業制限》

エ　誤　施行者の許可ではなく、施行者への**届出**が必要です。　《都市計画事業制限》

以上のことから、正しい選択肢は**ア・ウ**ですから、**❶**が正解となります。

解答　❶

選択肢❷は
第1コースの復習です。

アが正しいとわかれば、
選択肢は❶か❷に絞られるので、
イの正誤判定は不要ですね。
ウが正しいとわかれば、選択肢❶が正解とわかります。
実際に、**エ**は難しい選択肢ですので、
正誤判定はできなくても構いません。

建築基準法

問題 17 建築物の用途制限に関する次の記述のうち、建築基準法の規定によれば、正しいものはどれか。ただし、特定行政庁の許可については考慮しないものとする。

❶ 病院は、工業地域、工業専用地域以外のすべての用途地域内において建築することができる。

❷ 老人ホームは、工業専用地域以外のすべての用途地域内において建築することができる。

❸ 図書館は、すべての用途地域内において建築することができる。

❹ 大学は、工業地域、工業専用地域以外のすべての用途地域内において建築することができる。

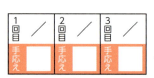

人が住む建築物は、工業専用地域に建築できない！

❶ 誤　第一種低層住居専用地域・第二種低層住居専用地域・田園住居地域にも建築できません。　《用途規制》

❷ 正　**工業専用地域以外のすべて**で建築可能です。　《用途規制》

❸ 誤　工業専用地域には建築できません。　《用途規制》

❹ 誤　第一種低層住居専用地域・第二種低層住居専用地域・田園住居地域にも建築できません。　《用途規制》

解答　❷

覚えよう！

● 用途規制の総まとめ

		住居系							商業系		工業系		
		1低	2低	1中高	2中高	1住	2住	準住居	田園住居	近隣商業	商業	準工業	工業	工業専用
神社・教会・保育所・診療所・巡査派出所		●	●	●	●	●	●	●	●	●	●	●	●	●
住宅・図書館・老人ホーム		●	●	●	●	●	●	●	●	●	●	●	●	×
小中高		●	●	●	●	●	●	●	●	●	●	●	×	×
高専・大学・病院		×	×	●	●	●	●	●	×	●	●	●	×	×
飲食・物販	2F以下 150㎡以内	×	●	●	●	●	●	●	●	●	●	●	●	×
	2F以下 500㎡以内	×	×	●	●	●	●	●	●	●	●	●	●	×
	1500㎡以内	×	×	×	●	●	●	●	×	●	●	●	●	×
車庫	2F以下 300㎡以内	×	×	×	×	●	●	●	×	●	●	●	●	●
	3F以上 300㎡超	×	×	×	×	×	×	●	×	●	●	●	●	●
営業用倉庫		×	×	×	×	×	×	●	×	●	●	●	●	●
自動車教習所		×	×	×	×	●	●	●	×	●	●	●	●	●
ボーリング・スケート・水泳		×	×	×	×	×	●	●	×	●	●	●	●	×
カラオケ		×	×	×	×	×	×	●	×	●	●	●	●	●
マージャン・パチンコ		×	×	×	×	×	×	●	×	●	●	●	●	×
ホテル (3000㎡以内)・旅館		×	×	×	×	●	●	●	×	●	●	●	×	×
劇場映画館	200㎡未満	×	×	×	×	×	●	●	×	●	●	●	×	×
	200㎡以上	×	×	×	×	×	×	×	×	●	●	●	×	×
料理店・キャバレー		×	×	×	×	×	×	×	×	×	●	●	×	×
個室付浴場		×	×	×	×	×	×	×	×	×	●	×	×	×

● ：自由に建築可
× ：建築には特定行政庁の許可必要

建築基準法

問題 18 建築基準法(以下この問において「法」という。)に関する次の記述のうち、正しいものはどれか。ただし、用途地域以外の地域地区等の指定及び特定行政庁の許可は考慮しないものとする。

❶ 店舗の用途に供する建築物で当該用途に供する部分の床面積の合計が20,000㎡であるものは、準工業地域においては建築することができるが、工業地域においては建築することができない。

❷ 第一種住居地域において、カラオケボックスで当該用途に供する部分の床面積の合計が500㎡であるものは建築することができる。

❸ 建築物が第一種中高層住居専用地域と第二種住居地域にわたる場合で、当該建築物の敷地の過半が第二種住居地域内に存するときは、当該建築物に対して法第56条第1項第3号の規定による北側高さ制限は適用されない。

❹ 第一種中高層住居専用地域において、火葬場を新築しようとする場合には、都市計画により敷地の位置が決定されていれば新築することができる。

選択肢❸は、高さ制限の問題です。

❶ 正 10,000㎡超の床面積の店舗は工業地域には建築することができません。
《用途規制》

❷ 誤 第一種住居地域には建築することができません。 《用途規制》

❸ 誤 斜線制限で、複数の地域にまたがる場合、その部分ごとに考えますので、第一種中高層住居専用地域の部分では適用されます。 《高さ制限》

❹ 誤 第一種中高層住居専用地域では、火葬場は建築が認められていないので、都市計画で位置が決まっていたとしても建築することができません。 《用途規制》

❹が難しいですね。
❶、❷、❸はしっかりできるようにしておきましょう！

ちょこっと よりみちトーク

用途規制が覚えられない…。
多すぎるだろ、コレ。

僕は頑張って覚えたよ！
ツンツンも頑張って！！

建築基準法

重要度 A

1998年 問22 改

問題 19

下図のような敷地A（第一種住居地域内）及び敷地B（準工業地域内）に住居の用に供する建築物を建築する場合における当該建築物の容積率（延べ面積の敷地面積に対する割合）及び建蔽率（建築面積の敷地面積に対する割合）に関する次の記述のうち、建築基準法の規定によれば、正しいものはどれか。ただし、他の地域地区の指定、特定道路、他の特定行政庁の指定及び特定行政庁の許可は考慮しないものとする。

敷地A　都市計画において定められた
　　　　容積率の最高限度　20/10
　　　　建蔽率の最高限度　6/10
敷地B　都市計画において定められた
　　　　容積率の最高限度　40/10
　　　　建蔽率の最高限度　6/10

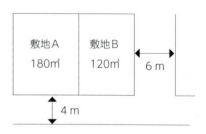

❶　敷地Aのみを敷地として建築物を建築する場合、容積率の最高限度は200パーセント、建蔽率の最高限度は60パーセントとなる。

❷　敷地Bのみを敷地として建築物を建築する場合、敷地Bが街区の角にある敷地として特定行政庁の指定を受けているとき、建蔽率の最高限は20パーセント増加して80パーセントとなる。

❸　敷地Aと敷地Bをあわせて一の敷地として建築物を建築する場合、容積率の最高限度は264パーセントとなる。

❹　敷地Aと敷地Bをあわせて一の敷地として建築物を建築する場合、建蔽率の最高限度は74パーセントとなる。

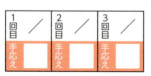

❸の計算が面倒なら❶、❷、❹から消去法！

❶ **誤** 容積率は前面道路の幅員が 12 m 未満なので、前面道路の幅員に 4/10 を乗じた数値と、**都市計画で定められた数値とを比較して小さいほうが容積率**となります。4 × 4/10 = 160％ となり、都市計画で定められた容積率の 200％ より小さいので、容積率は 160％ となります。ちなみに、建蔽率は 60％ で、正しい記述となります。

《容積率》

❷ **誤** 特定行政庁の指定を受けた角地は **1/10 増加する**ので、70％ となります。

《建蔽率》

❸ **正** 敷地Ａも敷地Ｂも前面道路が 12 m 未満なので、まずは容積率を求めます。
前面道路の幅員は、2 つ合わせて 1 つの敷地として扱うので、どちらも広いほうの 6 m を使用できます。
（敷地Ａ）6 m × 4/10 = 240％　→　都市計画で定められた 200％ のほうが小さい
（敷地Ｂ）6 m × 6/10 = 360％　→　計算で出した 360％ のほうが小さい
この容積率を使って、割合で求めることとなります。
20/10 × 180/300 ＋ 36/10 × 120/300 ＝ 120/100 ＋ 144/100 ＝ 264/100
　　（敷地Ａ）　　　　　（敷地Ｂ）
よって、この敷地Ａと敷地Ｂを合わせた敷地の容積率は 264％ となります。

《容積率》

❹ **誤** 敷地Ａも敷地Ｂも建蔽率が 60％ なので、敷地全体でも 60％ となります。

《建蔽率》

❸の計算が面倒だと思ったら、❶、❷、❹が誤っていることを確認して、❸が正しいと結論付けてしまっても構いません。そうすれば複雑な計算は回避できます。

建築基準法

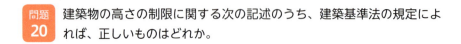

問題20 建築物の高さの制限に関する次の記述のうち、建築基準法の規定によれば、正しいものはどれか。

❶ 道路斜線制限（建築基準法第56条第1項第1号の制限をいう。）は、用途地域の指定のない区域内については、適用されない。

❷ 隣地斜線制限（建築基準法第56条第1項第2号の制限をいう。）は、第一種低層住居専用地域、第二種低層住居専用地域、田園住居地域、第一種中高層住居専用地域及び第二種中高層住居専用地域内については、適用されない。

❸ 北側斜線制限（建築基準法第56条第1項第3号の制限をいう。）は、第一種低層住居専用地域、第二種低層住居専用地域、田園住居地域、第一種中高層住居専用地域及び第二種中高層住居専用地域内に限り、適用される。

❹ 日影制限（建築基準法第56条の2の制限をいう。）は、商業地域内においても、適用される。

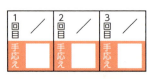

> 斜線制限はどの地域に適用があったかで見ていこう！

❶ 誤　道路斜線制限は、都市計画区域・準都市計画区域内のすべてで適用されます。
《高さ制限》

❷ 誤　隣地斜線制限は第一種低層住居専用地域、第二種低層住居専用地域と田園住居地域では適用されませんが、第一種中高層住居専用地域と第二種中高層住居専用地域には適用されます。
《高さ制限》

❸ 正　北側斜線制限は第一種低層住居専用地域、第二種低層住居専用地域、田園住居地域、第一種中高層住居専用地域および第二種中高層住居専用地域内に限り適用されます。
《高さ制限》

❹ 誤　日影規制は、**商業地域・工業地域・工業専用地域には、対象区域として指定することができません。**
《高さ制限》

解答　❸

覚えよう！

● 斜線制限の対象区域

	道路斜線制限	隣地斜線制限	北側斜線制限
第一種低層 第二種低層 田園住居	○	×	○
第一種中高層 第二種中高層	○	○	○
その他	○	○	×
用途地域指定の ない区域	○	○	×

○：適用される　×：適用されない

重要度 A 建築基準法

 問題 21　都市計画区域内における建築物の敷地又は建築物と道路との関係に関する次の記述のうち、建築基準法の規定によれば、正しいものはどれか。

❶　建築物の敷地は、原則として道路に2m以上接していなければならないが、その敷地の周囲に広い空地がある場合等で、特定行政庁が交通上、安全上、防火上及び衛生上支障がないと認めて建築審査会の同意を得て許可したものについては、この限りではない。

❷　建築物の敷地は、原則として幅員6m以上の道路に接していなければならない。

❸　公衆便所、巡査派出所その他これらに類する公益上必要な建築物で特定行政庁が通行上支障がないと認めて建築審査会の同意を得て許可したものについても、道路に突き出して建築してはならない。

❹　地方公共団体は、一定の建築物の用途又は規模の特殊性により必要があると認めるときは、条例で、建築物の敷地と道路との関係についての制限を緩和することができる。

建築基準法は命を守るものなので、そう簡単に緩和できない！

❶ 正　**原則として道路に2m以上接していなければなりません**が、その敷地の周囲に広い空地がある場合等で、特定行政庁が交通上、安全上、防火上および衛生上支障がないと認めて建築審査会の同意を得て許可したものについてはこの限りではありません。　　《道路規制》

❷ 誤　原則として**幅員4m以上**の道路に接していなければなりません。　《道路規制》

❸ 誤　公衆便所、巡査派出所その他これらに類する公益上必要な建築物で特定行政庁が通行上支障がないと認めて建築審査会の同意を得て許可したものについては、道路内に建築可能です。　　《道路規制》

❹ 誤　制限を付加すること（＝厳しくすること）はできますが、**緩和することはできません**。　　《道路規制》

 　❶

❶は、接道義務のことだったね。道路に接しているのが2m未満だと火事などのときに困っちゃうよ。

建築基準法

 建築基準法に関する次の記述のうち、正しいものはどれか。

❶ 道路法による道路は、すべて建築基準法上の道路に該当する。

❷ 建築物の敷地は、必ず幅員4m以上の道路に2m以上接しなければならない。

❸ 地方公共団体は、土地の状況等により必要な場合は、建築物の敷地と道路との関係について建築基準法に規定された制限を、条例で緩和することができる。

❹ 地盤面下に設ける建築物については、道路内に建築することができる。

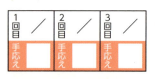

道路の地下も道路として考えます！

❶ 誤　道路法の道路のうち、**幅員 4 m 以上の道路**を建築基準法では原則として道路と定義しているので、道路法による道路がすべて建築基準法による道路とはなりません。　《道路規制》

❷ 誤　**原則として幅員 4 m 以上の道路に 2 m 以上接している必要があります。**しかし、周囲に空地がありその空地が一定の基準を満たしている場合など、例外も存在しますので「必ず」ではありません。　《道路規制》

❸ 誤　制限を付加すること（＝厳しくすること）はできますが、**緩和することはできません。**　《道路規制》

❹ 正　地下については通行の妨げにはならないので建築可能です。　《道路規制》

解答　❹

建築基準法

 建築基準法に関する次の記述のうち、正しいものはどれか。

❶ 建築物が防火地域及び準防火地域にわたる場合、原則として、当該建築物の全部について防火地域内の建築物に関する規定が適用される。

❷ 防火地域内においては、3階建て、延べ面積が200㎡の住宅は耐火建築物又は準耐火建築物としなければならない。

❸ 防火地域内において建築物の屋上に看板を設ける場合には、その主要な部分を難燃材料で造り、又はおおわなければならない。

❹ 防火地域にある建築物は、外壁が耐火構造であっても、その外壁を隣地境界線に接して設けることはできない。

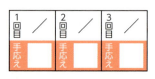

複数の地域にまたがる場合、厳しいほうに合わせる！

❶ 正　厳しいほうの規制に合わせるので、防火地域と準防火地域にまたがっている場合には防火地域の規定が適用されます。　《防火・準防火地域》

❷ 誤　防火地域で、3階以上、または延べ面積が100㎡超であれば、準耐火建築物は認められず、耐火建築物等としなければなりません。　《防火・準防火地域》

❸ 誤　難燃材料ではなく、不燃材料で造り、または覆う必要があります。
　　　《防火・準防火地域》

❹ 誤　防火地域で、外壁が耐火構造であれば、その外壁は隣地境界線に接して設けることができます。　《防火・準防火地域》

ゴロ合わせで覚えよう

● 耐火建築物にしなければならないもの

坊　さん　100 人、巡　視　する　イチゴ

防火 / 3階以上 / 100㎡超 / 準防火 / 4階以上 / / 1,500㎡超

建築基準法

問題 24 準防火地域内において、地階を除く階数が3（高さ12m）、延べ面積が1,200㎡で事務所の用途に供する耐火建築物を建築しようとする場合に関する次の記述のうち、建築基準法の規定によれば、正しいものはいくつあるか。

ア この建築物の屋上に看板を設ける場合においては、その主要な部分を不燃材料で造り、又はおおわなければならない。

イ この建築物は、防火上有効な構造の防火壁によって有効に区画しなければならない。

ウ この建築物には、非常用の昇降機を設けなければならない。

❶ 1つ
❷ 2つ
❸ 3つ
❹ なし

準防火地域内の耐火建築物であることに注意！

ア　誤　この規制は<u>防火地域のみ</u>であり、準防火地域にはこの規制はありません。
《防火・準防火地域》

イ　誤　<u>耐火建築物・準耐火建築物以外</u>で1,000㎡超の場合、防火上有効な構造の防火壁によって区画しなければなりません。この建物は耐火建築物ですので、区画する必要はありません。
《単体規定》

ウ　誤　高さが<u>31 mを超える</u>場合、非常用昇降機が必要となりますが、今回は12 mですので不要です。
《単体規定》

よって、正しいものは1つもないので、正解は❹となります。

建築基準法

建築基準法

 建築基準法に関する次の記述のうち、誤っているものはどれか。

❶ 建築物の敷地が第一種住居地域と近隣商業地域にわたる場合、当該敷地の過半が近隣商業地域であるときは、その用途について特定行政庁の許可を受けなくても、カラオケボックスを建築することができる。

❷ 建築物が第二種低層住居専用地域と第一種住居地域にわたる場合、当該建築物の敷地の過半が第一種住居地域であるときは、北側斜線制限が適用されることはない。

❸ 建築物の敷地が、都市計画により定められた建築物の容積率の限度が異なる地域にまたがる場合、建築物が一方の地域内のみに建築される場合であっても、その容積率の限度は、それぞれの地域に属する敷地の部分の割合に応じて按分計算により算出された数値となる。

❹ 建築物が防火地域及び準防火地域にわたる場合、建築物が防火地域外で防火壁により区画されているときは、その防火壁外の部分については、準防火地域の規制に適合させればよい。

複数の地域にまたがる場合の扱いを聞かれているよ！

❶ 正　用途規制で、複数の地域にまたがる場合、**過半の属する地域**（今回は近隣商業地域）の規制に合わせます。　　《用途規制》

❷ 誤　斜線制限で、複数の地域にまたがる場合、**その部分ごとに考えます**ので、第二種低層住居専用地域の部分には北側斜線制限が適用されます。　《高さ制限》

❸ 正　容積率で、複数の地域にまたがる場合、**割合で考えます**ので、按分計算をして求めることとなります。　《容積率》

❹ 正　防火地域と準防火地域にまたがる場合、原則として**厳しいほうの規制に合わせます**ので、防火地域の規制に合わせることとなりますが、建築物が準防火地域において防火壁で区画されているときは、その防火壁外の部分は準防火地域の規制によります。　《防火・準防火地域》

 ❷

覚えよう！

● 複数の地域にまたがる場合
・用途規制＝過半に属するほうの敷地の基準で考える
・斜線制限＝別々に考える
・建蔽率・容積率＝割合に応じて按分計算して考える
・防火地域・準防火地域＝厳しいほうの規制を適用させる

建築基準法

 建築基準法の確認に関する次の記述のうち、誤っているものはどれか。

❶ 高さが14mの木造の建築物を改築する場合、改築に係る部分の床面積が100㎡のときでも、建築確認を受けなければならない。

❷ 延べ面積が250㎡の下宿の用途に供する建築物を寄宿舎に用途変更する場合、建築確認を受ける必要はない。

❸ 都市計画区域内（都道府県知事が関係市町村の意見を聴いて指定する区域を除く。）において、延べ面積が10㎡の倉庫を新築する場合、建築確認を受けなければならない。

❹ 延べ面積が250㎡の自動車車庫について大規模の修繕をする場合、鉄筋コンクリート造1階建てであれば、建築確認を受ける必要はない。

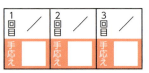

> 特殊建築物（200㎡超）は大規模修繕の場合も建築確認が必要！

❶ 正　木造の場合、高さが13ｍを超えているので、建築確認を受ける必要があります。　　　　　　　　　　　　　　　　　　　　　　　《建築確認》

❷ 正　特殊建築物であっても、**類似の用途変更の場合には、建築確認を受ける必要はありません**。　　　　　　　　　　　　　　　　　　　　　《建築確認》

❸ 正　都市計画区域内で新築をする場合、**規模に関係なく**建築確認を受けなければなりません。　　　　　　　　　　　　　　　　　　　　　　《建築確認》

❹ 誤　**200㎡超の特殊建築物の大規模修繕**を行う場合、建築確認を受ける必要があります。　　　　　　　　　　　　　　　　　　　　　　　《建築確認》

解答　❹

覚えよう！

● 建築確認が必要な場合

		新築	増改築・移転（10㎡超）	大規模修繕大規模模様替	用途変更
全国	特殊建築物（200㎡超）	○	○	○	○
全国	大規模建築物　木造	○	○	○	×
全国	大規模建築物　木造以外	○	○	○	×
都市計画区域・準都市計画区域		○	○*	×	×

○：必要　　×：不要
＊防火・準防火地域は10㎡以内でも確認必要

● 特殊建築物

特殊建築物とは、学校・病院・共同住宅・自動車車庫などです。「ここで火事が起こったら多くの犠牲が出るだろうな」という場所です。ちなみに、事務所は特殊建築物ではありません。

● 大規模建築物

大規模建築物とは以下のようなものです。
・木造→3階以上・500㎡超・高さ13ｍ超・軒高9ｍ超のいずれか
・木造以外→2階以上・200㎡超のいずれか

建築基準法

 建築基準法の確認に関する次の記述のうち、誤っているものはどれか。

❶ 木造3階建て、延べ面積が300㎡の建築物の建築をしようとする場合は、建築確認を受ける必要がある。

❷ 鉄筋コンクリート造平屋建て、延べ面積が300㎡の建築物の建築をしようとする場合は、建築確認を受ける必要がある。

❸ 自己の居住の用に供している建築物の用途を変更して共同住宅（その床面積の合計300㎡）にしようとする場合は、建築確認を受ける必要がない。

❹ 文化財保護法の規定によって重要文化財として仮指定された建築物の大規模の修繕をしようとする場合は、建築確認を受ける必要がない。

特殊建築物（200㎡超）に用途変更するなら建築確認が必要！

❶ 正　木造3階建ての建築物を建築するには、建築確認を受ける必要があります。
《建築確認》

❷ 正　**木造以外で延べ面積200㎡超の建築物**を建築する場合、建築確認を受ける必要があります。
《建築確認》

❸ 誤　特殊建築物以外のものから**200㎡超の特殊建築物に用途変更する**場合、建築確認を受ける必要があります。
《建築確認》

❹ 正　国宝や重要文化財については、建築基準法の適用がありません。よって、建築確認も必要ありません。
《建築基準法とは》

解答　❸

選択肢❹は
第3コースの復習です。

覚えよう！

● 用途変更時の建築確認の要否

・特殊建築物以外　→　特殊建築物（200㎡超）　＝　建築確認**必要**
・特殊建築物　　　→　特殊建築物（200㎡超）　＝　建築確認**必要**
　　　　　　　　　　　　　　　　　　　　　　　（類似用途の場合を除く）
・特殊建築物　　　→　特殊建築物以外　　　　　＝　建築確認不要

建築基準法

 建築基準法に関する次の記述のうち、正しいものはどれか。

❶ 建築確認を申請しようとする建築主は、あらかじめ、当該確認に係る建築物の所在地を管轄する消防長又は消防署長の同意を得ておかなければならない。

❷ 建築主は、工事を完了した場合においては、工事が完了した日から３日以内に到達するように、建築主事に文書をもって届け出なければならない。

❸ 文化財保護法の規定によって重要文化財に指定された建築物であっても、建築基準法は適用される。

❹ 建築物の建築、修繕、模様替又は除却のための工事の施工者は、当該工事の施工に伴う地盤の崩落、建築物又は工事用の工作物の倒壊等による危害を防止するために必要な措置を講じなければならない。

誰が同意をもらうのか・いつまでに届出をするのか

❶ 誤　すべての建築確認に消防長や消防署長の同意が必要なわけではありません。また、同意が必要な場合であっても、建築主ではなく**建築主事や指定確認検査機関が同意をもらいます**。
　《建築確認》

❷ 誤　工事が完了した日から **4日以内**に到達するように行わなければなりません。
　《建築確認》

❸ 誤　国宝や重要文化財には建築基準法は適用されません。　《建築基準法とは》

❹ 正　工事の施工者は、安全のために必要な措置を講じる必要があります。
　《建築確認》

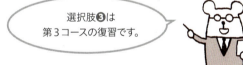

重要文化財に指定または仮指定された建築物には、建築基準法は適用されないことは覚えていてね。

建築基準法

 建築基準法に関する次の記述のうち、正しいものはどれか。

❶ 建築主は、共同住宅の用途に供する建築物で、その用途に供する部分の床面積の合計が250㎡であるものの大規模の修繕をしようとする場合、当該工事に着手する前に、当該計画について建築主事の確認を受けなければならない。

❷ 居室を有する建築物の建築に際し、飛散又は発散のおそれがある石綿を添加した建築材料を使用するときは、その居室内における衛生上の支障がないようにするため、当該建築物の換気設備を政令で定める技術的基準に適合するものとしなければならない。

❸ 防火地域又は準防火地域において、延べ面積が1,000㎡を超える建築物は、すべて耐火建築物等としなければならない。

❹ 防火地域又は準防火地域において、延べ面積が1,000㎡を超える耐火建築物は、防火上有効な構造の防火壁又は防火床で有効に区画し、かつ、各区画の床面積の合計をそれぞれ1,000㎡以内としなければならない。

石綿はそもそも使わないようにしなければならない！

❶ 正　**200㎡超の共同住宅**（＝特殊建築物）の**大規模修繕**を行う場合、建築確認を受けなければなりません。　　　　　　　　　　　　　《建築確認》

❷ 誤　飛散または発散のおそれがある石綿を添加した建築材料を**使用してはいけません**。　　　　　　　　　　　　　　　　　　　　　　《単体規定》

❸ 誤　防火地域の場合は耐火建築物にしなければなりませんが、準防火地域の場合は地階を除いて3階以下、かつ、延べ面積1,500㎡以下であれば準耐火建築物でも構いません。　　　　　　　　　　　　　　　　　　《防火・準防火地域》

❹ 誤　耐火建築物と準耐火建築物にこのような規制はありません。　《単体規定》

解答 ❶

選択肢❷、❸、❹は第3コースの復習です。

石綿は使ってはいけないのに、問題文に「…使用するときは」とあれば、やはりその選択肢は間違っているってことだよね。

そっかー！（見落としていた…）

建築基準法

 建築基準法に関する次の記述のうち、正しいものはどれか。

❶ 住宅の地上階における居住のための居室には、採光のための窓その他の開口部を設け、その採光に有効な部分の面積は、その居室の床面積に対して7分の1以上としなければならない。

❷ 建築確認の対象となり得る工事は、建築物の建築、大規模の修繕及び大規模の模様替であり、建築物の移転は対象外である。

❸ 高さ15mの建築物には、周囲の状況によって安全上支障がない場合を除き、有効に避雷設備を設けなければならない。

❹ 準防火地域内において建築物の屋上に看板を設ける場合は、その主要な部分を不燃材料で造り、又は覆わなければならない。

採光は1/7以上、換気は1/20以上！

❶ 正 採光のために、**床面積の1/7以上**の開口部が必要です。　　《単体規定》

❷ 誤 建築物の移転も対象となります。　　《建築確認》

❸ 誤 避雷設備は**20 mを超える場合**です。　　《単体規定》

❹ 誤 この規制は**防火地域のみ**で、準防火地域には適用されません。
　　　　　　　　　　　　　　　　　　　　　　　《防火・準防火地域》

解答 ❶

選択肢❶、❸、❹は第3コースの復習です。

過去問プラスアルファ

問 防火地域及び準防火地域外において建築物を改築する場合で、その改築に係る部分の床面積の合計が10㎡以内であるときは、建築確認は不要である。(2015-17-1)

答 ○：防火地域・準防火地域「外」であることに注意。

建築基準法

 建築基準法に関する次の記述のうち、正しいものはどれか。

❶ 街区の角にある敷地又はこれに準ずる敷地内にある建築物の建蔽率については、特定行政庁の指定がなくとも都市計画において定められた建蔽率の数値に 10 分の 1 を加えた数値が限度となる。

❷ 第一種低層住居専用地域、第二種低層住居専用地域及び田園住居地域内においては、建築物の高さは、12 m 又は 15 m のうち、当該地域に関する都市計画において定められた建築物の高さの限度を超えてはならない。

❸ 用途地域に関する都市計画において建築物の敷地面積の最低限度を定める場合においては、その最低限度は 200 ㎡を超えてはならない。

❹ 建築協定区域内の土地の所有者等は、特定行政庁から認可を受けた建築協定を変更又は廃止しようとする場合においては、土地所有者等の過半数の合意をもってその旨を定め、特定行政庁の認可を受けなければならない。

建築協定の締結・変更は全員の合意、廃止は過半数で可能！

❶ 誤　特定行政庁の指定がなければ適用されません。　　　　　　　　《建蔽率》

❷ 誤　**10mまたは12m**のうち、都市計画で定めます。　　　　　　《用途地域》

❸ 正　敷地面積の最低限度を定める場合でも、**200㎡を超えてはなりません。**
　　　　　　　　　　　　　　　　　　　　　　　　　　　　　　《用途地域》

❹ 誤　建築協定を変更する場合は全員の合意ですが、**廃止する場合は過半数の合意で構いません。**　　　　　　　　　　　　　　　　　　　　　　　《建築協定》

解答 ❸

選択肢❶は
第3コースの復習です。
選択肢❷と❸は
第1コースの復習です。

覚えよう！

● 建築協定
・締結：住民（土地の所有者など）**全員の合意**＋特定行政庁の認可
・変更：住民（土地の所有者など）**全員の合意**＋特定行政庁の認可
・廃止：住民（土地の所有者など）の**過半数の合意**＋特定行政庁の認可

建築基準法

1993年 問24

問題 32 建築基準法の建築協定に関する次の記述のうち、誤っているものはどれか。

❶ 建築協定を締結するには、当該建築協定区域内の土地（借地権の目的となっている土地はないものとする。）の所有者の、全員の合意が必要である。

❷ 建築協定は、当該建築協定区域内の土地の所有者が一人の場合でも、定めることができる。

❸ 建築協定は、建築物の敷地、位置及び構造に関して定めることができるが、用途に関しては定めることができない。

❹ 建築協定は、特定行政庁の認可を受ければ、その認可の公告の日以後新たに当該建築協定区域内の土地の所有者となった者に対しても、その効力が及ぶ。

後からそこに来た人にも守ってもらわないと意味がない！

❶ 正　建築協定の締結には**全員の合意**が必要です。　　　　　《建築協定》

❷ 正　所有者が一人であっても建築協定は定めることができます。これを**一人協定**といいます。　　　　　《建築協定》

❸ 誤　建築協定は建築物の敷地や位置や構造だけではなく、**用途についても定めることができます**。　　　　　《建築協定》

❹ 正　建築協定は、締結後に所有者や借地権者になった者に対しても効力が及びます。　　　　　《建築協定》

解答　❸

ちょこっと よりみちトーク

みんなの意見の一致で定めるのが、建築協定なんですね。

そう。だから全員の合意がないと締結できないことになっているよ。

65

国土利用計画法

問題 33 国土利用計画法第23条の届出（以下この問において「事後届出」という。）に関する次の記述のうち、正しいものはどれか。

❶ 宅地建物取引業者であるAとBが、市街化調整区域内の6,000㎡の土地について、Bを権利取得者とする売買契約を締結した場合には、Bは事後届出を行う必要はない。

❷ 宅地建物取引業者であるCとDが、都市計画区域外の2haの土地について、Dを権利取得者とする売買契約を締結した場合には、Dは事後届出を行わなければならない。

❸ 事後届出が必要な土地売買等の契約により権利取得者となった者が事後届出を行わなかった場合には、都道府県知事から当該届出を行うよう勧告されるが、罰則の適用はない。

❹ 事後届出が必要な土地売買等の契約により権利取得者となった者は、その契約の締結後、1週間以内であれば市町村長を経由して、1週間を超えた場合には直接、都道府県知事に事後届出を行わなければならない。

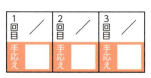

勧告に従わなくても罰則ないが、届出しないと罰則あり！

❶ 誤　市街化調整区域で5,000㎡以上購入しているので、権利取得者は事後届出が必要となります。　　　　　　　　　　　　　　　　　《事後届出制》

❷ 正　都市計画区域外で10,000㎡（＝1ha）以上購入しているので、権利取得者は事後届出が必要となります。　　　　　　　　　　　《事後届出制》

❸ 誤　届出を行わなかった場合には、勧告はされませんが罰則があります。
　　　　　　　　　　　　　　　　　　　　　　　　　　　　　《事後届出制》

❹ 誤　2週間以内に市町村長を経由して都道府県知事に届出をします。1週間以内か否かで方法が変わることはありません。　　　　　　《事後届出制》

覚えよう！

● 事後届出対象面積（買主を基準に判断）

市街化区域	2,000㎡以上
市街化調整区域	5,000㎡以上
非線引き区域	5,000㎡以上
準都市計画区域	10,000㎡以上
都市計画区域外	10,000㎡以上

国土利用計画法

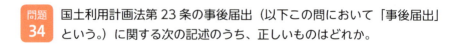

問題 34 国土利用計画法第23条の事後届出（以下この問において「事後届出」という。）に関する次の記述のうち、正しいものはどれか。

❶ 都市計画区域外においてAが所有する面積12,000㎡の土地について、Aの死亡により当該土地を相続したBは、事後届出を行う必要はない。

❷ 市街化区域においてAが所有する面積3,000㎡の土地について、Bが購入した場合、A及びBは事後届出を行わなければならない。

❸ 市街化調整区域に所在する農地法第3条第1項の許可を受けた面積6,000㎡の農地を購入したAは、事後届出を行わなければならない。

❹ 市街化区域に所在する一団の土地である甲土地（面積1,500㎡）と乙土地（面積1,500㎡）について、甲土地については売買によって所有権を取得し、乙土地については対価の授受を伴わず賃借権の設定を受けたAは、事後届出を行わなければならない。

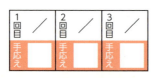

事後届出の届出義務者は、権利取得者！

❶ 正　相続は、届出不要です。　　　　　　　　　　　　　《事後届出制》

❷ 誤　事後届出を行う義務があるのは、権利取得者（＝買主、今回ではB）であって、Aは届出をする必要はありません。　　　　　　　　　《事後届出制》

❸ 誤　農地法3条の許可を受けている場合、届出は不要です。　《事後届出制》

❹ 誤　乙土地は対価の授受を伴っていないので、届出が必要な面積には算入しません。つまり、市街化区域の1,500㎡の甲土地を取得しただけという扱いとなります。よって今回は届出が必要な面積未満ですので、届出をする必要はありません。　　　　　　　　　　　　　　　　　　　　　　《事後届出制》

【覚えよう！】

● 届出が不要な場合

（1）「土地に関する権利」に該当しない
　　・抵当権の設定
（2）「対価を得て」に該当しない
　　・贈与
　　・相続・遺産分割
　　・法人の合併
　　・時効取得

国土利用計画法

2008年 問17

問題 35 国土利用計画法第23条に基づく都道府県知事への届出（以下この問において「事後届出」という。）に関する次の記述のうち、正しいものはどれか。

❶ 宅地建物取引業者Aが所有する市街化区域内の1,500㎡の土地について、宅地建物取引業者Bが購入する契約を締結した場合、Bは、その契約を締結した日から起算して2週間以内に事後届出を行わなければならない。

❷ 甲市が所有する市街化調整区域内の12,000㎡の土地について、宅地建物取引業者Cが購入する契約を締結した場合、Cは、その契約を締結した日から起算して2週間以内に事後届出を行わなければならない。

❸ 個人Dが所有する市街化調整区域内の6,000㎡の土地について、宅地建物取引業者Eが購入する契約を締結した場合、Eは、その契約を締結した日から起算して2週間以内に事後届出を行わなければならない。

❹ 個人Fが所有する都市計画区域外の30,000㎡の土地について、その子Gが相続した場合、Gは、相続した日から起算して2週間以内に事後届出を行わなければならない。

国・地方公共団体が当事者の場合は、届出不要！

❶ 誤　**市街化区域で 2,000㎡以上**の場合に、届出が必要です。今回は 1,500㎡なので届出は不要です。
　　　　　　　　　　　　　　　　　　　　　　　　　《事後届出制》

❷ 誤　当事者の一方もしくは双方が国・地方公共団体の場合、届出は**不要**です。
　　　　　　　　　　　　　　　　　　　　　　　　　《事後届出制》

❸ 正　**市街化調整区域で 5,000㎡以上**の場合には、届出が必要です。今回は 6,000㎡なので届出が必要です。届出は契約締結日から起算して 2 週間以内に行わなければなりません。　　　　　　　　　　　　　　　　　《事後届出制》

❹ 誤　相続の場合は、届出不要です。　　　　　　　　《事後届出制》

解答 ❸

国土利用計画法

問題 36

国土利用計画法第23条の届出（以下この問において「事後届出」という。）に関する次の記述のうち、正しいものはどれか。

❶ Aが、市街化区域において、Bの所有する面積3,000㎡の土地を一定の計画に基づき1,500㎡ずつ順次購入した場合、Aは事後届出を行う必要はない。

❷ Cは、市街化調整区域において、Dの所有する面積8,000㎡の土地を民事調停法に基づく調停により取得し、その後当該土地をEに売却したが、この場合、CとEはいずれも事後届出を行う必要はない。

❸ 甲県が所有する都市計画区域外に所在する面積12,000㎡の土地について、10,000㎡をFに、2,000㎡をGに売却する契約を、甲県がそれぞれF、Gと締結した場合、F、Gのいずれも事後届出を行う必要はない。

❹ 事後届出に係る土地の利用目的について、乙県知事から勧告を受けたHが勧告に従わなかった場合、乙県知事は、当該届出に係る土地売買の契約を無効にすることができる。

届出をしなくても、勧告に従わなくても、契約は有効！

❶ 誤　結局 3,000㎡の土地を購入したことになるので、事後届出が必要となります。
《事後届出制》

❷ 誤　調停により取得した C は届出不要ですが、購入した E は事後届出が必要です。
《事後届出制》

❸ 正　**当事者の一方もしくは双方が国・地方公共団体の場合、届出は不要です。**
《事後届出制》

❹ 誤　勧告に従わなかったとしても、**契約は有効**です。　　《事後届出制》

解答　❸

国土利用計画法

 ちょこっと よりみちトーク

国土利用計画法の届出については、「事前届出制」と「事後届出制」の２つがあるけど、今の日本では「事後届出制」がほとんどだよ。だから、試験問題もほとんど「事後届出制」について出題されているよ。

73

国土利用計画法

2004年 問16

問題 37 国土利用計画法第23条の届出（以下この問において「事後届出」という。）及び同法第27条の7の届出（以下この問において「事前届出」という。）に関する次の記述のうち、正しいものはどれか。

❶ 監視区域内の市街化調整区域に所在する面積6,000㎡の一団の土地について、所有者Aが当該土地を分割し、4,000㎡をBに、2,000㎡をCに売却する契約をB、Cと締結した場合、当該土地の売買契約についてA、B及びCは事前届出をする必要はない。

❷ 事後届出においては、土地の所有権移転における土地利用目的について届け出ることとされているが、土地の売買価額については届け出る必要はない。

❸ Dが所有する都市計画法第5条の2に規定する準都市計画区域内に所在する面積7,000㎡の土地について、Eに売却する契約を締結した場合、Eは事後届出をする必要がある。

❹ Fが所有する市街化区域内に所在する面積4,500㎡の甲地とGが所有する市街化調整区域内に所在する面積5,500㎡の乙地を金銭の授受を伴わずに交換する契約を締結した場合、F、Gともに事後届出をする必要がある。

額については審査されないけれど、届出は必要！

❶ 誤　監視区域内で一定面積（市街化調整区域は 5,000㎡）以上の土地取引を行った場合には事前届出が必要です。　　　　　　　　　　　《事前届出制》

❷ 誤　売買価額については審査されませんが、届出をすることは必要です。
　　　　　　　　　　　　　　　　　　　　　　　　　　　　　　《事後届出制》

❸ 誤　準都市計画区域は 10,000㎡以上が届出対象なので、7,000㎡であれば届出は不要です。　　　　　　　　　　　　　　　　　　　　　　《事後届出制》

❹ 正　交換については、金銭の授受を伴わなくても売買契約と同一視されます。Gは市街化区域で 2,000㎡以上取得しており、F は市街化調整区域で 5,000㎡以上取得しているので、届出が必要となります。　　　　　　　　　《事後届出制》

 ❹

お金で買うと購入、土地で買うと交換というイメージで捉えておくとよいね。

だから交換でも届出が必要なんだね。

農地法

問題 38 農地法（以下この問において「法」という。）に関する次の記述のうち、誤っているものはどれか。

❶ 登記簿上の地目が山林となっている土地であっても、現に耕作の目的に供されている場合には、法に規定する農地に該当する。

❷ 法第3条第1項又は第5条第1項の許可が必要な農地の売買について、これらの許可を受けずに売買契約を締結しても、その所有権は移転しない。

❸ 市街化区域内の農地について、あらかじめ農業委員会に届け出てその所有者が自ら駐車場に転用する場合には、法第4条第1項の許可を受ける必要はない。

❹ 砂利採取法による認可を受けた砂利採取計画に従って砂利を採取するために農地を一時的に貸し付ける場合には、法第5条第1項の許可を受ける必要はない。

国民の「食」を担っている農地法は厳しいイメージ。

❶ 正　登記簿上の地目ではなく現況で判断します。　　　　《農地法》

❷ 正　農地法第3条・5条の許可が必要なのにもかかわらず、許可を得ないでした契約は効力が生じません。　　《農地法》

❸ 正　市街化区域の場合、農地法第4条と第5条の許可は不要となります。《農地法》

❹ 誤　一時的であっても、許可が必要となる場合があります。　《農地法》

解答 ❹

覚えよう！

● 農地法のまとめ

	3条	4条	5条
許可主体	農業委員会	都道府県知事等（農業委員会経由）	
市街化区域内の特則	なし	あらかじめ農業委員会に届け出れば許可不要	

農地法

77

農地法

 農地法に関する次の記述のうち、正しいものはどれか。

❶ 市町村が農地を農地以外のものにするため所有権を取得する場合、農地法第5条の許可を得る必要はない。

❷ 市街化調整区域内の農地を宅地に転用する目的で所有権を取得する場合、あらかじめ農業委員会に届け出れば農地法第5条の許可を得る必要はない。

❸ 農地の所有者がその農地のうち2アールを自らの養畜の事業のための畜舎の敷地に転用しようとする場合、農地法第4条の許可を得る必要はない。

❹ 遺産の分割により農地の所有権を取得する場合、農地法第3条の許可を得る必要はない。

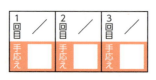

「未満」とは、その数ぴったりは含まない！

❶ 誤　原則として**市町村は許可が必要**です。　　　　　　　　《農地法》

❷ 誤　市街化区域内であれば許可不要ですが、市街化調整区域内は許可が必要です。
　　　　　　　　　　　　　　　　　　　　　　　　　　　　《農地法》

❸ 誤　2アール**未満**の場合には第4条許可は不要です。今回は2アールなので許可が必要となります（未満という言葉には、その数自身は含まれません）。《農地法》

❹ 正　遺産分割の場合には、農地法第3条の許可は不要です。　《農地法》

　　　　　　　　　　　　　　　　　　　　　　　　　解答　❹

ちょこっと よりみちトーク

❹は、許可は不要だけど、遺産分割で取得した後に、農業委員会への届出は必要だよ。

農地法

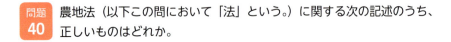

問題 40 農地法(以下この問において「法」という。)に関する次の記述のうち、正しいものはどれか。

❶ 農業者が相続により取得した市街化調整区域内の農地を自己の住宅用地として転用する場合には、法第4条第1項の許可を受ける必要はない。

❷ 住宅を建設する目的で市街化区域内の農地の所有権を取得するに当たって、あらかじめ農業委員会に届け出た場合には、法第5条第1項の許可を受ける必要はない。

❸ 耕作する目的で原野の所有権を取得し、その取得後、造成して農地にする場合には、法第3条第1項の許可を受ける必要がある。

❹ 市街化調整区域内の農地を駐車場に転用するに当たって、当該農地がすでに利用されておらず遊休化している場合には、法第4条第1項の許可を受ける必要はない。

市街化区域は農地よりも建物！

❶ 誤 相続で取得した場合、第3条の許可は不要です。しかし、その農地を農地以外に変える場合には第4条の許可が必要となります。 《農地法》

❷ 正 市街化区域では、あらかじめ農業委員会に届け出れば、農地法第4条と第5条の許可は必要ありません。 《農地法》

❸ 誤 原野を農地にするのだから、農地法の許可は必要ありません。 《農地法》

❹ 誤 遊休化していても農地として扱いますので、第4条の許可が必要です。 《農地法》

解答 ❷

ちょこっと よりみちトーク

農地が減ると、作物の量が減ったりするから、農地に何かするときは農地法の許可が必要なんだよね。

だったら、農地が増えることは問題ないから、許可はいらないってことか。

そうだね。

問題 41 農地に関する次の記述のうち、農地法（以下この問において「法」という。）の規定によれば、正しいものはどれか。

❶ 市街化区域内の農地を耕作目的で取得する場合には、あらかじめ農業委員会に届け出れば、法第3条第1項の許可を受ける必要はない。

❷ 農業者が自己所有の市街化区域外の農地に賃貸住宅を建設するため転用する場合は、法第4条第1項の許可を受ける必要はない。

❸ 農業者が自己所有の市街化区域外の農地に自己の居住用の住宅を建設するため転用する場合は、法第4条第1項の許可を受ける必要はない。

❹ 農業者が住宅の改築に必要な資金を銀行から借りるため、市街化区域外の農地に抵当権の設定が行われ、その後、返済が滞ったため当該抵当権に基づき競売が行われ第三者が当該農地を取得する場合であっても、法第3条第1項又は法第5条第1項の許可を受ける必要がある。

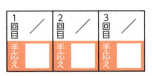

市街化区域「外」！ 細かい部分までしっかり見ましょう！

❶ 誤 　市街化区域内の場合、第4条と第5条の許可は必要ありませんが、第3条の許可は必要となります。　　　　　　　　　　　　　　　《農地法》

❷ 誤 　市街化区域「外」とあることに気をつけてください。市街化区域であれば不要ですが、その他の区域の場合許可が必要です。　　　　　《農地法》

❸ 誤 　市街化区域「外」とあることに気をつけてください。許可が必要となります。
　　　　　　　　　　　　　　　　　　　　　　　　　　　　　　　　　《農地法》

❹ 正 　競売が行われ第三者が農地を取得する場合、許可が必要となります。
　　　　　　　　　　　　　　　　　　　　　　　　　　　　　　　　　《農地法》

解答 ❹

過去問プラスアルファ

問 農業者が住宅の改築に必要な資金を銀行から借りるために、自己所有の農地に抵当権を設定する場合には、法第3条第1項の許可を受ける必要はない。(2014-21-3)

答 ○：抵当権を設定する場合、3条許可は必要ない。

農地法

問題 42 農地法(以下この問において「法」という。)に関する次の記述のうち、正しいものはどれか。

❶ 相続により農地を取得する場合は、法第3条第1項の許可を要しないが、遺産の分割により農地を取得する場合は、同項の許可を受ける必要がある。

❷ 競売により市街化調整区域内にある農地を取得する場合は、法第3条第1項又は第5条第1項の許可を受ける必要はない。

❸ 農業者が、自らの養畜の事業のための畜舎を建設する目的で、市街化調整区域内にある150㎡の農地を購入する場合は、第5条第1項の許可を受ける必要がある。

❹ 市街化区域内にある農地を取得して住宅を建設する場合は、工事完了後遅滞なく農業委員会に届け出れば、法第5条第1項の許可を受ける必要はない。

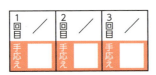

4条の許可は不要であっても、5条の場合は許可必要！

❶ 誤　相続も遺産の分割も、農地法第3条の許可は不要です。　《農地法》

❷ 誤　競売により取得する場合であっても、第3条や第5条の許可は必要となります。　《農地法》

❸ 正　農地を農業用施設に供する場合に許可が不要となるのは、第4条の場合です。第5条の場合、通常通り許可が必要です。　《農地法》

❹ 誤　市街化区域内であれば、第4条・第5条の許可は不要です。しかし、あらかじめ農業委員会に届け出る必要があります。「工事完了後遅滞なく」ではなく「あらかじめ」です。　《農地法》

ちょこっと よりみちトーク

選択肢❸にひっかかった…。

よく出題されるパターンらしいから気をつけよう！

土地区画整理法

問題43 土地区画整理法に関する次の記述のうち、誤っているものはどれか。

❶ 施行者は、換地処分を行う前において、換地計画に基づき換地処分を行うため必要がある場合においては、施行地区内の宅地について仮換地を指定することができる。

❷ 仮換地が指定された場合においては、従前の宅地について権原に基づき使用し、又は収益することができる者は、仮換地の指定の効力発生の日から換地処分の公告がある日まで、仮換地について、従前の宅地について有する権利の内容である使用又は収益と同じ使用又は収益をすることができる。

❸ 施行者は、仮換地を指定した場合において、特別の事情があるときは、その仮換地について使用又は収益を開始することができる日を仮換地の指定の効力発生日と別に定めることができる。

❹ 土地区画整理組合の設立の認可の公告があった日後、換地処分の公告がある日までは、施行地区内において、土地区画整理事業の施行の障害となるおそれがある土地の形質の変更を行おうとする者は、当該土地区画整理組合の許可を受けなければならない。

知事等の許可

❶ 正　施行者は、換地処分を行う前において、換地計画に基づき換地処分を行うため必要がある場合においては、施行地区内の宅地について仮換地を指定することができます。　《土地区画整理法》

❷ 正　仮換地においては、従前の宅地と同様の使用・収益が可能です。
　　　　　　　　　　　　　　　　　　　　　　　　　《土地区画整理法》

❸ 正　特別の事情があるときは、使用収益の開始日を効力発生日と別に定めることができます。　《土地区画整理法》

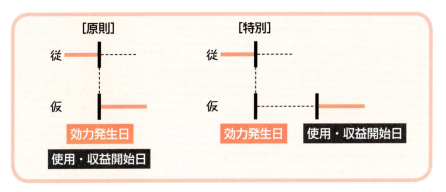

❹ 誤　施行地区内で土地の形質の変更等を行う場合には、知事等の許可が必要となります。組合の許可ではありません。　《土地区画整理法》

解答　❹

土地区画整理法

問題44 土地区画整理法に関する次の記述のうち、誤っているものはどれか。なお、この問において「組合」とは、土地区画整理組合をいう。

❶ 組合は、事業の完成により解散しようとする場合においては、都道府県知事の認可を受けなければならない。

❷ 施行地区内の宅地について組合員の有する所有権の全部又は一部を承継した者がある場合においては、その組合員がその所有権の全部又は一部について組合に対して有する権利義務は、その承継した者に移転する。

❸ 組合を設立しようとする者は、事業計画の決定に先立って組合を設立する必要があると認める場合においては、7人以上共同して、定款及び事業基本方針を定め、その組合の設立について都道府県知事の認可を受けることができる。

❹ 組合が施行する土地区画整理事業に係る施行地区内の宅地について借地権のみを有する者は、その組合の組合員とはならない。

借地権者も組合員

❶ 正　組合の解散には**知事の認可**が必要です。　　　　《土地区画整理法》

❷ 正　施行地区内の土地等の承継があれば、権利義務もその承継した者に移転します。　　　　　　　　　　　　　　　　　　　　　　　《土地区画整理法》

❸ 正　**7人以上**が共同して、定款及び事業基本方針を定め、その組合の設立について知事の設立認可を受けることができます。　　　　《土地区画整理法》

❹ 誤　施行地区内に所有権・借地権を有する者は全て組合員となります。
　　　　　　　　　　　　　　　　　　　　　　　　　　　《土地区画整理法》

覚えよう！

● 組合施行で知事の認可が必要なもの
　1　組合設立
　2　換地計画
　3　解散

土地区画整理法

問題 45　土地区画整理法に関する次の記述のうち、誤っているものはどれか。

❶　土地区画整理組合の設立の認可の公告があった日後、換地処分の公告がある日までは、施行地区内において、土地区画整理事業の施行の障害となるおそれがある土地の形質の変更を行おうとする者は、当該土地区画整理組合の許可を受けなければならない。

❷　公共施設の用に供している宅地に対しては、換地計画において、その位置、地積等に特別の考慮を払い、換地を定めることができる。

❸　区画整理会社が施行する土地区画整理事業の換地計画においては、土地区画整理事業の施行の費用に充てるため、一定の土地を換地として定めないで、その土地を保留地として定めることができる。

❹　個人施行者は、換地処分を行う前において、換地計画に基づき換地処分を行うため必要がある場合においては、施行地区内の宅地について仮換地を指定することができる。

知事等の許可であって、組合の許可ではない！

❶ 誤　施行地区内で土地の形質の変更等を行う場合には、**知事等**の許可が必要となります。組合の許可ではありません。　　　　　　　　　《土地区画整理事業》

❷ 正　公共施設の用に供している宅地に対しては、換地計画において特別の考慮を払い、換地を定めることができます。　　　　　　　　　《土地区画整理事業》

❸ 正　保留地を定め、それを土地区画整理事業の費用にあてることもできます。
　　　　　　　　　　　　　　　　　　　　　　　　　　　　　　《土地区画整理》

❹ 正　施行者は、換地処分を行う前において、必要がある場合には、施行地区内の宅地について仮換地を定めることができます。民間施行でも公的施行でも同じです。　　　　　　　　　　　　　　　　　　　　　　　　　《土地区画整理事業》

解答　❶

❷が難しいですね。
その他の選択肢は正誤判定
できるようにしましょう！

土地区画整理法

 土地区画整理事業の施行地区において仮換地の指定がされた場合に関する次の記述のうち、土地区画整理法の規定によれば、正しいものはどれか。

❶ 仮換地の指定を受けて、その使用収益をすることができる者が、当該仮換地上で行う建築物の新築については、都道府県知事等の許可が必要となる場合はない。

❷ 従前の宅地の所有者は、仮換地の指定により従前の宅地に抵当権を設定することはできなくなり、当該仮換地について抵当権を設定することができる。

❸ 従前の宅地の所有者は、換地処分の公告がある日までの間において、当該宅地を売却することができ、その場合の所有権移転登記は、従前の宅地について行うこととなる。

❹ 仮換地の指定を受けた者は、その使用収益を開始できる日が仮換地指定の効力発生日と別に定められている場合、その使用収益を開始できる日まで従前の宅地を使用収益することができる。

他人の土地に勝手に抵当権はつけられない！

❶ 誤　仮換地の指定を受けていても、施行地区内の土地であるから、事業の施行の障害となるおそれがある建築物の新築について許可は必要となります。
《土地区画整理事業》

❷ 誤　**抵当権は従前の宅地に設定する**ことができます。仮換地に抵当権を設定することはできません。
《土地区画整理事業》

❸ 正　従前の宅地の所有権があるので、自由に処分することができます。
《土地区画整理事業》

❹ 誤　仮換地指定の効力が発生した日から、従前の宅地の使用収益はできなくなります。使用開始日が別に定められている場合は、従前の宅地も仮換地も使えない日が発生するということです。
《土地区画整理事業》

解答 ❸

ちょこっと よりみちトーク

従前の宅地は自分のものだけど、仮換地は他の人のものだよね。

他人の土地に抵当権をつけるのはさすがにダメだよね。

土地区画整理法

 土地区画整理法に関する次の記述のうち、誤っているものはどれか。

❶ 仮換地の指定は、その仮換地となるべき土地の所有者及び従前の宅地の所有者に対し、仮換地の位置及び地積並びに仮換地の指定の効力発生の日を通知してする。

❷ 施行地区内の宅地について存する地役権は、土地区画整理事業の施行により行使する利益がなくなった場合を除き、換地処分があった旨の公告があった日の翌日以後においても、なお従前の宅地の上に存する。

❸ 換地計画において定められた保留地は、換地処分があった旨の公告があった日の翌日において、施行者が取得する。

❹ 土地区画整理事業の施行により生じた公共施設の用に供する土地は、換地処分があった旨の公告があった日の翌日において、すべて市町村に帰属する。

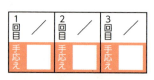

「原則として」ということは「すべて」ではない！

❶ 正　仮換地の指定は、仮換地となるべき土地の所有者と従前の宅地の所有者に対し、仮換地の指定の効力発生の日を通知して行います。　《土地区画整理事業》

❷ 正　行使する利益のなくなった地役権は消滅しますが、それ以外の地役権はそのまま従前の宅地の上に存することとなります。　《土地区画整理事業》

❸ 正　保留地は施行者が取得します。　《土地区画整理事業》

❹ 誤　公共施設の用に供する土地については、原則としてその公共施設を管理すべき者に帰属します。すべて市町村に帰属するとは限りません。
　　　　《土地区画整理事業》

土地区画整理法

 土地区画整理法に関する次の記述のうち、正しいものはどれか。

❶ 個人施行者は、規準又は規約に別段の定めがある場合においては、換地計画に係る区域の全部について土地区画整理事業の工事が完了する以前においても換地処分をすることができる。

❷ 換地処分は、施行者が換地計画において定められた関係事項を公告して行うものとする。

❸ 個人施行者は、換地計画において、保留地を定めようとする場合においては、土地区画整理審議会の同意を得なければならない。

❹ 個人施行者は、仮換地を指定しようとする場合においては、あらかじめ、その指定について、従前の宅地の所有者の同意を得なければならないが、仮換地となるべき宅地の所有者の同意を得る必要はない。

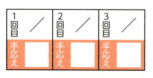

換地処分は通知して行う！

❶ 正　規準・規約・定款などに別段の定めがある場合には、工事がすべて完了する前に換地処分をすることができます。　《土地区画整理事業》

❷ 誤　換地処分は、関係権利者に換地計画において定められた関係事項を**通知**して行います。公告して行うわけではありません。　《土地区画整理事業》

❸ 誤　**土地区画整理審議会の同意が必要なのは公的施行の場合のみ**で、個人施行者（＝民間施行）の場合には必要はありません。　《土地区画整理事業》

❹ 誤　仮換地となるべき宅地の所有者の同意も必要です。　《土地区画整理事業》

　❶

換地処分は、施行者が関係権利者に通知して行うけど、換地処分があった旨を公告するのは、国土交通大臣や都道府県知事だよ。

土地区画整理法

 問題49 土地区画整理法に関する次の記述のうち、誤っているものはどれか。

❶ 土地区画整理事業の施行者は、換地処分を行う前において、換地計画に基づき換地処分を行うため必要がある場合においては、施行地区内の宅地について仮換地を指定することができる。

❷ 仮換地が指定された場合においては、従前の宅地について権原に基づき使用し、又は収益することができる者は、仮換地の指定の効力発生の日から換地処分の公告がある日まで、仮換地について、従前の宅地について有する権利の内容である使用又は収益と同じ使用又は収益をすることができる。

❸ 土地区画整理事業の施行者は、施行地区内の宅地について換地処分を行うため、換地計画を定めなければならない。この場合において、当該施行者が土地区画整理組合であるときは、その換地計画について都道府県知事及び市町村長の認可を受けなければならない。

❹ 換地処分の公告があった場合においては、換地計画において定められた換地は、その公告があった日の翌日から従前の宅地とみなされ、換地計画において換地を定めなかった従前の宅地について存する権利は、その公告があった日が終了した時において消滅する。

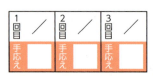

知事の認可は必要だけど、市町村長の認可は不要！

❶ 正　仮換地の指定をすることは可能です。　　　《土地区画整理事業》

❷ 正　仮換地においては、従前の宅地と同様の使用・収益が可能です。
　　　　　　　　　　　　　　　　　　　　　　　《土地区画整理事業》

❸ 誤　都道府県知事の認可は必要ですが、市町村長の認可は不要です。
　　　　　　　　　　　　　　　　　　　　　　　《土地区画整理事業》

❹ 正　公告があった日が終了した時点で消滅します。《土地区画整理事業》

解答 ❸

覚えよう！

● 換地処分の公告

換地処分にかかる公告の日の終了時
・仮換地指定の効力が消滅
・建築行為等の制限が消滅
・換地を定めなかった従前の宅地に存する権利が消滅
・事業の施行により行使の利益がなくなった地役権が消滅

→

換地処分にかかる公告の日の翌日
・換地が従前の宅地とみなされる
・清算金が確定
・施行者が保留地を取得
・事業の施行により設置された公共施設が、原則としてその所在する市町村の管理に属する

土地区画整理法

その他の法令上の制限

問題 50 宅地造成等規制法に関する次の記述のうち、誤っているものはどれか。なお、この問における都道府県知事とは、地方自治法に基づく指定都市、中核市、施行時特例市にあっては、その長をいうものとする。

❶ 宅地を宅地以外の土地にするために行う土地の形質の変更は、宅地造成に該当しない。

❷ 都道府県知事は、宅地造成工事規制区域内において行われる宅地造成に関する工事についての許可に、当該工事の施行に伴う災害の防止その他良好な都市環境の形成のために必要と認める場合にあっては、条件を付することができる。

❸ 宅地以外の土地を宅地にするための切土であって、当該切土を行う土地の面積が400㎡であり、かつ、高さが1mのがけを生ずることとなる土地の形質の変更は、宅地造成に該当しない。

❹ 宅地以外の土地を宅地にするための盛土であって、当該盛土を行う土地の面積が1,000㎡であり、かつ、高さが80cmのがけを生ずることとなる土地の形質の変更は、宅地造成に該当する。

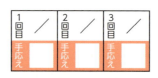

条件は何でも付けられるわけではありません！

❶ 正　宅地を宅地以外にするのは、宅地造成ではありません。　《宅地造成等規制法》

- 宅地以外の土地や宅地を、宅地にするために行う土地の形質の変更

宅地以外	→	宅地	○
宅地	→	宅地	○
宅地	→	宅地以外	×
宅地以外	→	宅地以外	×

土地の区画形質の変更後が宅地かどうかです。

❷ 誤　災害防止のためにに必要な条件を付することができます。　《宅地造成等規制法》

災害防止のため（悪天候の日は工事しない）	→ ○
良好な都市環境の形成のため	→ ×

❸ 正　切土の場合、面積500㎡超か高さ2m超の場合に許可が必要となります。
　　　　　　　　　　　　　　　　　　　　　　　　　　　《宅地造成等規制法》

❹ 正　盛土の場合、面積500㎡超か高さ1m超の場合に許可が必要となります。
　　　　　　　　　　　　　　　　　　　　　　　　　　　《宅地造成等規制法》

解答　❷

ちょこっと よりみちトーク

宅地造成でいう造成面積の規模は、切土も盛土も造成面積が500㎡を超えるときだよ。

101

その他の法令上の制限

 宅地造成等規制法に関する次の記述のうち、誤っているものはどれか。なお、この問において「都道府県知事」とは、地方自治法に基づく指定都市、中核市及び施行時特例市にあってはその長をいうものとする。

❶ 宅地造成工事規制区域内において宅地造成に関する工事を行う場合、宅地造成に伴う災害を防止するために行う高さ4mの擁壁の設置に係る工事については、政令で定める資格を有する者の設計によらなければならない。

❷ 宅地造成工事規制区域内において行われる切土であって、当該切土をする土地の面積が600㎡で、かつ、高さ1.5mの崖を生ずることとなるものに関する工事については、都道府県知事の許可が必要である。

❸ 宅地造成工事規制区域内において行われる盛土であって、当該盛土をする土地の面積が300㎡で、かつ、高さ1.5mの崖を生ずることとなるものに関する工事については、都道府県知事の許可が必要である。

❹ 都道府県知事は、宅地造成工事規制区域内の宅地について、宅地造成に伴う災害の防止のため必要があると認める場合においては、その宅地の所有者、管理者、占有者、造成主又は工事施行者に対し、擁壁の設置等の措置をとることを勧告することができる。

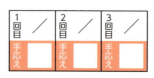

擁壁設置で有資格者の設計が必要なのは？

❶ 誤 **5mを超える擁壁を設置するには、有資格者の設計が必要です。** 今回は4mなので、有資格者の設計は必要ありません。　《宅地造成等規制法》

❷ 正 土地の面積が500㎡を超えるので、許可が必要です。　《宅地造成等規制法》

❸ 正 盛土により高さ1m超の崖を生じるので、許可が必要です。
　　　　　　　　　　　　　　　　　　　　　　　　　《宅地造成等規制法》

❹ 正 都道府県知事は、**災害防止のため**必要のある場合には、その宅地の所有者、管理者、占有者、造成主又は工事施行者に対し、擁壁の設置等の措置をとることを勧告することができます。　《宅地造成等規制法》

その他の法令上の制限

問題 52 宅地造成等規制法に関する次の記述のうち、誤っているものはどれか。なお、この問において「都道府県知事」とは、地方自治法に基づく指定都市、中核市及び施行時特例市にあってはその長をいうものとする。

❶ 宅地造成工事規制区域内において行われる宅地造成に関する工事が完了した場合、造成主は、都道府県知事の検査を受けなければならない。

❷ 宅地造成工事規制区域内において行われる宅地造成に関する工事について許可をする都道府県知事は、当該許可に、工事の施工に伴う災害を防止するために必要な条件を付することができる。

❸ 都道府県知事は、宅地造成工事規制区域内における宅地の所有者、管理者又は占有者に対して、当該宅地又は当該宅地において行われている工事の状況について報告を求めることができる。

❹ 都道府県知事は、関係市町村長の意見を聴いて、宅地造成工事規制区域内で、宅地造成に伴う災害で相当数の居住者その他の者に危害を生ずるものの発生のおそれが大きい一団の造成宅地の区域であって一定の基準に該当するものを、造成宅地防災区域として指定することができる。

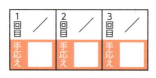

宅地造成工事規制区域と造成宅地防災区域は、別の場所！

❶ 正 工事が完了したら、都道府県知事の検査を受けなければなりません。
《宅地造成等規制法》

❷ 正 災害防止のために必要な条件を付することができます。 《宅地造成等規制法》

❸ 正 宅地の所有者や管理者、占有者に対して、工事の状況について報告を求めることができます。 《宅地造成等規制法》

❹ 誤 造成宅地防災区域は、宅地造成工事規制区域以外の区域に指定します。
《宅地造成等規制法》

解答 ❹

その他の法令上の制限

問題 53

宅地造成等規制法に関する次の記述のうち、誤っているものはどれか。なお、この問において「都道府県知事」とは、地方自治法に基づく指定都市、中核市及び施行時特例市にあってはその長をいうものとする。

❶ 都道府県知事は、宅地造成工事規制区域内の宅地について、宅地造成に伴う災害を防止するために必要があると認める場合には、その宅地の所有者に対して、擁壁等の設置等の措置をとることを勧告することができる。

❷ 宅地造成工事規制区域の指定の際に、当該宅地造成工事規制区域内において宅地造成工事を行っている者は、当該工事について改めて都道府県知事の許可を受けなければならない。

❸ 宅地造成に関する工事の許可を受けた者が、工事施行者を変更する場合には、遅滞なくその旨を都道府県知事に届け出ればよく、改めて許可を受ける必要はない。

❹ 宅地造成工事規制区域内において、宅地を造成するために切土をする土地の面積が500㎡であって盛土が生じない場合、切土をした部分に生じる崖の高さが1.5mであれば、都道府県知事の許可は必要ない。

工事施行者の変更は軽微変更！

❶ 正　災害防止のため必要がある場合には、勧告することができます。
《宅地造成等規制法》

❷ 誤　工事をすでに行っている場合、許可ではなくて、指定があった日から **21日以内に届出** が必要です。
《宅地造成等規制法》

❸ 正　工事施行者が変更（＝軽微変更）の場合には、届出が必要となり、再度許可を受ける必要はありません。
《宅地造成等規制法》

❹ 正　切土の場合、面積500㎡**超**か高さ2m超の場合に許可が必要となります。今回は面積500㎡ちょうどで高さ1.5mなので、許可は必要ありません。
《宅地造成等規制法》

解答　❷

覚えよう！

● 宅地造成等規制法の軽微変更にあたる場合
　造成主・設計者・工事施行者の変更
　工事の着手予定年月日・工事の完了予定年月日の変更

その他の法令上の制限

問題 54 次の記述のうち、誤っているものはどれか。

❶ 土砂災害警戒区域等における土砂災害防止対策の推進に関する法律によれば、土砂災害特別警戒区域内において都市計画法上の一定の開発行為をしようとする者は、原則として市町村長の許可を受けなければならない。

❷ 海岸法によれば、海岸保全区域内において土石の採取などの行為をしようとする者は、原則として海岸管理者の許可を受けなければならない。

❸ 都市緑地法によれば、特別緑地保全地区内で建築物の新築、改築等の行為をしようとする者は、原則として都道府県知事等の許可を受けなければならない。

❹ 急傾斜地の崩壊による災害の防止に関する法律によれば、急傾斜地崩壊危険区域内において水を放流し、又は停滞させる等の行為をしようとする者は、原則として都道府県知事の許可を受けなければならない。

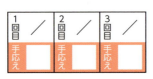

基本的には知事の許可！

❶ 誤　市町村長の許可ではなく、都道府県知事の許可です。《その他の法令上の制限》

❷ 正　海岸法の場合には、**海岸管理者**の許可です。　《その他の法令上の制限》

❸ 正　都市緑地法の場合には、都道府県知事等の許可です。《その他の法令上の制限》

❹ 正　急傾斜地の崩壊による災害の防止に関する法律の場合には、都道府県知事の許可です。　　　　　　　　　　　　　　　　《その他の法令上の制限》

解答　❶

覚えよう！

- 法令上の制限と許可主体
  - ・自然公園法（国立公園）→ 環境大臣
  - ・文化財保護法 → 文化庁長官
  - ・道路法 → 道路管理者
  - ・河川法 → 河川管理者
  - ・海岸法 → 海岸管理者
  - ・港湾法 → 港湾管理者
  - ・生産緑地法 → 市町村長

ちょこっと よりみちトーク

都市緑地法は知事の許可だけど、生産緑地法は市町村長の許可なのな。へへへ…。

そうだよ。基本的に工事は知事の許可が必要と思っていいけど、そうじゃないのがあるよ。

MEMO

MEMO

MEMO

第4編
税・その他

第4編・税・その他

本試験での出題数：8問　得点目標：5点

難易度が一定しないので、「ここで点数をとる！」という戦略は立てにくいですが、だからこそ基本問題が出題されたら得点できるようにしよう！

【税・価格】

論　点	問題番号
不動産取得税	問題55〜問題58
固定資産税	問題59〜問題62
所得税（譲渡所得）	問題63〜問題66
印紙税	問題67〜問題70
登録免許税	問題71
贈与税	問題73
地価公示法	問題74〜問題78
不動産鑑定評価基準	問題79〜問題82

【免除科目】

論　点	問題番号
住宅金融支援機構法	問題83〜問題85
景品表示法	問題86〜問題90
土地	問題91〜問題95
建物	問題96〜問題100

不動産取得税

 不動産取得税に関する次の記述のうち、正しいものはどれか。

❶ 不動産取得税は、不動産の取得に対し、当該不動産の所在する市町村において、当該不動産の取得者に課せられる。

❷ 宅地の取得に係る不動産取得税の課税標準は、当該取得が令和2年4月1日から令和3年3月31日までに行われた場合には、当該宅地の価格の3分の2の額とされる。

❸ 不動産取得税の標準税率は100分の4であるが、令和3年3月31日までに住宅を取得した場合の不動産取得税の標準税率は100分の1.4である。

❹ 平成16年4月以降に取得された床面積240㎡の新築住宅に係る不動産取得税の課税標準の算定については、当該新築住宅の価格から1,200万円が控除される。

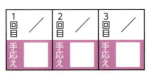

不動産取得税は都道府県！

❶ 誤　不動産取得税の課税主体は、市町村ではなく**都道府県**です。　《税の基礎知識》

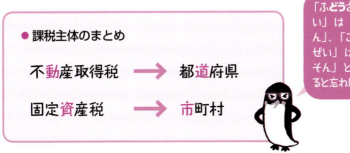

❷ 誤　宅地の場合は、2/3 ではなく **1/2** です。　《不動産取得税》

❸ 誤　住宅を取得した場合の税率は、100 分の 1.4 ではなく **100 分の 3** です。
《不動産取得税》

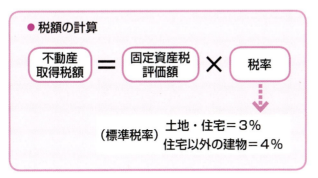

❹ 正　**50㎡以上 240㎡以下**なので、課税標準から 1,200 万円控除されます。
《不動産取得税》

解答　❹

不動産取得税

 不動産取得税に関する次の記述のうち、正しいものはどれか。

❶ 令和2年4月に土地を取得した場合に、不動産取得税の課税標準となるべき額が30万円に満たないときには不動産取得税は課税されない。

❷ 平成10年4月に建築された床面積200㎡の中古住宅を法人が取得した場合の当該取得に係る不動産取得税の課税標準の算定については、当該住宅の価格から1,200万円が控除される。

❸ 令和2年4月に商業ビルの敷地を取得した場合の不動産取得税の標準税率は、100分の3である。

❹ 不動産取得税は、不動産の取得に対して課される税であるので、相続により不動産を取得した場合にも課税される。

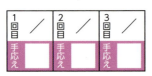

「商業ビル」ではなく「商業ビルの敷地」です！

❶ 誤　免税点は土地の場合は **10万円**です。30万円ではありません。《不動産取得税》

❷ 誤　**中古住宅**の場合、法人には適用されず、**個人のみ**となります。《不動産取得税》

❸ 正　「商業ビル」は住宅以外の建物（標準税率4％）ですが、「商業ビルの**敷地**」は土地です。**土地**を取得した場合の標準税率は軽減措置がとられているので**3％**です。

《不動産取得税》

❹ 誤　**相続**の場合には**課税されません**。　　　　　　　　　　　《不動産取得税》

解答 ❸

覚えよう！

● 免税点

	不動産取得税	固定資産税
土地	10万円	30万円
建物	建築→23万円 その他→12万円	20万円

不動産取得税

 不動産取得税に関する次の記述のうち、正しいものはどれか。

❶ 令和2年4月に住宅以外の家屋を取得した場合、不動産取得税の標準税率は、100分の3である。

❷ 令和2年4月に宅地を取得した場合、当該取得に係る不動産取得税の課税標準は、当該宅地の価格の2分の1の額とされる。

❸ 不動産取得税は、不動産の取得に対して、当該不動産の所在する都道府県が課する税であるが、その徴収は特別徴収の方法がとられている。

❹ 令和2年4月に床面積250㎡である新築住宅に係る不動産取得税の課税標準の算定については、当該新築住宅の価格から1,200万円が控除される。

宅地の取得をした場合の課税標準は 1/2！

❶ 誤　住宅以外の家屋の場合、100 分の 3 ではなく 100 分の 4 です。《不動産取得税》

❷ 正　宅地評価土地（＝宅地）を取得した場合の課税標準は、宅地の価格の 2 分の 1 となります。　　　　　　　　　　　　　　　　　　　　《不動産取得税》

❸ 誤　特別徴収ではなく 普通徴収 です。　　　　　　　　　　　《不動産取得税》

❹ 誤　50㎡〜 240㎡ の場合です。250㎡では控除されません。　　《不動産取得税》

解答　❷

覚えよう！

- 課税標準の特例

1 住宅の課税標準の特例

★新築住宅

不動産取得税 ＝（固定資産税評価額 － 1,200 万円）× 3％

要件 ・床面積 50㎡〜 240㎡
　　　（一戸建て以外の賃貸住宅は 40㎡〜 240㎡）
　　　・自己居住用も賃貸住宅も適用可能

★中古住宅

不動産取得税 ＝（固定資産税評価額 － 控除額）× 3％

※控除額：最大 1,200 万円（新築の時期により異なる）

要件 ・床面積 50㎡〜 240㎡
　　　・自己居住用のみ

2 宅地の課税標準の特例

不動産取得税 ＝ 固定資産税評価額 × 1/2 × 3％

不動産取得税

問題 58 不動産取得税に関する次の記述のうち、正しいものはどれか。

❶ 不動産取得税の課税標準となるべき額が、土地の取得にあっては 10 万円、家屋の取得のうち建築に係るものにあっては 1 戸につき 23 万円、その他のものにあっては 1 戸につき 12 万円に満たない場合においては、不動産取得税が課されない。

❷ 令和 2 年 4 月に取得した床面積 250 ㎡である新築住宅に係る不動産取得税の課税標準の算定については、当該新築住宅の価格から 1,200 万円が控除される。

❸ 宅地の取得に係る不動産取得税の課税標準は、当該取得が令和 3 年 3 月 31 日までに行われた場合、当該宅地の価格の 4 分の 1 の額とされる。

❹ 家屋が新築された日から 2 年を経過して、なお、当該家屋について最初の使用又は譲渡が行われない場合においては、当該家屋が新築された日から 2 年を経過した日において家屋の取得がなされたものとみなし、当該家屋の所有者を取得者とみなして、これに対して不動産取得税を課する。

不動産取得税の新築住宅の 1,200 万円控除は床面積 50㎡〜 240㎡！

❶ 正　土地は **10 万円**、家屋は建築に係る場合は **23 万円**、その他は **12 万円** に満たなければ課税されません。　　　　　　　　　　　　　　　《不動産取得税》

❷ 誤　**50㎡〜 240㎡** の場合は控除されます。250㎡では控除されません。
　　　　　　　　　　　　　　　　　　　　　　　　　　　　　　《不動産取得税》

❸ 誤　4 分の 1 ではなく **2 分の 1** です。　　　　　　　　　　《不動産取得税》

❹ 誤　2 年ではなく 6 カ月（ただし、宅建業者が令和 2 年 3 月 31 日までに新築した場合には 1 年）です。　　　　　　　　　　　　　　　　　《不動産取得税》

【解答】❶

選択肢❹は難しいですが、他の選択肢は正誤判定できるようにしましょう。

固定資産税

 固定資産税に関する次の記述のうち、正しいものはどれか。

❶ 年度の途中において土地の売買があった場合の当該年度の固定資産税は、売主と買主がそれぞれその所有していた日数に応じて納付しなければならない。

❷ 固定資産税における土地の価格は、地目の変換がない限り、必ず基準年度の価格を3年間据え置くこととされている。

❸ 固定資産税の納税義務者は、常に固定資産課税台帳に記載されている当該納税義務者の固定資産に係る事項の証明を求めることができる。

❹ 固定資産税の徴収方法は、申告納付によるので、納税義務者は、固定資産を登記した際に、その事実を市町村長に申告又は報告しなければならない。

固定資産税は、1月1日の所有者に1年分！

❶ 誤　1月1日の所有者が1年分負担します。日割り計算ではありません。
《固定資産税》

❷ 誤　地目の変換のほか、市町村の統合などでも土地の価格が変わることがあるので、地目の変換がない限り据え置くというわけではありません。　《固定資産税》

❸ 正　納税義務者は、固定資産課税台帳に記載している事項の証明を求めることが可能です。
《固定資産税》

❹ 誤　申告納付ではなく、普通徴収です。
《固定資産税》

ちょこっと よりみちトーク

固定資産とは、土地・家屋のことです。元旦に所有していたら、納税って思ってね。

じゃあ、クリスマスに土地を売ってしまえば払わなくていいんだな。

ツンツン、土地持ってなかったよね？

そうだった…。

125

固定資産税

 固定資産税に関する次の記述のうち、正しいものはどれか。

❶ 質権者は、その土地についての使用収益の実質を有していることから、登記簿にその質権が登記されている場合には、固定資産税が課される。

❷ 納税義務者又はその同意を受けた者以外の者は、固定資産課税台帳の記載事項の証明書の交付を受けることはできない。

❸ 固定資産税を既に全納した者が、年度の途中において土地の譲渡を行った場合には、その所有の月数に応じて税額の還付を受けることができる。

❹ 新築された住宅に対して課される固定資産税については、新たに課されることとなった年度から4年度分に限り、2分の1相当額を固定資産税額から減額される。

質権者がいる場合、所有者ではなく質権者が納税します！

❶ 正　所有者が納税するのが原則ですが、**質権**や **100 年より永い期間の地上権**を設定している場合には、その人が納税することになります。　　　　《固定資産税》

❷ 誤　固定資産課税台帳の記載事項の証明書は、確かに誰でも請求できるわけではありません。しかし、納税義務者以外であっても、賃借人などは交付を受けることができます。　　　　　　　　　　　　　　　　　　　　　　《固定資産税》

❸ 誤　**1 月 1 日の所有者が 1 年分負担します**。所有月数に応じて税額の還付を受けられるわけではありません。　　　　　　　　　　　　　　　　《固定資産税》

❹ 誤　中高層耐火住宅は **5 年**度分、その他の住宅は **3 年**度分適用されます。4 年度分ではありません。　　　　　　　　　　　　　　　　　　　　《固定資産税》

　 ❶

固定資産税

覚えよう！

● 税額控除

新築住宅　＋　床面積 50㎡～ 280㎡の場合
　　　　　　　（貸家用は 40㎡～ 280㎡）

→ 3 年度分 or 5 年度分、120㎡までの部分について税額が 1/2 減額
　　　　　　　　⋯⋯▶ 中高層耐火建築物の場合

127

固定資産税

 固定資産税に関する次の記述のうち、正しいものはどれか。

❶ 家屋に係る固定資産税は、建物登記簿に登記されている所有者に対して課税されるので、家屋を建築したとしても、登記をするまでの間は課税されない。

❷ 固定資産税の納税通知書は、遅くとも、納期限前10日までに納税者に交付しなければならない。

❸ 新築住宅に対しては、その課税標準を、中高層耐火住宅にあっては5年間、その他の住宅にあっては3年間その価格の3分の1の額とする特例が講じられている。

❹ 年の途中において、土地の売買があった場合には、当該土地に対して課税される固定資産税は、売主と買主でその所有の月数に応じて月割りで納付しなければならない。

> 遅くとも 10 日前には納税義務者の所に着くように！

❶ 誤　登記されるまでの間も課税はされます。　　　　　　　《固定資産税》

❷ 正　納期限前 10 日までに届くようにしなければなりません。　《固定資産税》

❸ 誤　課税標準ではなく税額が減額されます。また、3分の1ではなく2分の1です。
　　　　　　　　　　　　　　　　　　　　　　　　　　　　　《固定資産税》

❹ 誤　1月1日の所有者が1年分負担します。月割り計算ではありません。
　　　　　　　　　　　　　　　　　　　　　　　　　　　　　《固定資産税》

解答　❷

過去問プラスアルファ

問1 住宅用地のうち小規模住宅用地に対して課する固定資産税の課税標準は、当該小規模住宅用地に係る固定資産税の課税標準となるべき価格の3分の1の額である。(2013-24-3)

答2 ×：3分の1ではなく6分の1。

選択肢❶が少々
難しかったかもしれませんね。
他の選択肢はしっかり正誤判定
できるようにしましょう！

固定資産税

 固定資産税に関する次の記述のうち、正しいものはどれか。

❶ 今年1月15日に新築された家屋に対する今年度分の固定資産税は、新築住宅に係る特例措置により税額の2分の1が減額される。

❷ 固定資産税の税率は、1.7％を超えることができない。

❸ 区分所有家屋の土地に対して課される固定資産税は、各区分所有者が連帯して納税義務を負う。

❹ 市町村は、財政上その他特別の必要がある場合を除き、当該市町村の区域内において同一の者が所有する土地に係る固定資産税の課税標準額が30万円未満の場合には課税できない。

固定資産税の標準税率は1.4%。この前後で市町村ごとに決める！

❶ 誤　**1月1日の所有者が1年分負担します**。1月15日に新築ということは、1月1日時点では所有者ではないので、今年度分の固定資産税はかかりません。そもそも税金がかからないのですから、「減額される」ということもありえません。
《固定資産税》

❷ 誤　標準税率が **1.4%** という決まりがあって、その前後にすることができますが、特に上限や下限が決められているわけではありません。　《固定資産税》

❸ 誤　自己の持分に応じた税額を各自が納税します。連帯ではありません。
《固定資産税》

❹ 正　**30万円未満**の場合には課税することができません。　《固定資産税》

❹

覚えよう！

● 免税点

土　地	30万円未満
建　物	20万円未満

所得税（譲渡所得）

問題63 令和2年中に、個人が居住用財産を譲渡した場合における譲渡所得の課税に関する次の記述のうち、正しいものはどれか。

❶ 令和2年1月1日において所有期間が10年以下の居住用財産については、居住用財産の譲渡所得の3,000万円特別控除（租税特別措置法第35条第1項）を適用することができない。

❷ 令和2年1月1日において所有期間が10年を超える居住用財産について、収用交換等の場合の譲渡所得等の5,000万円特別控除（租税特別措置法第33条の4第1項）の適用を受ける場合であっても、特別控除後の譲渡益について、居住用財産を譲渡した場合の軽減税率の特例（同法第31条の3第1項）を適用することができる。

❸ 令和2年1月1日において所有期間が10年を超える居住用財産について、その譲渡した時にその居住用財産を自己の居住の用に供していなければ、居住用財産を譲渡した場合の軽減税率の特例を適用することができない。

❹ 令和2年1月1日において所有期間が10年を超える居住用財産について、その者と生計を一にしていない孫に譲渡した場合には、居住用財産の譲渡所得の3,000万円特別控除を適用することができる。

3,000万円特別控除は、所有期間を問わず適用可！

❶ 誤　3,000万円特別控除は、所有期間を問わずに適用できます。《所得税（譲渡所得）》

❷ 正　居住用財産を譲渡した場合の軽減税率の特例と5,000万円特別控除は、重複適用が可能です。　《所得税（譲渡所得）》

❸ 誤　譲渡する直前まで住んでいる必要はありません。自己の居住の用に供されなくなった日から3年を経過する日の年末までの間に譲渡すれば適用されます。
《所得税（譲渡所得）》

❹ 誤　3,000万円特別控除は、直系血族（子や孫など）への譲渡では適用されません。
《所得税（譲渡所得）》

解答 ❷

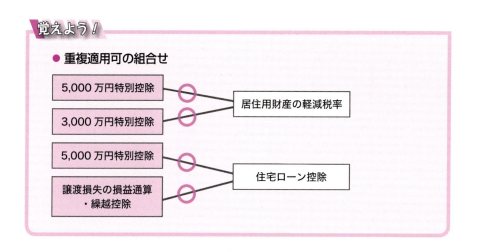

所得税（譲渡所得）

問題64 居住用財産を譲渡した場合における譲渡所得の所得税の課税に関する次の記述のうち、正しいものはどれか。

❶ 居住の用に供している家屋をその者の長男に譲渡した場合には、その長男がその者と生計を一にしているか否かに関係なく、その譲渡について、居住用財産の譲渡所得の特別控除の適用を受けることができない。

❷ 居住の用に供していた家屋をその者が居住の用に供さなくなった日から2年を経過する日の翌日に譲渡した場合には、その譲渡について、居住用財産の譲渡所得の特別控除の適用を受けることができない。

❸ 譲渡した年の1月1日における所有期間が7年である居住用財産を国に譲渡した場合には、その譲渡について、居住用財産を譲渡した場合の軽減税率の特例の適用を受けることができる。

❹ 譲渡した年の1月1日における居住期間が11年である居住用財産を譲渡した場合には、所有期間に関係なく、その譲渡について、居住用財産を譲渡した場合の軽減税率の特例の適用を受けることができる。

直系血族への譲渡では適用できない！

❶ 正　3,000万円特別控除は、直系血族（長男など）への譲渡では適用されません。
《所得税（譲渡所得）》

❷ 誤　自己の居住の用に供されなくなった日から3年を経過する日の年末までの間に譲渡すれば適用されます。
《所得税（譲渡所得）》

❸ 誤　居住用財産を譲渡した場合の軽減税率の特例を適用するためには、**所有期間は10年を超えていること**が必要です。譲渡相手が国であっても変わりません。
《所得税（譲渡所得）》

❹ 誤　居住用財産を譲渡した場合の軽減税率の特例を適用するためには、所有期間は10年を超えていることが必要です。居住期間が11年であっても、そのうち**10年超は所有している必要があります**。
《所得税（譲渡所得）》

所得税（譲渡所得）

解答　❶

❶は「3,000万円特別控除」というものです。試験ではこのように「居住用財産の譲渡所得の特別控除」といういい方で出ることがあります。

わかりました！

覚えよう！

- **● 3,000万円特別控除**
- **1** 居住用財産であること
  - ※ 居住しなくなって3年目の年末までに譲渡するもの
- **2** 親族等への譲渡ではないこと
- **3** 3年に1度だけ
  - ※ 3,000万円特別控除のほか、買換え特例も受けていないこと

135

所得税（譲渡所得）

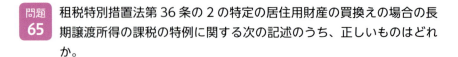

問題 65 租税特別措置法第36条の2の特定の居住用財産の買換えの場合の長期譲渡所得の課税の特例に関する次の記述のうち、正しいものはどれか。

❶ 譲渡資産とされる家屋については、その譲渡に係る対価の額が5,000万円以下であることが、適用要件とされている。

❷ 買換資産とされる家屋については、譲渡資産の譲渡をした日からその譲渡をした日の属する年の12月31日までに取得をしたものであることが、適用要件とされている。

❸ 譲渡資産とされる家屋については、その譲渡をした日の属する年の1月1日における所有期間が5年を超えるものであることが、適用要件とされている。

❹ 買換資産とされる家屋については、その床面積のうち自己の居住の用に供する部分の床面積が50㎡以上のものであることが、適用要件とされている。

買換え特例は、譲渡資産と買換資産の双方に条件あり！

❶ 誤　対価の額は 5,000 万円以下ではなく、<u>1 億円以下</u>です。《所得税（譲渡所得）》

❷ 誤　譲渡する前年の 1 月 1 日から翌年の 12 月 31 日までとなります。
《所得税（譲渡所得）》

❸ 誤　所有期間は 5 年超ではなく<u>10 年超</u>です。《所得税（譲渡所得）》

❹ 正　買換え特例は、<u>買換資産の床面積が 50㎡以上</u>であることが適用要件とされています。《所得税（譲渡所得）》

覚えよう！

● 買換え特例適用要件

譲渡資産
- 1 所有期間 10 年超
- 2 居住期間 10 年以上
- 3 親族等への譲渡ではないこと
- 4 居住しなくなって 3 年目の年末までに譲渡
- 5 譲渡による対価の額が 1 億円以下

買換資産
- 1 家屋の居住用床面積 50㎡以上
- 2 家屋の敷地面積が 500㎡以下
- 3 譲渡した年の前年 1 月 1 日から翌年 12 月 31 日に取得

所得税（譲渡所得）

 個人が令和2年中に令和2年1月1日において所有期間が11年である土地を譲渡した場合の譲渡所得の課税に関する次の記述のうち、正しいものはどれか。

❶ 土地が収用事業のために買い取られた場合において、収用交換等の場合の5,000万円特別控除の適用を受けるときでも、特別控除後の譲渡益について優良住宅地の造成等のために土地等を譲渡した場合の軽減税率の特例の適用を受けることができる。

❷ 土地が収用事業のために買い取られた場合において、収用交換等の場合の5,000万円特別控除の適用を受けるときでも、その土地が居住用財産に該当するなど所定の要件を満たせば、特別控除後の譲渡益について居住用財産を譲渡した場合の軽減税率の特例の適用を受けることができる。

❸ その土地が居住用財産に該当するなど所定の要件を満たせば、前々年に特定の居住用財産の買換えの場合の課税の特例の適用を受けているときでも、居住用財産を譲渡した場合の3,000万円特別控除の適用を受けることができる。

❹ その土地が居住用財産に該当する場合であっても、居住用財産を譲渡した場合の3,000万円特別控除の適用を受けるときは、特別控除後の譲渡益について居住用財産を譲渡した場合の軽減税率の特例の適用を受けることができない。

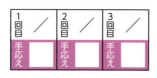

重複適用できるものはどれ？

❶ 誤　重複適用はできません。　　　　　　　　　　　　　《所得税（譲渡所得）》

❷ 正　居住用財産を譲渡した場合の軽減税率の特例と5,000万円特別控除は重複適用ができます。　　　　　　　　　　　　　　　《所得税（譲渡所得）》

❸ 誤　3,000万円特別控除を受けるには、前年または前々年に特定買換え特例を受けていないことが要件となります。　　　　　　　《所得税（譲渡所得）》

❹ 誤　居住用財産を譲渡した場合の軽減税率の特例と3,000万円特別控除は重複適用ができます。　　　　　　　　　　　　　　《所得税（譲渡所得）》

解答　❷

問題 67

印紙税に関する次の記述のうち、正しいものはどれか。

❶ 印紙税の課税文書である不動産譲渡契約書を作成したが、印紙税を納付せず、その事実が税務調査により判明した場合は、納付しなかった印紙税額と納付しなかった印紙税額の10％に相当する金額の合計額が過怠税として徴収される。

❷ 「Aの所有する甲土地（価額3,000万円）とBの所有する乙土地（価額3,500万円）を交換する」旨の土地交換契約書を作成した場合、印紙税の課税標準となる当該契約書の記載金額は3,500万円である。

❸ 「Aの所有する甲土地（価額3,000万円）をBに贈与する」旨の贈与契約書を作成した場合、印紙税の課税標準となる当該契約書の記載金額は、3,000万円である。

❹ 売上代金に係る金銭の受取書（領収書）は記載された受取金額が3万円未満の場合、印紙税が課されないことから、不動産売買の仲介手数料として、現金49,500円（消費税及び地方消費税を含む。）を受け取り、それを受領した旨の領収書を作成した場合、受取金額に応じた印紙税が課される。

印紙税を納めなかったら実質3倍の過怠税！

❶ 誤　印紙税を納付しなかった場合、実質3倍の過怠税が徴収されます。　《印紙税》

❷ 正　交換契約書の場合には、高いほうの金額を記載金額とします。　《印紙税》

❸ 誤　贈与契約書の場合、記載金額のない契約書（＝印紙税額200円）として扱います。　《印紙税》

❹ 誤　5万円未満の領収書は非課税となります。　《印紙税》

【解答】 ❷

覚えよう！

● 印紙税の記載金額

1. 交換契約書　双方の金額が記載　→　高いほうが記載金額
　　　　　　　交換差金のみ記載　→　交換差金が記載金額
2. 贈与契約書　→　記載金額なしとして扱う（印紙税額は200円）
3. 契約金額を増加させる契約書　→　増加金額が記載金額
4. 契約金額を減少させる契約書　→　記載金額なしとして扱う
　　　　　　　　　　　　　　　　　（印紙税額は200円）

印紙税

問題 68 印紙税に関する次の記述のうち、正しいものはどれか。

❶ 建物の賃貸借契約に際して敷金を受け取り、「敷金として 20 万円を領収し、当該敷金は賃借人が退去する際に全額返還する」旨を記載した敷金の領収証を作成した場合、印紙税は課税されない。

❷ 土地譲渡契約書に課税される印紙税を納付するため当該契約書に印紙をはり付けた場合には、課税文書と印紙の彩紋とにかけて判明に消印しなければならないが、契約当事者の代理人又は従業者の印章又は署名で消印しても、消印をしたことにはならない。

❸ 当初作成の「土地を 1 億円で譲渡する」旨を記載した土地譲渡契約書の契約金額を変更するために作成する契約書で、「当初の契約書の契約金額を 2,000 万円減額し、8,000 万円とする」旨を記載した変更契約書は、契約金額を減額するものであることから、印紙税は課税されない。

❹ 国を売主、株式会社 A 社を買主とする土地の譲渡契約において、双方が署名押印して共同で土地譲渡契約書を 2 通作成し、国と A 社がそれぞれ 1 通ずつ保存することとした場合、A 社が保存する契約書には印紙税は課税されない。

国が作成する文書は課税されません！

❶ 誤　敷金の領収証は課税文書です。　　　　　　　　　　　《印紙税》

課税文書	非課税文書
土地の賃貸借契約書 売買・交換契約書 贈与契約書 予約契約書 金銭の受取書（5万円以上） 　→敷金の領収証	**建物**の賃貸借契約書 委任状 抵当権設定契約書 使用貸借の契約書 営業に関しない金銭の受取書

❷ 誤　消印は納税義務者である必要はなく、従業者や代理人でも構いません。
　　　　　　　　　　　　　　　　　　　　　　　　　　　　《印紙税》

❸ 誤　変更契約書は、減額の場合、記載金額のない契約書（＝印紙税額 200 円）として扱います。ですから、**200 円課税**されます。　　　《印紙税》

❹ 正　国が作成する文書（＝私人が保存する文書）は課税されません。　《印紙税》

解答　❹

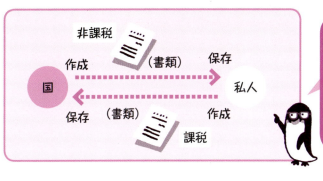

国と私人で契約した場合、私人が保存している文書は相手方である国が作成した文書となりますから、私人が保存する文書は非課税文書となります。

印紙税

問題 69 印紙税に関する次の記述のうち、正しいものはどれか。

❶ 土地譲渡契約書に課税される印紙税を納付するため当該契約書に印紙をはり付けた場合には、課税文書と印紙の彩紋とにかけて判明に消印しなければならないが、契約当事者の従業者の印章又は署名で消印しても、消印したことにはならない。

❷ 土地の売買契約書（記載金額2,000万円）を3通作成し、売主A、買主B及び媒介した宅地建物取引業者Cがそれぞれ1通ずつ保存する場合、Cが保存する契約書には、印紙税は課されない。

❸ 一の契約書に土地の譲渡契約（譲渡金額4,000万円）と建物の建築請負契約（請負金額5,000万円）をそれぞれ区分して記載した場合、印紙税の課税標準となる当該契約書の記載金額は、5,000万円である。

❹ 「建物の電気工事に係る請負金額は2,200万円（うち消費税額及び地方消費税額が200万円）とする」旨を記載した工事請負契約書について、印紙税の課税標準となる当該契約書の記載金額は、2,200万円である。

消印は基本的には誰がしてもよい！

❶ 誤　消印は納税義務者である必要はなく、従業者や代理人でも構いません。
《印紙税》

❷ 誤　Cが保存する契約書であっても、契約書としての機能を有するのであれば課税文書となります。
《印紙税》

❸ 正　譲渡契約と請負契約の両方が記載されている場合には、金額の高いほう（＝今回は請負契約の 5,000 万円）が記載金額となります。
《印紙税》

❹ 誤　区分記載された消費税分は記載金額には含みません。よって、2,000 万円が記載金額となります。
《印紙税》

 ❸

印紙を貼ってなかった…。

実質 3 倍返しじゃーっ！

 問題 70 印紙税に関する次の記述のうち、正しいものはどれか。

❶ 地方公共団体であるA市を売主、株式会社であるB社を買主とする土地の譲渡契約書2通に双方が署名押印のうえ、1通ずつ保存することとした場合、B社が保存する契約書には印紙税が課されない。

❷ 「令和2年5月1日作成の土地譲渡契約書の契約金額を1億円から9,000万円に変更する」旨を記載した変更契約書は、契約金額を減額するものであるから、印紙税は課されない。

❸ 土地の賃貸借契約書で「賃借料は月額10万円、契約期間は10年間とし、権利金の額は100万円とする」旨が記載された契約書は、記載金額1,200万円の土地の賃借権の設定に関する契約書として印紙税が課される。

❹ 給与所得者である個人Cが生活の用に供している土地建物を株式会社であるD社に譲渡し、代金1億円を受け取った際に作成する領収書は、金銭の受取書として印紙税が課される。

> 減額の変更契約書であっても、印紙税は課されます！

❶ 正　地方公共団体が作成する文書（＝私人が保存する文書）は課税されません。
《印紙税》

❷ 誤　変更契約書は、減額の場合、記載金額のない契約書（＝印紙税額 200 円）として扱います。ですから、200 円課税されます。
《印紙税》

❸ 誤　土地の賃貸借契約書は課税文書です。権利金の額 100 万円が記載金額となります。
《印紙税》

❹ 誤　営業に関しない領収書は課税文書ではありません。
《印紙税》

解答　❶

過去問プラスアルファ

問　土地の譲渡金額の変更契約書で、「既作成の譲渡契約書に記載の譲渡金額 1 億円を 1 億 1,000 万円に変更する」旨が記載されている場合、その契約書の記載金額は 1 億 1,000 万円である。
(2000-27-4)

答　×：契約金額を増加させる契約書は、増加金額が記載金額となる。

登録免許税

 登録免許税に関する次の記述のうち、誤っているものはどれか。

❶ 登録免許税の課税標準の金額を計算する場合において、その金額が1千円に満たないときは、その課税標準は1千円とされる。

❷ 納付した登録免許税に不足額があっても、その判明が登記の後である場合においては、その不足額の追徴はない。

❸ 建物の新築をした所有者が行う建物の表題登記については、登録免許税は課税されない。

❹ 登録免許税の納付は、納付すべき税額が3万円以下の場合においても、現金による納付が認められる。

不足があったら納めなければなりません。

❶ 正　課税標準が 1,000 円未満の場合、課税標準は 1,000 円として計算されます。
《登録免許税》

❷ 誤　追徴されることはあります。　　　　　　　　　　　　《登録免許税》

❸ 正　表題登記は課税されません。　　　　　　　　　　　　《登録免許税》

❹ 正　現金納付が原則ですが、3 万円以下であれば印紙納付も認められています。
　　　ですので、3 万円以下であっても現金納付は可能です。　《登録免許税》

解答　❷

ちょこっと よりみちトーク

登録免許税って登記のときにかかるお金ってことですよね。

そうだよ。権利関係の不動産登記法で扱ったけれど、表題部は原則として登録免許税はかからないんだ。

登録免許税はあまり出題されていないって聞きました。

でも、勉強すれば正解できる問題も多いから、しっかり勉強しよう！

登録免許税

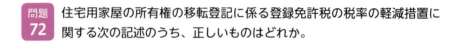

問題 72 住宅用家屋の所有権の移転登記に係る登録免許税の税率の軽減措置に関する次の記述のうち、正しいものはどれか。

❶ この税率の軽減措置は、一定の要件を満たせばその住宅用家屋の敷地の用に供されている土地に係る所有権の移転の登記にも適用される。

❷ この税率の軽減措置は、個人が自己の経営する会社の従業員の社宅として取得した住宅用家屋に係る所有権の移転の登記にも適用される。

❸ この税率の軽減措置は、以前にこの措置の適用を受けたことがある者が新たに取得した住宅用家屋に係る所有権の移転の登記には適用されない。

❹ この税率の軽減措置は、所有権の移転の登記に係る住宅用家屋が、築年数が25年以内の耐火建築物に該当していても、床面積が50㎡未満の場合には適用されない。

軽減措置の内容を確認しておきましょう！

❶ 誤　住宅用家屋の軽減税率は住宅用家屋のみであり、住宅用の敷地には適用されません。　《登録免許税》

❷ 誤　個人が自己の居住用の場合に適用されるので、社宅には適用されません。　《登録免許税》

❸ 誤　回数は特に制限がありませんので、以前に適用を受けた者であっても新たに取得した場合には適用することができます。　《登録免許税》

❹ 正　床面積が 50㎡未満の場合には適用されません。　《登録免許税》

解答　❹

- 軽減措置の適用要件
    1. 家屋の床面積が 50㎡以上であること
    2. 自己の居住用に供すること
    3. 新築（取得）後 1 年以内に登記を受けること

- 所有権保存登記　＝　新築のみ
- 所有権移転登記（売買・競落のみ）
  抵当権設定登記

贈与税

問題 73 「直系尊属から住宅取得等資金の贈与を受けた場合の贈与税の非課税」に関する次の記述のうち、正しいものはどれか。

❶ 直系尊属から住宅用の家屋の贈与を受けた場合でも、この特例の適用を受けることができる。

❷ 日本国外に住宅用の家屋を新築した場合でも、この特例の適用を受けることができる。

❸ 贈与者が住宅取得等資金の贈与をした年の1月1日において60歳未満の場合でも、この特例の適用を受けることができる。

❹ 受贈者について、住宅取得等資金の贈与を受けた年の所得税法に定める合計所得金額が2,000万円を超える場合でも、この特例の適用を受けることができる。

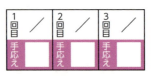

特例適用は資金の贈与！

❶ 誤　特例が適用されるのは**資金の贈与**です。家屋そのものの贈与では特例は適用されません。

❷ 誤　国外にある住宅用家屋は対象となりません。

❸ 正　**贈与者の年齢に制限はありません**。ちなみに、受贈者は20歳以上でなければなりません。

❹ 誤　受贈者の合計所得金額は**2,000万円以下**に限ります。

覚えよう！

● 非課税と特例の適用要件

	贈与税の非課税	相続時精算課税の特例
贈与の内容	住宅取得等**資金**の贈与 （家屋の贈与はＮＧ！）	住宅取得等**資金**の贈与 （家屋の贈与はＮＧ！）
贈与者	直系尊属（父母・祖父母等） 年齢は問わない	祖父母・父母 年齢は問わない
受贈者	**20歳以上**の子・孫等	**20歳以上**の子・孫等
受贈者の 適用要件	所得金額**2,000万円**以下	所得金額を問わない
非課税額 特別控除額	非課税額800万円※	特別控除額2,500万円
基礎控除 （110万） との併用	併用ＯＫ	併用ＮＧ
家屋の要件	50㎡〜240㎡ （1/2以上が居住用）	50㎡〜240㎡ （1/2以上が居住用）

※住宅用家屋の種類や取得の契約締結日によって額が異なる

地価公示法

問題 74 地価公示法に関する次の記述のうち、正しいものはどれか。

❶ 公示区域内の土地を対象とする鑑定評価においては、公示価格を規準とする必要があり、その際には、当該対象土地に最も近接する標準地との比較を行い、その結果に基づき、当該標準地の公示価格と当該対象土地の価格との間に均衡を保たせる必要がある。

❷ 標準地の鑑定評価は、近傍類地の取引価格から算定される推定の価格、近傍類地の地代等から算定される推定の価格及び同等の効用を有する土地の造成に要する推定の費用の額を勘案して行われる。

❸ 地価公示において判定を行う標準地の正常な価格とは、土地について、自由な取引が行われるとした場合において通常成立すると認められる価格をいい、当該土地に、当該土地の使用収益を制限する権利が存する場合には、これらの権利が存するものとして通常成立すると認められる価格をいう。

❹ 地価公示の標準地は、自然的及び社会的条件からみて類似の利用価値を有すると認められる地域において、土地の利用状況、環境等が最も優れていると認められる一団の土地について選定するものとする。

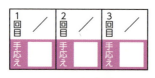

標準地とは標準的な場所であって、最も優れている場所ではない！

❶ 誤　類似する利用価値を有すると認められる標準地との比較を行います。最も近接する（＝距離の近い）標準地と比較するわけではありません。　《地価公示法》

❷ 正　鑑定評価は、取引価格、地代、造成費用を勘案して行います。　《地価公示法》

❸ 誤　土地の使用収益を制限する権利（＝借地権など）が存在したとしても、それは存在していないものとして算定します。　《地価公示法》

❹ 誤　通常と認められる土地から選定します。最も優れている土地から選定するわけではありません。　《地価公示法》

解答 ❷

❷が難しいですが、この機会にぜひ覚えておきましょう。

地価公示法

問題 75 地価公示法に関する次の記述のうち、誤っているものはどれか。

❶ 地価公示は、土地鑑定委員会が、公示区域内の標準地について、毎年1月1日における単位面積当たりの正常な価格を判定し、公示することにより行われる。

❷ 地価公示の標準地は、自然的及び社会的条件からみて類似の利用価値を有すると認められる地域において、土地の利用状況、環境等が通常と認められる一団の土地について選定される。

❸ 標準地の鑑定評価は、近傍類地の取引価格から算定される推定の価格、近傍類地の地代等から算定される推定の価格及び同等の効用を有する土地の造成に要する推定の費用の額を勘案して行われる。

❹ 都道府県知事は、土地鑑定委員会が公示した事項のうち、当該都道府県に存する標準地に係る部分を記載した書面及び当該標準地の所在を表示する図面を、当該都道府県の事務所において一般の閲覧に供しなければならない。

地価公示法に都道府県知事は登場しない！

❶ 正　公示区域内の標準地について、1年に1回行います。　《地価公示法》

❷ 正　標準地は、土地の利用状況や環境が**通常**と認められる土地が選定されます。
《地価公示法》

❸ 正　鑑定評価は、**取引価格、地代、造成費用を勘案**して行います。　《地価公示法》

❹ 誤　都道府県知事ではなく、**関係市町村長**が当該市町村の事務所において行います。
《地価公示法》

解答　❹

ちょこっと よりみちトーク

地価公示法に都道府県知事って登場しないよね。

確かに！　国土交通大臣が土地鑑定委員を任命して公示区域を定めたら、後は基本的には土地鑑定委員会が行うよな！

公示した後も市町村長に書類を送るもんね。

地価公示法

問題 76 地価公示法に関する次の記述のうち、正しいものはどれか。

❶ 土地鑑定委員会は、公示区域内の標準地について、毎年1回、一定の基準日における当該標準地の単位面積当たりの正常な価格を判定し、公示する。

❷ 土地鑑定委員が、標準地の選定のために他人の占有する土地に立ち入ろうとする場合は、必ず土地の占有者の承諾を得なければならない。

❸ 不動産鑑定士は、公示区域内の土地について鑑定評価を行う場合において、当該土地の正常な価格を求めるときは、公示価格と実際の取引価格のうちいずれか適切なものを規準としなければならない。

❹ 公示価格を規準とするとは、対象土地の価格を求めるに際して、当該対象土地に最も近い位置に存する標準地との比較を行い、その結果に基づき、当該標準地の公示価格と当該対象土地の価格との間に均衡を保たせることをいう。

場所の近さよりも用途の近さのほうが参考になります！

❶ 正　土地鑑定委員会が年に 1 回、公示します。　　　　　　　　　《地価公示法》

❷ 誤　立ち入りの日の 3 日前までに通知する必要はありますが、承諾までは必要ありません。　　　　　　　　　　　　　　　　　　　　　　　　　《地価公示法》

❸ 誤　公示価格を規準としなければなりません。公示価格と実際の取引価格のどちらかから選ぶわけではありません。　　　　　　　　　　　　　《地価公示法》

❹ 誤　最も近い位置の標準地と比較するのではありません。類似する標準地と比較します。　　　　　　　　　　　　　　　　　　　　　　　　《地価公示法》

解答　❶

❷が難しいですね。
❸と❹も多少難易度は高いですが、
❶が正解と自信を持って
言えたかどうかですね。

地価公示法

 地価公示法に関する次の記述のうち、正しいものはどれか。

❶ 公示区域とは、土地鑑定委員会が都市計画法第4条第2項に規定する都市計画区域内において定める区域である。

❷ 土地収用法その他の法律によって土地を収用することができる事業を行う者は、公示区域内の土地を当該事業の用に供するため取得する場合において、当該土地の取得価格を定めるときは、公示価格を規準としなければならない。

❸ 土地の取引を行う者は、取引の対象土地に類似する利用価値を有すると認められる標準地について公示された価格を指標として取引を行わなければならない。

❹ 土地鑑定委員会が標準地の単位面積当たりの正常な価格を判定したときは、当該価格については官報で公示する必要があるが、標準地及びその周辺の土地の利用の現況については官報で公示しなくてもよい。

公示区域は国土交通大臣が定める！

❶ 誤　公示区域は都市計画区域外でも定めることができます。また、公示区域を定めるのは土地鑑定委員会ではなく国土交通大臣です。　　《地価公示法》

❷ 正　土地を収用することができる事業を行う者は、公示価格を規準としなければなりません。　　《地価公示法》

❸ 誤　土地取引の場合には、指標として取引するよう努めなければなりません。義務ではなく努力目標です。　　《地価公示法》

❹ 誤　標準地とその周辺の土地の利用の現況についても、官報で公示しなければなりません。　　《地価公示法》

ちょこっと よりみちトーク

「土地を収用することができる事業」って何ですか？

簡単に言えば、公共事業のことだね。道路を作ったり図書館などを建設したりするんだよ。

地価公示法

問題 78 地価公示法に関する次の記述のうち、正しいものはどれか。

❶ 土地鑑定委員会は、標準地の単位面積当たりの価格及び当該標準地の前回の公示価格からの変化率等一定の事項を官報により公示しなければならないとされている。

❷ 土地鑑定委員会は、公示区域内の標準地について、毎年2回、2人以上の不動産鑑定士の鑑定評価を求め、その結果を審査し、必要な調整を行って、一定の基準日における当該標準地の単位面積当たりの正常な価格を判定し、これを公示するものとされている。

❸ 標準地は、土地鑑定委員会が、自然的及び社会的条件からみて類似の利用価値を有すると認められる地域において、土地の利用状況、環境等が通常であると認められる一団の土地について選定するものとされている。

❹ 土地の取引を行なう者は、取引の対象となる土地が標準地である場合には、当該標準地について公示された価格により取引を行なう義務を有する。

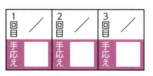

標準地は、通常と認められる土地が選ばれる！

❶ 誤　前回からの変化率を公示する必要はありません。　　　　《地価公示法》

❷ 誤　**毎年1回**行います。　　　　　　　　　　　　　　　　《地価公示法》

❸ 正　標準地は、土地の利用状況や環境等が**通常と認められる土地**が選定されます。
　　　　　　　　　　　　　　　　　　　　　　　　　　　　　《地価公示法》

❹ 誤　土地取引の場合には、指標として取引するよう努めなければなりません。義務ではなく**努力目標**です。　　　　　　　　　　　　　　　　《地価公示法》

解答 ❸

❶が難しいですが、❷と❹が誤りだと気づけるように、そして❸が正解と自信を持って言えるようにしてください。

不動産鑑定評価基準

問題79 不動産の鑑定評価に関する次の記述のうち、不動産鑑定評価基準によれば、正しいものはどれか。

❶ 不動産の価格を求める鑑定評価の手法は、原価法、取引事例比較法及び収益還元法に大別され、鑑定評価に当たっては、原則として案件に応じてこれらの手法のうちいずれか一つを選択して適用すべきこととされている。

❷ 土地についての原価法の適用において、宅地造成直後と価格時点とを比べ、公共施設等の整備等による環境の変化が価格水準に影響を与えていると客観的に認められる場合には、地域要因の変化の程度に応じた増加額を熟成度として加算できる。

❸ 特殊価格とは、市場性を有する不動産について、法令等による社会的要請を背景とする鑑定評価目的の下で、正常価格の前提となる諸条件を満たさないことにより正常価格と同一の市場概念の下において形成されるであろう市場価値と乖離することとなる場合における不動産の経済価値を適正に表示する価格をいう。

❹ 収益還元法は、対象不動産が将来生み出すであろうと期待される純収益の現在価値の総和を求めることにより対象不動産の試算価格を求める手法であることから、賃貸用不動産の価格を求める場合に有効であり、自用の住宅地には適用すべきでない。

公共施設があるほうが便利になるので土地の価格も上昇する！

❶ 誤　原価法、取引事例比較法、収益還元法があり、**複数の鑑定評価の手法を適用すべき**とされています。
　　　　　　　　　　　　　　　　　　　　　　　　　　　《不動産鑑定評価基準》

❷ 正　公共施設の有無で価値が変わります。よって、その分増加したとして加算することができます。
　　　　　　　　　　　　　　　　　　　　　　　　　　　《不動産鑑定評価基準》

❸ 誤　特殊価格は、**市場性を有しない**不動産についての価格のことです。選択肢は特定価格についての文です。
　　　　　　　　　　　　　　　　　　　　　　　　　　　《不動産鑑定評価基準》

❹ 誤　収益還元法は、**自用の不動産にも適用する**ことができます。
　　　　　　　　　　　　　　　　　　　　　　　　　　　《不動産鑑定評価基準》

解答　❷

覚えよう！

● 不動産の価格の種類

正常価格	市場性を有する不動産・合理的と考えられる条件を満たす市場で形成
限定価格	市場性を有する不動産・市場が相対的に限定される場合
特定価格	市場性を有する不動産・諸条件を満たさない
特殊価格	文化財等の一般的に市場性を有しない不動産

不動産鑑定評価基準

問題80 不動産の鑑定評価に関する次の記述のうち、不動産鑑定評価基準によれば、誤っているものはどれか。

❶ 原価法は、求めた再調達原価について減価修正を行って対象物件の価格を求める手法であるが、建設費の把握が可能な建物のみに適用でき、土地には適用できない。

❷ 不動産の効用及び相対的稀少性並びに不動産に対する有効需要の三者に影響を与える要因を価格形成要因といい、一般的要因、地域要因及び個別的要因に分けられる。

❸ 正常価格とは、市場性を有する不動産について、現実の社会経済情勢の下で合理的と考えられる条件を満たす市場で形成されるであろう市場価値を表示する適正な価格をいう。

❹ 取引事例に係る取引が特殊な事情を含み、これが当該取引事例に係る価格等に影響を及ぼしているときは、適切に補正しなければならない。

原価法は土地でも適用することができます！

❶ 誤 原価法は、再調達原価が求められる場合には、**土地にも適用可能**です。
《不動産鑑定評価基準》

❷ 正 価格形成要因は、一般的要因、地域要因、個別的要因に分けられます。
《不動産鑑定評価基準》

❸ 正 正常価格の正しい説明となっています。 《不動産鑑定評価基準》

❹ 正 特殊な事情がある場合には、補正が必要となります。 《不動産鑑定評価基準》

解答 ❶

難問に見えますが
意外と正解率の高い問題です。
選択肢❶が誤りと気づけば、
他の選択肢を検討せずとも
正解を選択できると思います。

不動産鑑定評価基準

問題 81 不動産の鑑定評価に関する次の記述のうち、正しいものはどれか。

❶ 不動産の価格を求める鑑定評価の手法は、原価法、取引事例比較法及び収益還元法に大別されるが、鑑定評価に当たっては、案件に即してこれらの三手法のいずれか１つを適用することが原則である。

❷ 取引事例比較法とは、まず多数の取引事例を収集して適切な事例の選択を行い、これらに係る取引価格に必要に応じて事情補正及び時点修正を行い、かつ、地域要因の比較及び個別的要因の比較を行って求められた価格を比較考量し、これによって対象不動産の試算価格を求める手法である。

❸ 収益還元法は、文化財の指定を受けた建造物等の一般的に市場性を有しない不動産も含め基本的にすべての不動産に適用すべきものであり、自用の不動産といえども賃貸を想定することにより適用されるものである。

❹ 賃料の鑑定評価において、支払賃料とは、賃料の種類の如何を問わず賃貸人に支払われる賃料の算定の期間に対応する適正なすべての経済的対価をいい、純賃料及び不動産の賃貸借等を継続するために通常必要とされる諸経費等から成り立つものである。

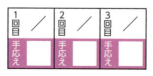

収益還元法は賃料を想定するので、文化財には適用不可！

❶ 誤　原価法、取引事例比較法、収益還元法があり、**複数の鑑定評価の手法を適用すべき**とされています。　　　　　　　　　　《不動産鑑定評価基準》

❷ 正　取引事例比較法は、多数の事例を収集して、その事例を補正や修正して用いる方法です。　　　　　　　　　　　　　　　　　　《不動産鑑定評価基準》

❸ 誤　収益還元法は、賃料を想定するものなので、**文化財などの市場性を有しないものには適用できません。**　　　　　　　　　　　《不動産鑑定評価基準》

❹ 誤　これは支払賃料ではなく実質賃料の説明です。　　《不動産鑑定評価基準》

たとえば、「賃料月額20万円で、権利金96万円を2年で償却」とあった場合で考えてみましょう。毎月払う賃料は20万円ですよね。これが支払賃料です。
それに対して、権利金も払っているのだから、実質的には権利金の分（96万円を2年ということは、毎月4万円分）を上乗せしていると考えることもできます。
なので、実質的には毎月24万円払っているということになります。これが実質賃料です。

不動産鑑定評価基準

問題82 不動産の鑑定評価に関する次の記述のうち、不動産鑑定評価基準によれば、誤っているものはどれか。

❶ 不動産の価格を求める鑑定評価の基本的な手法は、原価法、取引事例比較法及び収益還元法に大別され、原価法による試算価格を積算価格、取引事例比較法による試算価格を比準価格、収益還元法による試算価格を収益価格という。

❷ 取引事例比較法の適用に当たって必要な取引事例は、取引事例比較法に即応し、適切にして合理的な計画に基づき、豊富に秩序正しく収集し、選択すべきであり、投機的取引であると認められる事例等適正さを欠くものであってはならない。

❸ 再調達原価とは、対象不動産を価格時点において再調達することを想定した場合において必要とされる適正な原価の総額をいう。

❹ 収益還元法は、対象不動産が将来生み出すであろうと期待される純収益の現在価値の総和を求めることにより対象不動産の試算価格を求める手法であり、このうち、一期間の純収益を還元利回りによって還元する方法をDCF（Discounted Cash Flow）法という。

直接還元法は1期間、DCF法は複数の期間！

❶ 正　原価法、取引事例比較法、収益還元法と3つの手法があります。
《不動産鑑定評価基準》

❷ 正　取引事例比較法では、**投機的取引の事例を用いることはできません。**
《不動産鑑定評価基準》

❸ 正　再調達原価は、新しいものであればどれくらいかを想定する価格です。
《不動産鑑定評価基準》

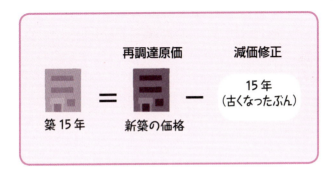

❹ 誤　一期間のもうけを考えるのは、直接還元法です。**DCF法は複数の期間のもうけ**を考えます。
《不動産鑑定評価基準》

覚えよう！

● 収益価格を求める方法

・直接還元法　➡　一期間のもうけ
・DCF法　　　➡　連続する複数の期間のもうけ
（証券化対象不動産はDCF法による。併せて直接還元法も適用するのが適切）

住宅金融支援機構法

問題 83 独立行政法人住宅金融支援機構(以下この問において「機構」という。)に関する次の記述のうち、誤っているものはどれか。

❶ 機構は、バリアフリー性、省エネルギー性、耐震性、耐久性・可変性に優れた住宅において、優良住宅取得支援制度を設けている。

❷ 機構は、証券化支援事業(保証型)において、高齢者が自ら居住する住宅に対してバリアフリー工事又は耐震改修工事を行う場合に、債務者本人の死亡時に一括して借入金の元金を返済する制度を設けている。

❸ 機構は、証券化支援事業(買取型)において、民間金融機関が貸し付ける長期・固定金利の住宅ローン債権を買取りの対象としている。

❹ 機構は、経済情勢の著しい変動に伴い、住宅ローンの元利金の支払いが著しく困難となった場合に、償還期間の延長等の貸付条件の変更を行っている。

直接融資と証券化支援事業は異なる！

❶ 正　機構は、バリアフリー性、省エネルギー性、耐震性、耐久性・可変性に優れた住宅において、優良住宅取得支援制度を設けています。《住宅金融支援機構法》

❷ 誤　この制度は**直接融資の場合のみ**で、証券化支援事業では行っていません。
《住宅金融支援機構法》

❸ 正　民間金融機関が貸し付ける長期・固定金利の住宅ローン債権を買取りの対象としています。《住宅金融支援機構法》

❹ 正　償還期間の延長等の貸付条件の変更を行っています。《住宅金融支援機構法》

解答 ❷

ちょこっと よりみちトーク

民間の金融機関が、マイホーム購入者に安心してお金を貸せるようにサポートするのが住宅金融支援機構だよ。

サポートの方法は、証券化支援と直接融資があります。証券化支援には①買取型、②保証型の２つがありますね。

173

住宅金融支援機構法

 独立行政法人住宅金融支援機構（以下、この問において「機構」という。）に関する次の記述のうち、誤っているものはどれか。

❶ 機構は、地震に対する安全性の向上を主たる目的とする住宅の改良に必要な資金の貸付けを業務として行っている。

❷ 機構は、証券化支援事業（買取型）において、住宅の改良に必要な資金の貸付けに係る貸付債権について譲受けの対象としている。

❸ 機構は、高齢者の家庭に適した良好な居住性能及び居住環境を有する住宅とすることを主たる目的とする住宅の改良（高齢者が自ら居住する住宅について行うものに限る。）に必要な資金の貸付けを業務として行っている。

❹ 機構は、市街地の土地の合理的な利用に寄与する一定の建築物の建設に必要な資金の貸付けを業務として行っている。

直接融資の対象は限られている！

❶ 正 地震に対する安全性の向上を主たる目的とする住宅の改良に必要な資金の貸付けを業務として行っています。　《住宅金融支援機構法》

❷ 誤 基本的には**住宅を建設や購入するためのローン債権を対象**としており、住宅の改良に必要な資金の貸付債権は譲受けの対象とはしていません。
《住宅金融支援機構法》

❸ 正 **高齢者のために住宅の改良を行う際の資金について、直接融資の対象としています。**　《住宅金融支援機構法》

❹ 正 合理的土地利用建築物の建設に必要な資金について、直接融資の対象としています。　《住宅金融支援機構法》

解答 ❷

 ちょこっと **よりみちトーク**

「合理的土地利用建築物の建設」って何のことですか？

住宅密集地があったとして、それを解消するための建替えなどを指すよ。

住宅金融支援機構法

問題 85 独立行政法人住宅金融支援機構（以下この問において「機構」という。）に関する次の記述のうち、誤っているものはどれか。

❶ 機構は、団体信用生命保険業務として、貸付けを受けた者が死亡した場合のみならず、重度障害となった場合においても、支払われる生命保険の保険金を当該貸付けに係る債務の弁済に充当することができる。

❷ 機構は、直接融資業務において、高齢者の死亡時に一括償還をする方法により貸付金の償還を受けるときは、当該貸付金の貸付けのために設定された抵当権の効力の及ぶ範囲を超えて、弁済の請求をしないことができる。

❸ 証券化支援業務（買取型）に係る貸付金の利率は、貸付けに必要な資金の調達に係る金利その他の事情を勘案して機構が定めるため、どの金融機関においても同一の利率が適用される。

❹ 証券化支援業務（買取型）において、機構による譲受けの対象となる住宅の購入に必要な資金の貸付けに係る金融機関の貸付債権には、当該住宅の購入に付随する改良に必要な資金も含まれる。

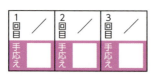

金融機関によって利率は異なる！

❶ 正　団体信用生命保険（＝団信）は、死亡の場合だけでなく、重度の障害になった場合にも支払われます。　　　　　　　　　　　　《住宅金融支援機構法》

❷ 正　抵当権の範囲を超えて弁済の請求をしないということもできます。たとえば、貸付金が 2,000 万円であって、抵当権を実行しても 1,500 万円にしかならない場合、その 1,500 万円までしか請求をしないということができるということです。　　　　　　　　　　　　　　　　　　　　　　　　《住宅金融支援機構法》

❸ 誤　利率は金融機関が定めるため、**金融機関により利率は異なります**。
　　　　　　　　　　　　　　　　　　　　　　　　　　　　《住宅金融支援機構法》

❹ 正　住宅の購入に付随する改良のための貸付債権であれば譲受けの対象となります。住宅購入と同時にリフォームを行う場合などです。　《住宅金融支援機構法》

解答　❸

景品表示法

 宅地建物取引業者が行う広告に関する次の記述のうち、不当景品類及び不当表示防止法（不動産の表示に関する公正競争規約を含む。）の規定によれば、正しいものはどれか。

❶ 建築基準法第28条（居室の採光及び換気）の規定に適合した採光及び換気のための窓等がなくても、居室として利用できる程度の広さがあれば、広告において居室として表示できる。

❷ 新築分譲マンションの販売広告において、住戸により修繕積立金の額が異なる場合であって、全ての住戸の修繕積立金を示すことが困難であるときは、全住戸の平均額のみ表示すればよい。

❸ 私道負担部分が含まれている新築住宅を販売する際、私道負担の面積が全体の5％以下であれば、私道負担部分がある旨を表示すれば足り、その面積までは表示する必要はない。

❹ 建築工事に着手した後に、その工事を相当の期間にわたり中断していた新築分譲マンションについては、建築工事に着手した時期及び中断していた期間を明瞭に表示しなければならない。

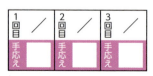

建築基準法に適合した窓等がなければ、居室と表示できない！

❶ 誤　建築基準法の規定に適合した採光や換気のための窓等がないと居室として扱われません。ですので、居室という表示をすることはできません。「納戸」等と表示しなければなりません。　　　　　　　　　　　　　　　《景品表示法》

❷ 誤　**最低額および最高額のみ**で表示することができます。平均額のみの表示ではありません。　　　　　　　　　　　　　　　　　　　　　　　　　《景品表示法》

❸ 誤　私道負担部分がある場合、その旨と私道負担部分の面積も表示しなければなりません。　　　　　　　　　　　　　　　　　　　　　　　　　　《景品表示法》

❹ 正　工事が中断していた場合には、中断していた期間も表示しなければなりません。　　　　　　　　　　　　　　　　　　　　　　　　　　　　《景品表示法》

解答　❹

景品表示法

何も規則がないと、業者は自社の利益のために、広告などでいきすぎたサービスや表現をしてしまうかもしれないね。

そうなると、お客さんが判断を間違えてしまうこともあるから、それを防止するのが景品表示法なんですね。

景品表示法

2015年 問47

問題 87 宅地建物取引業者が行う広告に関する次の記述のうち、不当景品類及び不当表示防止法（不動産の表示に関する公正競争規約を含む。）の規定によれば、正しいものはどれか。

❶ 新築分譲マンションを数期に分けて販売する場合に、第1期の販売分に売れ残りがあるにもかかわらず、第2期販売の広告に「第1期完売御礼！いよいよ第2期販売開始！」と表示しても、結果として第2期販売期間中に第1期の売れ残り分を売り切っていれば、不当表示にはならない。

❷ 新築分譲マンションの広告に住宅ローンについても記載する場合、返済例を表示すれば、当該ローンを扱っている金融機関や融資限度額等について表示する必要はない。

❸ 販売しようとしている土地が、都市計画法に基づく告示が行われた都市計画道路の区域に含まれている場合は、都市計画道路の工事が未着手であっても、広告においてその旨を明示しなければならない。

❹ 築15年の企業の社宅を買い取って大規模にリフォームし、分譲マンションとして販売する場合、一般消費者に販売することは初めてであるため、「新発売」と表示して広告を出すことができる。

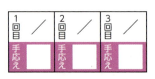

嘘をついたり、隠したりしないように！

❶ 誤　結果的に売り切ったとしても、完売と嘘をついてはいけません。《景品表示法》

❷ 誤　どこの金融機関で、融資限度額はいくらかも明示する必要があります。
《景品表示法》

❸ 正　都市計画道路の区域に含まれているのであれば、きちんと明示しなければなりません。　《景品表示法》

❹ 誤　マンションで「新発売」という表示ができるのは**新築の場合のみ**です。
《景品表示法》

解答　❸

過去問プラスアルファ

問　新築分譲マンションを販売するに当たり、契約者全員が四つの選択肢の中から景品を選ぶことができる総付景品のキャンペーンを企画している場合、選択肢の一つを現金 200 万円とし、他の選択肢を海外旅行として実施することができる。(2005-47-2)

答　×：取引価格の 10 分の 1 か、100 万円のいずれか低い金額の範囲を超えてはならない。

景品表示法

問題 88 宅地建物取引業者が行う広告に関する次の記述のうち、不当景品類及び不当表示防止法（不動産の表示に関する公正競争規約を含む。）の規定によれば、正しいものはどれか。

❶ 新築分譲マンションの販売広告で完成予想図により周囲の状況を表示する場合、完成予想図である旨及び周囲の状況はイメージであり実際とは異なる旨を表示すれば、実際に所在しない箇所に商業施設を表示するなど現況と異なる表示をしてもよい。

❷ 宅地の販売広告における地目の表示は、登記簿に記載されている地目と現況の地目が異なる場合には、登記簿上の地目のみを表示すればよい。

❸ 住戸により管理費が異なる分譲マンションの販売広告を行う場合、全ての住戸の管理費を示すことが広告スペースの関係で困難なときには、1住戸当たりの月額の最低額及び最高額を表示すればよい。

❹ 完成後8か月しか経過していない分譲住宅については、入居の有無にかかわらず新築分譲住宅と表示してもよい。

新築は、建築後1年未満で未入居の状態のみ！

❶ 誤　お客様に誤解を与えるような表示をしてはなりません。　《景品表示法》

❷ 誤　現況も表示することが必要です。　《景品表示法》

❸ 正　すべての住戸について表示することが困難なときは、最低額および最高額の表示で構いません。　《景品表示法》

❹ 誤　新築というのは未入居で建築後1年未満のものです。入居者がいた場合、たとえ1年未満であっても新築とはいえません。　《景品表示法》

解答 ❸

ちょこっと よりみちトーク

広告でよく「築浅！」って見かけるけど、「新築」とは違うんですか？

建ててまだ月日が経過していないけれど、入居者がいた場合とか、1年を少し過ぎてしまって「新築」と言えなくなった場合に「築浅」と使うことが多いよ。

景品表示法

問題 89 宅地建物取引業者が行う広告に関する次の記述のうち、不当景品類及び不当表示防止法の規定によれば、正しいものはどれか。

❶ 不動産の販売広告において、自己の販売する物件の価格等の取引条件が競争事業者のものより有利である旨表示し、一般消費者を誘引して顧客を獲得しても、その表示内容を裏付ける合理的な根拠を広告に示していれば、不当表示となるおそれはない。

❷ 不動産の販売広告に係る甲物件の取引を顧客が申し出た場合に、甲物件に案内することを拒否したり、甲物件の難点を指摘して取引に応じることなく顧客に他の物件を勧めたときでも、甲物件が存在していれば、その広告は不当表示となるおそれはない。

❸ 新聞の折込広告において、分譲住宅40戸の販売を一斉に開始して1年経過後、売れ残った住宅30戸の販売を一時中止し、その6カ月後に一般日刊新聞紙の紙面広告で当該住宅を「新発売」と表示して販売したときでも、広告媒体が異なるので、不当表示となるおそれはない。

❹ 市街化調整区域内に所在する土地（開発許可を受けた開発区域内の土地その他の一定の土地を除く。）の販売広告においては、「市街化調整区域」と表示し、このほかに「現在は建築不可」と表示しさえすれば、市街化区域への区分の変更が行われる予定がないとしても、不当表示となるおそれはない。

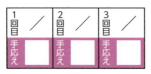

宅建業法の「おとり広告」も思い出して！

❶ 正 「最高」や「買得」など、他の事業者のものよりも有利である旨の表示をすることは、基本的には不当表示となります。しかし、その表示内容を裏付ける合理的な根拠があって、それも合わせて表示していれば、不当表示とはなりません。
《景品表示法》

❷ 誤 存在しているけれど取引する意思のない物件の広告表示は、おとり広告となります。
《景品表示法》

❸ 誤 「新発売」は、初めて広告をする際にのみ使用できます。広告媒体が異なっていても、初めて募集するのではないのであれば、新発売という表示はできません。
《景品表示法》

❹ 誤 市街化調整区域とだけ表示するのでは足りません。「宅地の造成及び建物の建築はできません」と表示しなければなりません。「現在は建築不可」だと、宅地造成もできない旨が表示されていないという点と、現在はできなくても将来的には可能になるのではないかという誤解を招く可能性がある点で不当表示となってしまいます。
《景品表示法》

解答 ❶

景品表示法

問題 90 宅地建物取引業者が行う広告等に関する次の記述のうち、不当景品類及び不当表示防止法（不動産の表示に関する公正競争規約を含む。）の規定によれば、正しいものはどれか。

❶ 分譲宅地（50区画）の販売広告を新聞折込チラシに掲載する場合、広告スペースの関係ですべての区画の価格を表示することが困難なときは、1区画当たりの最低価格、最高価格及び最多価格帯並びにその価格帯に属する販売区画数を表示すれば足りる。

❷ 新築分譲マンションの販売において、モデル・ルームは、不当景品類及び不当表示防止法の規制対象となる「表示」には当たらないため、実際の居室には付属しない豪華な設備や家具等を設置した場合であっても、当該家具等は実際の居室には付属しない旨を明示する必要はない。

❸ 建売住宅の販売広告において、実際に当該物件から最寄駅まで歩いたときの所要時間が15分であれば、物件から最寄駅までの道路距離にかかわらず、広告中に「最寄駅まで徒歩15分」と表示することができる。

❹ 分譲住宅の販売広告において、当該物件周辺の地元住民が鉄道会社に駅の新設を要請している事実が報道されていれば、広告中に地元住民が要請している新設予定時期を明示して、新駅として表示することができる。

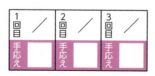

もし違っていたら大変なので、確実な情報しか載せてはいけない！

❶ 正　すべての区画の価格を表示することが困難なときは、**1区画当たりの最低価格、最高価格および最多価格帯ならびにその価格帯に属する販売区画数**を表示すればよいです。　　　　　　　　　　　　　　　　　　　　《景品表示法》

❷ 誤　モデル・ルームも「表示」に含まれます。　　　　　　　　《景品表示法》

❸ 誤　実際に歩いたときの時間ではなく、**道路距離80mにつき1分**で算出した数字を表示しなければなりません。　　　　　　　　　　　　　　《景品表示法》

❹ 誤　**運行主体が公表したもの**でなければ、表示することができません。《景品表示法》

解答　❶

土地

 土地に関する次の記述のうち、最も不適当なものはどれか。

❶ 台地は、一般的に地盤が安定しており、低地に比べ自然災害に対して安全度は高い。

❷ 台地や段丘上の浅い谷に見られる小さな池沼を埋め立てた所では、地震の際に液状化が生じる可能性がある。

❸ 丘陵地帯で地下水位が深く、砂質土で形成された地盤では、地震の際に液状化する可能性が高い。

❹ 崖崩れは降雨や豪雨などで発生することが多いので、崖に近い住宅では梅雨や台風の時期には注意が必要である。

土に水分が多いと、液状化や土砂災害が起こりやすくなる！

❶ **適当** 　台地は、一般的に地盤が安定していますから、低地に比べ自然災害に対して安全度は高いです。　　　　　　　　　　　　　《土地》

❷ **適当** 　池を埋め立てたということは、水分がしみ込んでいるので、液状化の危険性はあります。　　　　　　　　　　　　　　　　　《土地》

❸ **不適当** 　地下水位が深いのであれば、液状化の危険性は高くありません。 《土地》

❹ **適当** 　崖崩れや土砂崩れは、雨の日やその翌日、つまり土に水分が含まれている状態のときに発生しやすいのです。　　　　　　　　《土地》

解答 ❸

ちょこっと よりみちトーク

土に水分があれば液状化しやすいってことか！

池を埋め立てたなら、池の水がしみ込んでいるだろうからね。

問題 92 造成された宅地及び擁壁に関する次の記述のうち、誤っているものはどれか。

❶ 盛土をする場合には、地表水の浸透により、地盤にゆるみ、沈下、崩壊又は滑りが生じないように締め固める。

❷ 切土又は盛土したがけ面の擁壁は、原則として、鉄筋コンクリート造、無筋コンクリート造又は間知石練積み造その他の練積み造とする。

❸ 擁壁の裏面の排水をよくするために、耐水材料での水抜き穴を設け、その周辺には砂利等の透水層を設ける。

❹ 造成して平坦にした宅地では、一般に盛土部分に比べて切土部分で地盤沈下量が大きくなる。

盛土と切土では盛土のほうが弱い！

❶ 正　盛土をする場合には、しっかりと固めなければなりません。　《土地》

❷ 正　切土や盛土をしたがけ面の擁壁は、固くなければなりません。　《土地》

❸ 正　このようにして土の水分を減らす措置をします。　《土地》

❹ 誤　**盛土よりも切土のほうが地盤は固い**ので、沈下量は盛土のほうが大きくなります。　《土地》

解答 ❹

 土地の形質に関する次の記述のうち、誤っているものはどれか。

❶ 地表面の傾斜は、等高線の密度で読み取ることができ、等高線の密度が高い所は傾斜が急である。

❷ 扇状地は山地から平野部の出口で、勾配が急に緩やかになる所に見られ、等高線が同心円状になるのが特徴的である。

❸ 等高線が山頂に向かって高い方に弧を描いている部分は尾根で、山頂から見て等高線が張り出している部分は谷である。

❹ 等高線の間隔の大きい河口付近では、河川の氾濫により河川より離れた場所でも浸水する可能性が高くなる。

等高線は等しい高さを結ぶ線！

❶ 正　等高線の密度が高い所は、傾斜が急です。　　　　　　　《土地》

❷ 正　扇状地では、等高線が同心円状になります。　　　　　　《土地》

❸ 誤　山頂に向かって高いほうに弧を描いている部分は谷で、山頂から見て等高線が張り出している部分は尾根です。　　　　　　《土地》

❹ 正　等高線の間隔が大きいということは、平坦か緩やかな傾斜なので、氾濫した水は広範囲にわたって流れ込みやすくなります。　　　《土地》

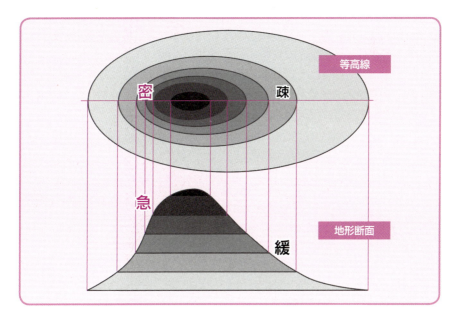

解答　❸

問題 94 日本の土地に関する次の記述のうち、最も不適当なものはどれか。

❶ 国土を山地と平地に大別すると、山地の占める比率は、国土面積の約75％である。

❷ 火山地は、国土面積の約7％を占め、山林や原野のままの所も多く、水利に乏しい。

❸ 台地・段丘は、国土面積の約12％で、地盤も安定し、土地利用に適した土地である。

❹ 低地は、国土面積の約25％であり、洪水や地震による液状化などの災害危険度は低い。

細かい数値よりも、宅地の適否で考える！

❶ **適当**　山地は約 75％です。　　　　　　　　　　　　　　《土地》

❷ **適当**　火山地は約 7％です。　　　　　　　　　　　　　　《土地》

❸ **適当**　台地・段丘は約 12％です。　　　　　　　　　　　　《土地》

❹ **不適当**　低地は約 13％です。また、低地は液状化などのリスクもあります。《土地》

解答 ❹

細かい数字を覚えていなくても、低地は宅地として適さないことを理解していれば正解はできるでしょう。

土地

2017年 問49

問題 95 土地に関する次の記述のうち、最も不適当なものはどれか。

❶ 扇状地は、山地から河川により運ばれてきた砂礫等が堆積して形成された地盤である。

❷ 三角州は、河川の河口付近に見られる軟弱な地盤である。

❸ 台地は、一般に地盤が安定しており、低地に比べ、自然災害に対して安全度は高い。

❹ 埋立地は、一般に海面に対して比高を持ち、干拓地に比べ、水害に対して危険である。

> 埋立地は、干拓地よりも宅地には適している！

❶	適当	扇状地は**山地から平地になる部分**でみられます。	《土地》
❷	適当	三角州は河川の河口付近にみられます。	《土地》
❸	適当	台地は地盤が安定していて、宅地にも適しています。	《土地》
❹	不適当	埋立地は十分な工事がされていれば、干拓地よりは安全です。	《土地》

解答 ❹

覚えよう！

● 河川沿いの土地の名称

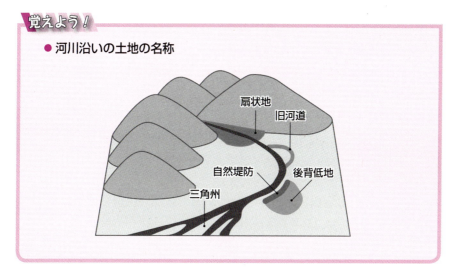

197

 建築の構造に関する次の記述のうち、最も不適当なものはどれか。

❶ 耐震構造は、建物の柱、はり、耐震壁などで剛性を高め、地震に対して十分耐えられるようにした構造である。

❷ 免震構造は、建物の下部構造と上部構造との間に積層ゴムなどを設置し、揺れを減らす構造である。

❸ 制震構造は、制震ダンパーなどを設置し、揺れを制御する構造である。

❹ 既存不適格建築物の耐震補強として、制震構造や免震構造を用いることは適していない。

地震対策は、耐震・免震・制震！

❶ **適当** 耐震構造は、建物自体の剛性を高めるものです。《建物》

❷ **適当** 免震構造は、積層ゴムや免震装置を設置して揺れを減らすものです。《建物》

❸ **適当** 制震構造は、制震ダンパーなどで揺れを吸収するものです。《建物》

❹ **不適当** 制震構造や免震構造を用いることは適しています。《建物》

解答 ❹

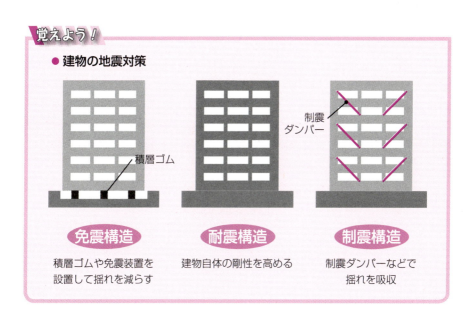

● 建物の地震対策

免震構造
積層ゴムや免震装置を設置して揺れを減らす

耐震構造
建物自体の剛性を高める

制震構造
制震ダンパーなどで揺れを吸収

建物

 建築物の材料に関する次の記述のうち、誤っているものはどれか。

❶ 集成材は、単板等を積層したもので、伸縮・変形・割れなどが生じにくくなるため、大規模な木造建築物の骨組みにも使用される。

❷ 木材の強度は、含水率が大きい状態の方が大きくなるため、建築物に使用する際には、その含水率を確認することが好ましい。

❸ 鉄筋コンクリート造に使用される骨材、水及び混和材料は、鉄筋をさびさせ、又はコンクリートの凝結及び硬化を妨げるような酸、塩、有機物又は泥土を含んではならない。

❹ 鉄は、炭素含有量が多いほど、引張強さ及び硬さが増大し、伸びが減少するため、鉄骨造には、一般に炭素含有量が少ない鋼が用いられる。

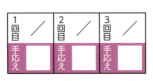

木材にとっても水分は強敵！

❶ 正　集成材は、単板等を積層したもので、伸縮・変形・割れなどが生じにくくなるため、大規模な木造建築物の骨組みにも使用されます。　《建物》

❷ 誤　木材の強度は、含水率が大きい状態のほうが小さくなります。　《建物》

❸ 正　鉄筋コンクリート造の場合、鉄筋が錆びないようにしなければなりません。　《建物》

❹ 正　鉄は、炭素含有量が多いほど、引張強さおよび硬さが増大し、伸びが減少します。鉄骨造の鉄骨は揺れに対して柔軟性が必要なため、一般的に炭素含有量が少ない鋼が用いられます。　《建物》

建 物

 建築物の構造と材料に関する次の記述のうち、不適当なものはどれか。

① 常温において鉄筋と普通コンクリートの熱膨張率は、ほぼ等しい。

② コンクリートの引張強度は、圧縮強度より大きい。

③ 木材の強度は、含水率が大きい状態のほうが小さくなる。

④ 集成材は、単板などを積層したもので、大規模な木造建築物に使用される。

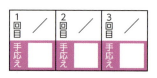

> コンクリートは、圧縮に強く引っ張りに弱い！

❶ **適当** 常温において、**鉄筋と普通コンクリートの熱膨張率は、ほぼ等しい**です。
《建物》

❷ **不適当** **コンクリートは圧縮に強く、引っ張りに弱い**です。《建物》

❸ **適当** 木材の強度は、**含水率が大きい状態のほうが小さく**なります。《建物》

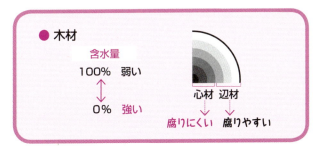

❹ **適当** 集成材は、単板などを積層したもので、大規模な木造建築物に使用されます。
《建物》

解答 ❷

203

建物

問題 99 建築物の構造に関する次の記述のうち、最も不適当なものはどれか。

❶ ラーメン構造は、柱とはりを組み合わせた直方体で構成する骨組である。

❷ トラス式構造は、細長い部材を三角形に組み合わせた構成の構造である。

❸ アーチ式構造は、スポーツ施設のような大空間を構成するには適していない構造である。

❹ 壁式構造は、柱とはりではなく、壁板により構成する構造である。

アーチ式構造は、学校の体育館のような構造！

❶ 適当　ラーメン構造は、柱とはりを組み合わせた直方体で構成する骨組です。
《建物》

❷ 適当　トラス式構造は、細長い部材を三角形に組み合わせた構成の構造です。
《建物》

❸ 不適当　アーチ式構造は、スポーツ施設のような大空間を構成するのに適しています。
《建物》

❹ 適当　壁式構造は、柱とはりではなく、壁板により構成する構造です。　《建物》

解答　❸

ちょこっとよりみちトーク

 ラーメン構造って、美味しそうな構造だな！

 ラーメン構造の「ラーメン」って、ドイツ語で「枠」「額縁」のことだよ。いわゆる「フレーム」のこと。美味しくはないよ（笑）

コーチの対策メモ

ラーメン構造はジャングルジムのようなイメージ、壁式構造はティッシュの箱のようなイメージで捉えてください。

建 物

問題 100 建築物の構造と材料に関する次の記述のうち、最も不適当なものはどれか。

❶ 鉄筋コンクリート構造におけるコンクリートのひび割れは、鉄筋の腐食に関係する。

❷ モルタルは、一般に水、セメント及び砂利を練り混ぜたものである。

❸ 骨材とは、砂と砂利をいい、砂を細骨材、砂利を粗骨材と呼んでいる。

❹ コンクリートは、水、セメント、砂及び砂利を混練したものである。

砂と砂利は別物！

❶ **適当** 鉄が錆びると、強度が下がり体積が約2.5倍となります。中の体積が増えるので、鉄筋の膨張によりその表面にあるコンクリートがひび割れを起こします。 《建物》

❷ **不適当** モルタルは、「**セメント＋水＋砂**」であり、砂利ではありません。《建物》

❸ **適当** 骨材とは、砂と砂利をいい、砂を細骨材、砂利を粗骨材と呼んでいます。 《建物》

❹ **適当** コンクリートは「**セメント＋水＋砂＋砂利**」です。 《建物》

解答 ❷

覚えよう！

● **コンクリートの材料**

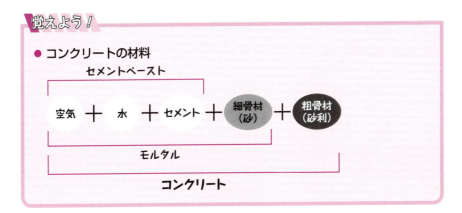

ちょこっと よりみちトーク

朽ちた鉄筋コンクリート造の建物に、いっぱいヒビが入っている原因がわかった！

構造の中から膨らんできたら、そりゃ割れてきちゃうよなぁ…。

〈執筆者〉

友次 正浩（ともつぐ まさひろ）

國學院大學文学部日本文学科卒業・國學院大學大学院文学研究科修了（修士）。
元大学受験予備校の国語科講師という異色の経歴を持つ。
法律学習の経験もなく、不動産の実務経験もない状態で、
宅地建物取引主任者試験（現・宅地建物取引士試験）に合格。
その後、ＬＥＣ東京リーガルマインド講師としてデビューし、現在に至る。
大学受験予備校講師時代に培った過去問分析力と講義テクニックを武器に、
多くの合格者を輩出している。
（ブログ）http://ameblo.jp/tomotsugu331

2021年版 宅建士 合格のトリセツ 基本問題集

2018年10月25日　第1版　第1刷発行
2020年10月30日　第3版　第1刷発行

　　　　　執　　筆●友次 正浩
　　　　　編著者●株式会社　東京リーガルマインド
　　　　　　　　　ＬＥＣ総合研究所　宅建士試験部

　　　発行所●株式会社　東京リーガルマインド
　　　　　〒164-0001　東京都中野区中野4-11-10
　　　　　　　　　　　アーバンネット中野ビル
　　　　　　　　　☎03(5913)5011　（代　　表）
　　　　　　　　　☎03(5913)6336　（出版部）
　　　　　　　　　☎048(999)7581　（書店様用受注センター）
　　　　　振　替　00160-8-86652
　　　　　　　　　www.lec-jp.com/

　　　カバー・本文イラスト●矢寿 ひろお
　　　本文デザイン・組版●株式会社 桂樹社グループ
　　　印刷・製本●日本プロセス秀英堂株式会社

©2020 TOKYO LEGAL MIND K.K., Printed in Japan　　　ISBN978-4-8449-9703-0

複製・頒布を禁じます。
本書の全部または一部を無断で複製・転載等することは、法律で認められた場合を除き、著作者及び出版社の権利侵害になりますので、その場合はあらかじめ弊社あてに許諾をお求めください。
なお、本書は個人の方々の学習目的で使用していただくために販売するものです。弊社と競合する営利目的での使用等は固くお断りいたしております。
落丁・乱丁本は、送料弊社負担にてお取替えいたします。出版部までご連絡ください。

勉強スタイル×試験までの期間で選べる！
2021年版 LECの宅建士本ラインナップ

勉強初期

とらの巻シリーズ

合格のトリセツシリーズ

⑦基本テキスト

出る順シリーズ

①合格テキスト（全3巻）

⑨とらの巻

⑧基本問題集

②ウォーク問過去問題集（全3巻）

サワッと要点だけ！ ← → **しっかり万全に！**

⑤一問一答○×1000肢問題集

④逆解き式！最重要ポイント555

⑥当たる！直前予想模試

③過去30年良問厳選問題集

試験直前！

気になる商品の単品買いも、シリーズ揃えての活用もオススメです。

※画像はイメージです。

最新の法改正に対応しています！

テキスト ←→ 問題集の反復に便利！
該当ページへのリンクを掲載！*

＊● ▲ ■ ◆ ★ の中で、同じマークがついた商品が対象です。
※商品間のリンクの詳細は、各書籍をご確認ください。
※記載された情報は、2020年9月現在のものです。予告なく変更となる可能性がございますので、ご了承ください。

【出る順宅建士シリーズ】		基礎知識の習得から条文内容の理解、試験攻略法まで！試験範囲の知識がもれなく身につく定番シリーズ。	
● ▲ ■	①	2021年版　出る順宅建士 **in**　　**合格テキスト**（全3巻）　2020年12月発刊予定 宅建士の試験範囲を網羅した、詳細解説の基本テキスト。	
● ◆	②	2021年版　出る順宅建士 **out** **ウォーク問 過去問題集**（全3巻）　2020年12月発刊予定 コンパクトで持ち運び便利！重要問題のみを収録した精選過去問集。	
	③	2021年版　出る順宅建士 **out** **過去30年良問厳選問題集**　2021年4月発刊予定 30年間の過去問から選り抜いた良問を6回分の模試形式に凝縮。最新過去問付き。	
▲	④	2021年版　出る順宅建士 **in** **逆解き式！最重要ポイント555**　2021年4月発刊予定 重要ポイントを「読んで」「聴いて」覚えられる、直前期おすすめの総まとめ本。	
■	⑤	2021年版　出る順宅建士 **out** **一問一答○×1000肢問題集**（アプリ付）　2021年1月発刊予定 スマホで解けるアプリ付き！一問一答○×タイプのオリジナル問題集。	
	⑥	2021年版　出る順宅建士 **out** **当たる！直前予想模試**　2021年6月発刊予定 本試験と同形式のオリジナル予想模試をたっぷり4回分収録！	
【合格のトリセツシリーズ】		イチから合格のチカラをつける！試験攻略の重要知識を、やさしく、効率的に身につけるシリーズです。	
★	⑦	2021年版　宅建士　合格のトリセツ **in** **基本テキスト**（フルカラー）（分冊可） フルカラー＆図表たっぷりで、とことん丁寧に解説したテキストです。	
★	⑧	2021年版　宅建士　合格のトリセツ **out** **基本問題集**（分冊可） 重要問題300問を収録し、問題の解き方がわかるように解説した問題集です。	
【とらの巻シリーズ】		短期集中で学びたい方にぴったり！合格のエッセンスを凝縮した、法改正完全対応の直前期向けシリーズです。	
▲ ◆	⑨	2021年版　どこでも宅建士 **in** **とらの巻**　2021年5月発刊予定 短時間でもポイントをおさえて覚えられる工夫が満載のテキストです。	

in テキスト・インプット系書籍　　**out** 問題集（過去問またはオリジナル問題）
※お買い求めは、書店／インターネット／LECオンラインショップや各本校まで！

LEC宅建登録講習（5問免除）のご案内

登録講習実施機関登録番号(6)第002号

宅建士試験で5問が免除!?宅建士合格があなたの価値を創る!

宅建登録講習（5問免除）とは

宅建登録講習（5問免除講習）とは、宅建業従事者が受講・修了することにより、宅建試験を法定5分野（45問）のみで受験できるようになる講習のことです。

宅建登録講習から宅建試験合格までの流れ

5問免除受験のメリット

5問は
大きい!!

★圧倒的に高い合格率〈2019年度宅建試験実績〉

受験者中の5問免除者の割合**約23.4%** ➡ 合格者中の5問免除者の割合**約31.6**%

★有利な合格基準点（率）〈2019年度宅建試験実績〉

一般受験：50問中35問以上 **70**% ➡ 5問免除者：45問中30問以上約**66.7**%

★早期受講により試験直前期は重要科目の学習に注力

登録講習受講・修了後は
5問免除対象範囲の学習は不要
➡
早めに受講・修了すればするほど、業法や権利関係等
中心分野の勉強に集中できます！

91,557人（※）

2020年LEC登録講習修了率

約96.2%！

LEC宅建登録講習（5問免除）の特長

LECでは皆様の多様なニーズにお応えすべく多彩な講習をご用意しています！

★利用しやすい豊富なクラス設定

◎9月〜願書提出期限直前の**7月末**までの長期開催

◎全国26拠点で**約500**のクラス設定（2020年度）

★修了証即日発行クラス

宅建試験願書提出期限直前の**7月末**に修了証即日発行クラスを
一部設定（札幌・仙台・中野・横浜・静岡・名古屋・京都・梅田・広島・福岡で実施予定）

働く受験者必見のスクーリングクラスバリエーション

働く受験者が会社を休まず、休日を使わず受講できるLECならではのスクーリング！

★短期集中1日クラス（実施校限定）

多忙な宅建業従事者が会社を休まず受講できるクラス！

★全日2日間クラス（通常クラス）

全国26拠点で**約500**のクラス設定（2020年度）

［参考価格］ **18,000**円（税込）／2020年登録講習（2019.12.4〜2020.5.30申込受付分）

Web・LEC本校・郵送・FAXにて申込受付中！

［LEC宅建登録講習ホームページ］ www.lec-jp.com/takken/kouza/menjo/　　　LEC宅建登録講習　◀検索

［LEC宅建講習専用ダイヤル］ 0120-092-556 （携帯・PHSからは）03-5913-6310

※ 2005年度〜2020年度 LEC登録講習（5問免除）／延べ申込者数91,557名◎左記数値は、以下を合計したものです。2005年度:4101名／2006年度:4979名／2007年度:5255名／2008年度:7075名／2009年度:4270名／2010年度:3819名／2011年度:3962名／2012年度:2925名／2013年度:3554名／2014年度:4780名／2015年度:5881名／2016年度:7283名／2017年度:8034名／2018年度:9629名／2019年度:8596名／複数の年度で、重複してお申込された方が含まれます。
◎上記数値の集計期間は、2004年12月1日〜2020年7月31日です。

LEC宅建登録実務講習のご案内

登録実務講習実施機関登録番号(5)第2号

宅建士は士業! 宅建の価値を上げるのはあなたの宅建士登録!

宅建登録実務講習とは

宅建登録実務講習とは、直近10年以内の実務経験が2年未満の方が宅地建物取引士登録をするために受講・修了が必要となる講習のことです。

試験合格から宅地建物取引士証交付までの流れ

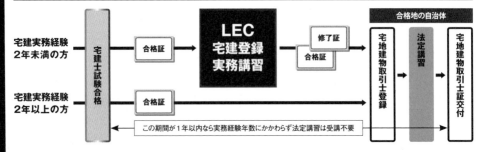

【LEC宅建登録実務講習の流れ】

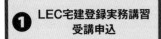 ❷ 自宅学習（学習期間約1ヶ月） ❸ スクーリング（12時間）＋修了試験（1時間）

❺ 宅建士登録申請 ← ❹ 修了者に修了証発行

【申込書入手方法】

申込書は下記の方法で入手可能です！
① https://personal.lec-jp.com/request/ より資料請求。
② お近くのLEC本校へ来校。
③ LEC宅建登録実務講習ホームページよりPDFをプリントアウト。
④ 宅建講習専用ダイヤルへ問合せ。

スクーリングクラスには定員がございますので、お早めのお申込みをオススメします！

法定講習免除ルートで宅建士登録申請したい…

就職前の年度末までに修了証が欲しい…今から間に合う!?

ひとまずLECをあたってみる！

2020年LEC登録実務講習修了率 99.9%以上！

※申込者数ではなく受講者数を基に算出しています。
　また、不合格となった場合は1回のみ再受講が可能であり、再受験された方については、2回目の結果のみ反映しています。

LEC宅建登録実務講習の特長

★無料再受講制度
万一修了試験が不合格でも、無料再受講制度（1回）により救済！（LEC登録実務講習**修了率は例年99%**を超えています）

★Web申込で一歩も外出せず申込完了
Web申込であれば、本来郵送が必要な提出物もデータ添付すれば申込完了。さらに希望日の座席が確保されます。

圧倒的なスクーリングクラスバリエーション

働く合格者が会社を休まず、休日を使わず受講できるLECならではのスクーリング！

★**2日間〈週またぎ〉クラス**（実施校限定）連休が取れない方、週1日はオフを取りたい方に！

★**2日間〈連日〉クラス**（通常クラス）全国25拠点で**約400**クラス実施予定

★**短期集中1日クラス**（実施校限定）多忙な社会人の方でも**会社を休まず**受講できる短期集中クラス！

★**修了証即日発行クラス** 札幌・仙台・中野・横浜・静岡・名古屋・京都・梅田・広島・福岡 一部日程で実施予定

[参考価格] **21,000円**（税込）／ 2020年登録実務講習（2019.10.20 ～ 2020.10.14 申込受付分）

Web・LEC本校・郵送にて申込受付中！

◎合格発表前に申込まれる場合、合格証書コピーの提出は合格発表日以降で結構です

[LEC宅建講習専用ダイヤル] **0120-092-556** （携帯・PHSからは）03-5913-6310
（受付時間／10:00～17:00）

[LEC宅建登録実務講習ホームページ] www.lec-jp.com/takken/kouza/jitsumu/

LEC　登録実務　◀検索

LEC Webサイト ▷▷▷ www.lec-jp.com/

情報盛りだくさん！

資格を選ぶときも、
講座を選ぶときも、
最新情報でサポートします！

▶最新情報
各試験の試験日程や法改正情報、対策講座、模擬試験の最新情報を日々更新しています。

▶資料請求
講座案内など無料でお届けいたします。

▶受講・受験相談
メールでのご質問を随時受付けております。

▶よくある質問
LECのシステムから、資格試験についてまで、よくある質問をまとめました。疑問を今すぐ解決したいなら、まずチェック！

▶書籍・問題集（LEC書籍部）
LECが出版している書籍・問題集・レジュメをこちらで紹介しています。

充実の動画コンテンツ！

ガイダンスや講演会動画、
講義の無料試聴まで
Webで今すぐCheck！

▶動画視聴OK
パンフレットやWebサイトを見てもわかりづらいところを動画で説明。いつでもすぐに問題解決！

▶Web無料試聴
講座の第1回目を動画で無料試聴！気になる講義内容をすぐに確認できます。

スマートフォン・タブレットからはQRコードでのアクセスが便利です。▷▷▷

自慢のメールマガジン配信中！（登録無料）

LEC講師陣が毎週配信！ 最新情報やワンポイントアドバイス、改正ポイントなど合格に必要な知識をメールにて毎週配信。

www.lec-jp.com/mailmaga/

LEC E学習センター

新しい学習メディアの導入や、Web学習の新機軸を発信し続けています。また、LECで販売している講座・書籍などのご注文も、いつでも可能です。

online.lec-jp.com/

LEC 電子書籍シリーズ

LECの書籍が電子書籍に！ お使いのスマートフォンやタブレットで、いつでもどこでも学習できます。

※動作環境・機能につきましては、各電子書籍ストアにてご確認ください。

www.lec-jp.com/ipad/

LEC書籍・問題集・レジュメの紹介サイト **LEC書籍部** www.lec-jp.com/system/book/

- LECが出版している書籍・問題集・レジュメをご紹介
- 当サイトから書籍などの直接購入が可能(*)
- 書籍の内容を確認できる「チラ読み」サービス
- 発行後に判明した誤字等の訂正情報を公開

＊商品をご購入いただく際は、事前に会員登録（無料）が必要です。
＊購入金額の合計・発送する地域によって、別途送料がかかる場合がございます。

※資格試験によっては実施していないサービスがありますので、ご了承ください。

LEC全国学校案内

＊講座のお問合せ、受講相談は最寄りのLEC各校へ

LEC本校

■北海道・東北

札 幌本校　☎011(210)5002
〒060-0004 北海道札幌市中央区北4条西5-1　アスティ45ビル

仙 台本校　☎022(380)7001
〒980-0021 宮城県仙台市青葉区中央3-4-12
仙台SSスチールビルⅡ

■関東

渋谷駅前本校　☎03(3464)5001
〒150-0043 東京都渋谷区道玄坂2-6-17　渋東シネタワー

池 袋本校　☎03(3984)5001
〒171-0022 東京都豊島区南池袋1-25-11　第15野萩ビル

水道橋本校　☎03(3265)5001
〒101-0061 東京都千代田区神田三崎町2-2-15　Daiwa三崎町ビル

新宿エルタワー本校　☎03(5325)6001
〒163-1518 東京都新宿区西新宿1-6-1　新宿エルタワー

早稲田本校　☎03(5155)5501
〒162-0045 東京都新宿区馬場下町62　三朝庵ビル

中 野本校　☎03(5913)6005
〒164-0001 東京都中野区中野4-11-10　アーバンネット中野ビル

新 橋本校　☎03(5510)9611
〒105-0004 東京都港区新橋2-14-4　マルイト新橋レンガ通リビル

立 川本校　☎042(524)5001
〒190-0012 東京都立川市曙町1-14-13　立川MKビル

町 田本校　☎042(709)0581
〒194-0013 東京都町田市原町田4-5-8　町田イーストビル

横 浜本校　☎045(311)5001
〒220-0004 神奈川県横浜市西区北幸2-4-3　北幸GM21ビル

千 葉本校　☎043(222)5009
〒260-0015 千葉県千葉市中央区富士見2-3-1　塚本大千葉ビル

大 宮本校　☎048(740)5501
〒330-0802 埼玉県さいたま市大宮区宮町1-24　大宮GSビル

■東海

名古屋駅前本校　☎052(586)5001
〒450-0002 愛知県名古屋市中村区名駅3-26-8
KDX名古屋駅前ビル

静 岡本校　☎054(255)5001
〒420-0857 静岡県静岡市葵区御幸町3-21　ペガサート

■北陸

富 山本校　☎076(443)5810
〒930-0002 富山県富山市新富町2-4-25　カーニープレイス富山

■関西

梅田駅前本校　☎06(6374)5001
〒530-0013 大阪府大阪市北区茶屋町1-27　ABC-MART梅田ビル

難波駅前本校　☎06(6646)6911
〒542-0076 大阪府大阪市中央区難波4-7-14　難波フロントビル

京都駅前本校　☎075(353)9531
〒600-8216 京都府京都市下京区東洞院通七条下ル2丁目
東塩小路町680-2　木村食品ビル

京 都本校　☎075(353)2531
〒600-8413 京都府京都市下京区烏丸通仏光寺下ル
大政所町680-1 第八長谷ビル

神 戸本校　☎078(325)0511
〒650-0021 兵庫県神戸市中央区三宮町1-1-2　三宮セントラルビル

■中国・四国

岡 山本校　☎086(227)5001
〒700-0901 岡山県岡山市北区本町10-22　本町ビル

広 島本校　☎082(511)7001
〒730-0011 広島県広島市中区基町11-13　合人社広島紙屋町アネクス

山 口本校　☎083(921)8911
〒753-0814 山口県山口市吉敷下東 3-4-7　リアライズⅢ

高 松本校　☎087(851)3411
〒760-0023 香川県高松市寿町2-4-20　高松センタービル

松 山本校　☎089(947)7011
〒790-0012 愛媛県松山市湊町3-4-6　松山銀天街GET！

■九州・沖縄

福 岡本校　☎092(715)5001
〒810-0001 福岡県福岡市中央区天神4-4-11　天神ショッパーズ
福岡

那 覇本校　☎098(867)5001
〒902-0067 沖縄県那覇市安里2-9-10　丸姫産業第2ビル

■EYE関西

EYE 大阪本校　☎06(7222)3655
〒530-0013　大阪府大阪市北区茶屋町1-27　ABC-MART梅田ビル

EYE 京都本校　☎075(353)2531
〒600-8413　京都府京都市下京区烏丸通仏光寺下ル
大政所町680-1 第八長谷ビル

【LEC公式サイト】www.lec-jp.com/

QRコードから
かんたんアクセス！

LEC提携校

＊提携校はLECとは別の経営母体が運営をしております。
＊提携校は実施講座およびサービスにおいてLECと異なる部分がございます。

■北海道・東北

北見駅前校【提携校】 ☎0157(22)6666
〒090-0041　北海道北見市北1条西1-8-1　一燈ビル　志学会内

八戸中央校【提携校】 ☎0178(47)5011
〒031-0035　青森県八戸市寺横町13　第1朋友ビル　新教育センター内

弘前校【提携校】 ☎0172(55)8831
〒036-8093　青森県弘前市城東中央1-5-2　まなびの森　弘前城東予備校内

秋田校【提携校】 ☎018(863)9341
〒010-0964　秋田県秋田市八橋鯲沼町1-60　株式会社アキタシステムマネジメント内

■関東

水戸見川校【提携校】 ☎029(297)6611
〒310-0912　茨城県水戸市見川3-2-3

熊谷筑波校【提携校】 ☎048(525)7978
〒360-0037　埼玉県熊谷市筑波1-180　ケイシン内

所沢校【提携校】 ☎050(6865)6996
〒359-0037　埼玉県所沢市くすのき台3-18-4　所沢K・Sビル　合同会社LPエデュケーション内

東京駅八重洲口校【提携校】 ☎03(3527)9304
〒103-0027　東京都中央区日本橋3-7-7　日本橋アーバンビル　グランデスク内

日本橋校【提携校】 ☎03(6661)1188
〒103-0025　東京都中央区日本橋茅場町2-5-6　日本橋大江戸ビル　株式会社大江戸コンサルタント内

新宿三丁目駅前校【提携校】 ☎03(3527)9304
〒160-0022　東京都新宿区新宿2-6-4　KNビル　グランデスク内

■東海

沼津校【提携校】 ☎055(928)4621
〒410-0048　静岡県沼津市新宿町3-15　萩原ビル　M-netパソコンスクール沼津校内

■北陸

新潟校【提携校】 ☎025(240)7781
〒950-0901　新潟県新潟市中央区弁天3-2-20　弁天501ビル　株式会社大江戸コンサルタント内

金沢校【提携校】 ☎076(237)3925
〒920-8217　石川県金沢市近岡町845-1　株式会社アイ・アイ・ピー金沢内、

福井南校【提携校】 ☎0776(35)8230
〒918-8114　福井県福井市羽水2-701　株式会社ヒューマン・デザイン内

■関西

和歌山駅前校【提携校】 ☎073(402)2888
〒640-8342　和歌山県和歌山市友田町2-145　KEG教育センタービル　株式会社KEGキャリア・アカデミー内

■中国・四国

松江殿町校【提携校】 ☎0852(31)1661
〒690-0887　島根県松江市殿町517　アルファステイツ殿町　山路イングリッシュスクール内

岩国駅前校【提携校】 ☎0827(23)7424
〒740-0018　山口県岩国市麻里布町1-3-3　岡村ビル　英光学院内

新居浜駅前校【提携校】 ☎0897(32)5356
〒792-0812　愛媛県新居浜市坂井町2-3-8　パルティフジ新居浜駅前店内

■九州・沖縄

佐世保駅前校【提携校】 ☎0956(22)8623
〒857-0862　長崎県佐世保市白南風町5-15　智翔館内

日野校【提携校】 ☎0956(48)5935
〒858-0925　長崎県佐世保市椎木町336-1　智翔館日野校内

長崎駅前校【提携校】 ☎095(895)5917
〒850-0057　長崎県長崎市大黒町10-10　KoKoRoビル　minatoコワーキングスペース内

鹿児島中央駅前校【提携校】 ☎099(206)3161
〒890-0053　鹿児島県鹿児島市中央町3-36　西駅MNビル　株式会社KEGキャリア・アカデミー内

沖縄プラザハウス校【提携校】 ☎098(989)5909
〒904-0023　沖縄県沖縄市久保田3-1-11　プラザハウス　フェアモール　有限会社スキップヒューマンワーク内

※上記は2020年9月1日現在のものです。

お問合せ窓口

書籍・講座・資料のお問合せ・お申込み

○ **LECコールセンター**（通学講座のお申込みは、最寄りの各本校にて承ります）

☎ 0570-064-464

受付時間　平日 9:30～20:00　土・祝 10:00～19:00　日 10:00～18:00

※このナビダイヤルは通話料お客様ご負担となります。
※固定電話・携帯電話共通（一部のPHS、IP電話からのご利用可能）。
※LECの講座は全国有名書店や、大学内生協・書籍部でも受付しております。受付店舗についてはLECコールセンターへお問合せください。
※書店様のご注文・お問合せは、下記の**(書店様専用)受注センター**で承ります。

知りたい！
聞きたい！

○ **LEC公式サイト**

www.lec-jp.com/

※書籍・講座のお申込みについてはLEC公式サイトにある「書籍・レジュメ購入」および「オンライン申込」から承ります。

QRコードから
かんたんアクセス！

○ **LEC各本校**（「LEC全国学校案内」をご覧ください）

○ **(書店様専用)受注センター**（読者の方からのお問合せは受け付けておりませんので、ご了承ください）

☎ 048-999-7581　Fax 048-999-7591

受付時間　月～金　9:00～17:00　土・日・祝休み

書籍の誤字・誤植等の訂正情報について

○ **LEC書籍の訂正情報WEBサイト**（発行後に判明した誤字・誤植等の訂正情報を順次掲載しております）

www.lec-jp.com/system/correct/

※同ページに掲載のない場合は、「お問い合わせ」(www.lec-jp.com/system/soudan/) の各種フォームよりお問い合わせください。

なお、訂正情報に関するお問い合わせ以外の書籍内容に関する解説や受験指導等は一切行っておりません。また、お電話でのお問い合わせはお受けしておりませんので、予めご了承ください。

LECの取扱資格・検定一覧

法律系　司法試験／予備試験／法科大学院／司法書士／行政書士／弁理士／知的財産管理技能検定®／米国司法試験

公務員系　国家総合職・一般職／地方上級／外務専門職／国税専門官／財務専門官／労働基準監督官／裁判所事務官／家庭裁判所調査官補／市役所職員／理系（技術職）公務員／心理・福祉系公務員／警察官・消防官／経験者採用／高卒程度公務員

簿記・会計系　公認会計士／税理士／日商簿記／ビジネス会計検定試験®／給与計算検定

労務・キャリア系　社会保険労務士／FP（ファイナンシャルプランナー）／キャリアコンサルタント／貸金業務取扱主任者／年金アドバイザー／人事総務検定／労働時間適正管理者検定／特定社労士／マイナンバー管理アドバイザー

不動産系　宅地建物取引士(旧・宅地建物取引主任者)／不動産鑑定士／マンション管理士／管理業務主任者／土地家屋調査士／測量士補／民泊適正管理主任者／ADR調停人研修／住宅ローン診断士／土地活用プランナー／競売不動産取扱主任者／ホームインスペクター

福祉・医療系　保育士／社会福祉士／精神保健福祉士／公認心理師／心理カウンセラー／ケアマネジャー／登録販売者

ビジネス実務系　通関士／中小企業診断士／ビジネスマネジャー検定試験®／秘書検定／ビジネス実務法務検定試験®

IT・情報・パソコン系　ITパスポート／MOS試験

電気・技術系　QC検定

※上記に掲載されていない資格・検定等でも、LECで取り扱っている場合があります。詳細はLEC公式サイトをご覧ください。

企業研修

■人材開発・キャリア開発サポート
企業内での集合研修や
eラーニング・通信教育の
企画提案・提供
partner.lec-jp.com/

人材サービス

■プロキャリア事業部
資格や学習知識を活かした
就職・転職をサポート
東京オフィス
☎03-5913-6081
大阪オフィス
☎06-6374-5912
lec-procareer.jp/

LECグループ

■子育て支援
株式会社プロケア
保育所「ちゃいれっく」の
経営や、学童クラブ・児童館・一時預かり保育施設の受託運営
procare.co.jp/

■事務所作りをトータルサポート　**株式会社輪法**
合格後の独立開業を
バックアップ
☎03-5913-5801
rinpou.com/

■専門士業のワンストップサービス
士業法人グループ
新たな士業ネットワーク構築と
独立支援・実務能力の養成をめざす
社会保険労務士法人LEC（エル・イー・シー）
司法書士法人法思
税理士法人LEC（エル・イー・シー）
弁理士法人LEC（エル・イー・シー）

宅建士 合格のトリセツ　基本問題集

チェックシート

● 第3編　法令上の制限　　● 第4編　税・その他

1	2	3	4	5	6	7	8	9	10
11	12	13	14	15	16	17	18	19	20
21	22	23	24	25	26	27	28	29	30
31	32	33	34	35	36	37	38	39	40
41	42	43	44	45	46	47	48	49	50
51	52	53	54	55	56	57	58	59	60
61	62	63	64	65	66	67	68	69	70
71	72	73	74	75	76	77	78	79	80
81	82	83	84	85	86	87	88	89	90
91	92	93	94	95	96	97	98	99	100

日付や〇△×を書いて学習状況を記録しよう！

宅建士 合格のトリセツ